ちくま学芸文庫

自由と理性

R・M・ヘア
村上弥生 訳

筑摩書房

はじめに

道徳哲学の務めは、少なくとも研究していくうえで私が抱いている期待は、道徳的思考を表現する言語の論理的な構造を明らかにすることによって、道徳的な問いをよりよいかたちで考えていく手助けになることである。最初の著作を書いたとき、それは主要な道徳の言葉の研究であったが、そこからどのような道徳的論証の解釈が現れてくるか、私には明確な考えはなかった。ただ、もしうまくいけば、道徳的な問いについての私たちの理解が深まるだろうという確信だけはあった。それからの年月に、この期待は完全に裏切られることはなかった。私は依然として多くの問題について解明するには程遠い段階にある。しかし、そうした問題の解明に他の人々の助力を仰ぐためだけにでも、この間の進展を報告し出版する価値があると考えている。

私の主張は非常に多くの論争の的となってきた。しかし、私に対して向けられた批判を全面的に論破することを期待する読者には、本書は意に沿わないものであろう。実際のところ、本書の下準備として、最も多く批判を浴びてきたいくつかの論点について、私は五〇頁ばかり反論の草稿をしたためた。しかし、その過程で、批判に答えることができると確信が持てた段階で、私は批判に反論しても、私が言わなければならない生産的なことを語るのに比べると面白いことではないし、長い目で見て重要なことでもないと感じるようになった。そこで、そうした反論は他の機会に示せばよいこととして、棚上げすることにしたのである。そうした批判的な議論から私が得たものは大きかった。とはいえ、私は頑固者だ。そうした論争のおかげで以前の私の考えに多くを加えてきたとはいえ、それが私の考えを翻《ひるが》えさせることはさしてなかったと考えている。

こういうわけで、本書ではこうした激しい論争については時折ほのめかしているだけである。そうした部分が特定の人々の主張に向けられていると受け取られないようにするためにしたものであるが、特定の個人のものと特定できないことをはっきりさせておきたい。名前を挙げている場合を除いて、そこで取り上げている主張は私が議論する中で耳にしたものである。もっとも、名前を挙げることはできるが、紙幅の関係でそうしなかった非常に多くの人々もいる。そうした人々に対しては、私の見解に関心を持ち、またどのような批判に私が答えなければならないかを知るうえで助けとなってくれたことに感謝の意を表したい。

論争以外にも、前の著作で述べたのと同じ理由で、本書でも多くのことを省いている。それは、道徳的な論証についての著作は、どこで終るにせよ未完成であらざるを得ないことを踏まえているからである。例えば、自由意志の問題については、本論からそれてわずかな紙幅《しふく》しか当てなかった。この問題について何か役立つことを言おうとすれば、丸ごと一冊の著述をかけることが必要だろう。同じ理由で、私自身の立場と功利主義の伝統に立つ論者たちの立場との一定の親和性についても、指摘しておくだけでよしとせざるを得なかった。この種のものについて水も漏らさぬ理論を作り出そうとするなら多くの問いに答えなければならないが、それらに踏み込むことはしなかった。他の多くについてと同じく、この点で、私が試みたのは、今後の議論の材料を提供することだけであった。

道徳の言語と道徳的思考という主題については、絶えず著作や論考が生み出されている。そこで、もし私がそのほとんどを無視しているように見えるとしたら、それらをすべて読もうとすると、自分で何か書く望みはなくなってしまうということで許していただけることと思う。私が読んできたものは、何か熟慮の上での基準に基づいたり、著者の業績の評価に基づいたりして選んだというより、偶然手に取ったものである。そうしたものから多くを学んできたので、素通りしてしまった著作の執筆者たちにはただ謝ることしかできない。確かにそうした論者の中には私を批判してきた多くの人々が含まれていることだろう。おそらく、そうした人々なら、本書で行っている生産的な主張の中に、この人たちからの批判に対する私からの反論をある程度見て取ってくれることだろう。

プリンストン大学の人文科学評議会に対しては、一九五七年の秋に特別研究員に任命していただき、本書の執筆に取り掛かる理想的な環境を与えていただいたことに深く御礼申し上げたい。また同学部の同僚たちには多くの刺激的な議論を交わさせていただいたこと、そしてベリオル・カレッジの同僚たちにはその学期中の職務から解放させていただいたことを深く感謝している。

本書は、道徳的な問いに真剣に悩むすべての人のために執筆したものであるが、とりわけ私の子どもたちに捧げたい。倫理学的な諸問題を議論することを通じて、子どもたちが生きていかなければならない世界ではそうした問題の理解が進んでいることを願ってやまない。

R. M. H.

ベリオル・カレッジにて

一九六二年

自由と理性【目次】

自由と理性

第一部　記述することと指図すること

あなたが楽になるために送られた男といふのは、名をリーガリィテイ（合法性）といって、女奴隷の息子です。……どうしてあなたが彼らに依って自由になることを期待できますか。

バニヤン『天路歴程』（竹友藻風訳）

第1章　序説

1

考察を始めるにあたって、読者には、まず、ある人（多分読者自身）が深刻な道徳の問題に直面している、つまり、一人の人間として持てる限りの思考、想像、感情の能力を傾けざるをえない問題に直面していると想定していただきたい。読者は自分自身の例を持ち出さなければならないだろう。というのは、読者がそれぞれどのような道徳の問題で一番悩んできたかについて、私が代わって言うことはできないからである。実例を思いつかないようなら、そういう読者にはこの本は分からないだろうし、もう少し経験を重ねてから読むほうがよいだろう。

何であれ深刻な道徳の問題には、かならず二つの特質が備わっている。私が注目してもらいたいと考えているのは、その二つの特質である。この二つが組み合わさっていることで、私たち哲学者は、一見矛盾としか思われないパラドックス、あるいは、二律背反とまで言えるようなものを突き付けられる。第一の特質は、道徳の問題に直面している人には、それが自分の問題、つまり、他の誰かが当人の代わりに答えられるものではないと分かっているということである。なるほど、その人は他の人たちに助言を求めるかもしれないし、また自分が行うつもりの行為を取り巻く状況や、行為がもたらす結果について、もっと多くの事実を確認しようとするかもしれない、しかし遅かれ早かれ、事実をこれ以上調べても、何か新しい重要なことが明らかになることは望めないと思うときがやってくる。そして、自分が抱えている問題について、他の人がどう言おうと、答えは自分で出さなければならないと気づくときが来る。皆がそう言っている以上答えはこうこうでなければならない――あなたがそれ以外の答えを出すなら、そもそも英語という言語を自分の好きなように変えて用いているのだ――と誰かに言われたとしてみよう。当人が道徳の問題の本質を理解している人であれば、こうした意見を受け入れてしまうと、自分自身が持つ自由が制限されるのを認めることになると感じるだろう。というのも、道徳の問題について自分の意見を持つ自由があるということは、道徳的行為者としての私たちの自由を成り立たせている最も大切な要素の一つだからである。そして、この自由には、私たちの言語を変える自由までも含まれるかもしれない。

自分の意見を持つ自由があるというのは、何も道徳の問題に限ったことではない――たとえば、世界が丸いかどうかといった問題についても、私たちには自分の意見を持つ自由がある――と反論されるかもしれない。ある意味ではその通りである。しかし、自分の道徳的意見を持つ自由があると言うとき、そこにははるかに強い意味がある。かりに、地球は平らだと私たちが言うとしてみよう。このような問題についての意見に対しては、原理的には、私たちに一定の事実が示される可能性が必ずあり、その事実を私たちが認めるなら、その上でなお地球は平らだと言い続けると、私たちは自己矛盾に陥っているとか、言語を間違った仕方で用いていると咎《とが》められずにはすまされない。ところが、道徳の問題となると、同じようなやり方は通用しない。この点については、道徳における自然主義の立場を斥《しりぞ》ける人なら誰しも同意するはずである。この命題について私は以前に論じているので今は論じないことにするが、それをさらに進めた反論は、後で折にふれ、自然主義に対して、また、より洗練された形で自然主義を復活させる試みに対していくつか示すつもりである。しかし、さしあたっては、「事実の言明から道徳判断を論理的な必然性として導出することはできない」ということを前提としておこう。これを認めるなら、自分の道徳的な意見を持つ自由があると言う場合、事実に関して自分の意見を持つ自由があると言うときよりもはるかに強い意味があることになる。

2

道徳の問題について自分の意見を持つ自由があるということは、大人なら誰しも確信しているとことである。しかし、道徳の問題にはこれと矛盾すると思われるもう一つの性格があり、それと突き合わせて考えてみなければならない。それは、道徳の問題に答えることは理性的な活動である、あるいは理性的な活動であるべきだということである。ほとんどの人が道徳の問題について自分の意見を持つ自由があると考えているにしても、どのような意見を持ってもかまわないと感じているわけではない。道徳の問題に答えることは、郵便切手のシートの中からどの一枚を選ぶかといったような、まったく任意の事柄だと感じてはいない。むしろ、どのような答えを出すかはきわめて重大なことで、答えを見出すことは、自分が持つ理性の能力をその限界まで行使しなければならない課題だと感じている。したがって、道徳において私たちが持つ自由は、何をし、何を言おうとまったくかまわないといった意味での自由とは違うはずである。だからこそ、人は成長して、自分に道徳の問題について意見を持つ自由があることを理解し始める段階になると、この自由は解放ではなく重荷だと感じるのである。

道徳的な論争のほとんどはこの二つの特質の二律背反性から生じている。これまで、たいていの道徳哲学者はこの背反する二つの原則のいずれか一方に立場を決めてきたが、すると、自分が斥けたもう一方の側が強調している重要な真理をただ否定して済ませてしまうことになる。一方には、道徳的な問題における自由を維持することが大切だと考えるあまり、道徳が理性的なものだということを否定してしまった人々がいる。この人たちは、

（誤って）理性主義は自由を制限するものだと考えたのである。この部類に、「情緒主義者」と呼ばれる人々に加えて、「主観主義者」というきわめて曖昧な名前で呼ばれる哲学者の大半が属する。他方、道徳の思考が理性的な活動でありうることを強調しなければならないと考える人々は、自由が合理性とは両立できないように思われるため、私たちには自分の道徳的意見を持つ自由があるということを否定してきた。私が「記述主義者」と呼ぶ道徳哲学者の全員がこの部類に入り、その中心となっているのが「自然主義者」と呼ばれる人々である。明らかに両立することが不可能に思われるこの二つの立場を調和させる方法を探り、自由と理性の間の二律背反を解消することが道徳哲学の課題であり、またそれこそ本書が取り組む課題である。

3

この問題を解消する手掛かりは、自由と理性という概念を研究することである。これらの概念が間違って理解されてきたために、私たちはこの難問に陥っているのである。私が前の著書『道徳の言語』（*The Language of Morals*　以下同書の該当箇所については、文中ではカッコ内でLMと略し、章と節を示すこととする）で発表した探求に乗り出した際の目的はそこにあった。同書の中で私は次のように述べた。「現代の論理学研究の影響として真っ先に表れたのは、道徳が理性的活動であるという考えを一部の哲学者たちがあきらめたことだったのも驚くにはあたらない。本書の目的は、あきらめるのはまだ早いということを示すことである」(LM 3.4)。しかし、必要なのは、これらの道徳の概念を正しく理解することだけではない。そうした理解を用いて、道徳的論証とはどのようなものなのかを説明することが必要である。そのためには、道徳の議論がある一定の仕方で展開していくのは、これらの概念が一定の論理的な性格を持つからに他ならないことを示していかなければならない。

『道徳の言語』で述べたことのすべてを読者が認めるように私は要求するつもりはない。本書の議論にとって、前書の結論のすべてがその前提として必要なわけではない。そうはいっても、前書で述べた三つの主要な前提は絶対に欠くことはできない。それらは、道徳判断についての最も重要な三つの真理である。この三つの前提のうちの二つは、「道徳判断はある種の指図的な判断である」ということ、そして、「道徳判断が同じ指図的判断の部類に属す他の判断と区別されるのは、道徳判断が普遍化可能だという点である」(LM 11.5) ということである。こうした言葉が何を意味しているのかについて、また、道徳判断だけが普遍化可能な唯一の指図的判断であるのかどうかについては後で論じなければならない。こうした命題を説明し正当化する上で私は相当多くのことを述べることになるが、そういう意味では、本書で行う議論はある程度以前の著作とは独立したものである。しかし、他の著作で述べたことを繰り返したくないので、読者に留意してほしいのは、この二つの命題を裏付けるために言えることのすべてが本書に書かれているわけではないということである。前の著作で行った議論が付け加えられるなら、これらの命題を正当化する根拠ははるかに強力なものになる。

第三の前提については、これまで十分に述べてきたので、本書では論じないことにする。それは、指図的な判断の間にも論理的な関係が存在しうるということである。これは命令文についても当てはまる。(たとえば、命令文についても、互いに矛盾すると言える場合がある。) 前の著作を書いていたとき、私はこれだけが、理性主義の立場をとる道徳哲学において最も重要な要素だと考えていた。そのため、命令文を論じるのに同書の初めの三分の一を費やしたのである。道徳判断が指図的であるという私の考えが正しいとすれば、道徳判断の間に何らかの論理的関係が存在しないかぎり、道徳的な議論などまったく成り立たないことになってしまう。指図的な判断の間に論理的関係が存在することを示すには、上位の者からの命令という極端な場合を取り上げて、そこにすら論理的関係が存在しうることを示すのが一番よいと私は考えた。それからというもの、再三はっきりと反論してきたにもかかわらず、私が道徳判断というものを命令文――私が用いているよりはるかに狭い意味での命令文に「還元」しようとしている、さらには上位の者からの指令や命令といったものに還元したがっていると幾度となく非難されることになった (LM. 1.1, 1.2, 12.4)。私が証明しようとしたのはそういうことではなく、道徳判断には命令文と共通する一つの重要な性格、両者ともに指図的だという性格があること、しかし、この性格は、道徳的な判断の間に論理的な関係が存在することを妨げるものではないということであった。そして、こうしたことから明らかになるのは、道徳的議論の理論を樹立するには、道徳判断が純粋に記述的なものだと示す必要などないということだった。

後で見ていくように、これらの前提のうち最初の二つは、先にふれた二律背反をなす二つの立場のそれぞれと密接に結びついている。私たちが道徳的思考を理性的なものとして語ることができるとすれば、その最も根本的な理由は、道徳判断が普遍化可能なものだ（普遍化するということは理由を示すことである）ということに他ならない。他方、道徳判断の持つ指図性は、自分自身の道徳的意見を持つ自由ときわめて密接に結びついている。（自由に思考し行動するものだけが指図的な言語を必要とする。）そこで私は、本書の第一部をこれら二つの命題を詳しく見ていくことに充てる。第2、第3章において、道徳判断は普遍化可能であると私が言うとき、それはどのようなことを意味するのかを少し詳しく説明し、また、道徳判断のこの特質と、道徳判断が指図的ではありながらも記述的な意味も持ち合わせているという事実との関係（LM 7.1以下で強調した点である）についても説明していくことにする。第4章では、私たち人間が置かれている状況のどういった点によって、（道徳判断も含めて）指図的な判断を表現する言語が必要となるのかを問うことにする。その際に、自由意志の問題について、本書での議論に必要な範囲でではあるが、私の考えをある程度述べることになるだろう。そこで私が主張するのは、私たちが指図的な問いを抱かざるを得ないのは、私たちが自由な行為者であるからに他ならないこと、また、道徳的な自由をめぐっては難しい問題があると考えられているのはどうしてなのか、そしてどうやってその解決を探っていったらよいのかが道徳判断の指図性から説明できるということである。第5章では、道徳的な判断が指図的であるという考え方に対して最も重大な反論と考えられてきたもの、つまり、人が自分がするべきではないと思っていることを実際にしてしまう場合について論じていくつもりである。

本書の第二部と第三部では、指図性と普遍化可能性というこれら二つの概念を用いて道徳的論証の理論の出発点を詳しく述べていくつもりである。徹底的に展開することまではできないが、きわめて実践的な道徳的な問題のいくつかを明らかにする程度までには議論を進めていきたいと思っている。締めくくりに、人種問題に関する特定の道徳的な問題群を論じるつもりである。この問題には私が展開する理論的立場が一定の意味を持ってくる。これは、実践的な道徳の問題について私が強い関心を抱いていることを証明することになるだろう。それを疑う人々がいることは私にとっては驚きであった。

以上の序論は漠然としていて、これだけではおそらく訳が分からないだろうが、実際の仕事に取り掛かることにしよう。その出発点として私が最適と考えるのは、スティーヴンソン教授からユーイング博士に至るまで、たいていの道徳哲学者が一致して主張する点、すなわち、道徳判断というものには、他にどのような要素があるにしても、その意味からして、「記述的意味」と呼ばれる要素があるという事実である。それを否定することは難しいが、ではこの事実がいったいどのような意味を持っているのかというと、それを述べることはそれ以上に難しいことである。そして、私たちはこれからそれに取り掛からなければならない。

第2章　記述的意味

1

ある語に記述的意味があるというのはどういうことなのだろうか。意味一般について完全な説明を行おうと試みずに、ここでは次のように言って済ましてもよいだろう。（意味を持つと言われる言葉であるかぎり）言葉の意味とは、どのような種類の意味であれ、一定の規則に従ってある表現を用いることである。もしくは、そうした用い方が言葉の意味には欠かせないものである。言葉の意味がどのような種類のものかは、規則がどのような種類のものかによって決まってくる。注意していただきたいのは、様々な表現の意味を決定するのがそれらの「規則」だと言っても、それで私が言語を実際以上に硬直したものととらえているわけではないという点である。「開かれた構造（open texture）」[1]とか「家族的類似（family resemblance）」[2]とか、それに類した用語は（導入された当初は衝撃的で啓発的であったが）、ほどなくして現在の哲学的呪術師が唱える呪文の一部になってしまった。とはいえ、そうした用語は疑いのない真理を表している。それは、私たちの言語においては、様々な表現（特に記述的な語）を用いる際に、非常に多くの逸脱が許されているということである。これは、表現の使用法が時とともに変化していくということだけではない。人が言語を用いる際には、ある程度の自由な裁量があるものだが、どの一時点をとってみても、その自由裁量の限界内におさまるかどうかきわどい使い方がなされている場合が多くあるだろう。また、言語には他にも多くの自由があるが、ここではそれらを論じる必要はない。言葉の使い方における自由という点は、後で見ていくように、倫理学にとってある程度の重要性がある。とはいえ、言語の柔軟性を利用して哲学的な問題をぼかしてしまおうとする誘惑に対しては常に警戒を怠ってはならない。私たちの当面の目的にとっては、次のように言っておけばよいだろう。私が「規則」と言うときに指しているのは、言葉で定式化できるような非常に単純な一般的規則ではなく（本書第3章4節、以下本書の該当箇所については章と節をカッコ内で示すこととする）、ある表現が実際に用いられる際にどのような一貫性が認められるかということであり、そうした一貫性があるということが、表現が理解可能なものとなる条件なのである。

哲学において非常によく見られる誤りの一つが、意味を決定するすべての規則は同じ種類のものでなければならない、つまり、すべての語は同じ仕方で意味を持つと考えてしまうことである。（これは、現代哲学がかけたもう一つの呪文でもある。）意味を決定する規則には多くの異なった種類のものがあり、それらを区別する最善の方法は、違う種類に属する語について、それぞれを誤用したことになるのはどういう場合かと問うことである。そこで、この方法を「赤い」という言葉で試してみることにしよう。私はこれを記述的な語の代表的な例として用いることにする。ある人が「赤い」という言葉を誤用していると私たちが確信できるのはどうしてだろうか。ある人がその言葉が赤とは違う種類のものを意味しているつもりで、ある対象を赤いと言ったとしよう。その場合には、私たちは当然その人は言葉を誤用していると咎めるだろう。ここで私は「意味しているつもり」と言ったが、このように、自分の用いている言葉が適切に受け止められたときに意味するものとは何か違ったことを自分では意味するつもりで用いることがありうる。(たとえば、イタリアでイギリス人が「冷たい水」を意味するつもりで、「aqua calda」と言う場合である。) 意味するということで指しているのは、一つには、自分が意味すると思っていることで、自分が伝えようと意図していることであり、もう一つとしては、自分が使っている言葉が意味することで、私たちが話している言語を理解している人にその言葉が通常伝えることである。

一般的に言えば、人が記述的な語を誤用していると言えるのは、その語は一定の種類の対象に結び付けられるという記述的な規則を破って用いられているときである。そして、ある対象がある種類のものだと言いながら、自分ではそれが別の種類のものを意味しているつもりの場合、言い換えれば伝えようと意図していることが別のことだった場合、その人は記述的な語を誤用している。記述的な語については、このような形で、どのような場合に誤用していることになるかを示すことで定義できるだろう。

ある人が記述的な語を誤用していることが分かるには、その人が何を意味するつもりだったか、あるいは何を伝えようと意図していたのかを知る必要がある。実際問題としては、次のように前提することで、私たちは通常この問題を切り抜けている。その前提とは、その人は実際に本当のことを伝えようと意図している、という前提である。これ自体が次の二つの前提に分かれていて、私たちはその両方を前提とすることができなければいけない。まず、その人がその対象が実際にどのような種類のものであるかについて間違った理解はしていないのは確かだという前提である。もう一つは、その人には誤ったことを語ろうとする意図はないという前提である。この二つの前提のいずれか一つでも成り立たなければ、記述的な語の誤用は、意図的であろうとなかろうと、虚偽の言明と区別することは非常に難しい。たとえば、青い色の対象について、ある人が赤いと言ったとしてみよう。先の二つのことを前提としなければ、その人が「赤い」という言葉を誤用している、つまり自分が伝えようと意図していることを不正確に表現していると結論することはできない。その人は自分でも本当に赤いと思っているか、あるいは、私たちを欺いて本当に赤いと思わせようとしているか、いずれにせよ虚偽の言明を行っているのかもしれない。幸い、私たちはこうした複雑な問題にかかずらう必要はない。（これは実際には、ここで紙幅を割いて指摘できる以上に複雑な問題である。）私たちが通常しているように、この二つの前提を認めてしまえば、ある語の意味を決定している記述的な規則によって排除される種類の対象にその語が用いられているのを見聞きするとき、私たちは語が誤用されていることに気づくことができる。ある人がある対象を濃紺だと言ったとして、それは濃紺ではないし、その対象ははっきり見えていて、その人の視力も正常で、正直な人だとしてみよう。通常なら、こうした場合には、その人は「濃紺」の意味を知らなかったのだという結論になるはずである。

　同じ種類のことがすべての言葉について言えると思われるかもしれない。しかしそんなふうに考えるのは、先に述べたように、哲学に非常によく見られる誤りである。それが誤りだということを理解するには、この種の意味の規則に従わない表現をいくつか検討してみるだけでよい。たとえば「それ」（it）という言葉を考えてみよう。この言葉の使用の規則では、あらゆる対象や事柄についてこれを用いることができる。したがって、これが記述的な語だとしたら、あまりにも曖昧で一般的すぎてまったく使い物にならないだろう。あるものについて、「それ」であると記述しても、何も記述したことにはならない。しかし実際には「それ」には記述的な用法とは完全に異なる使い方があって、文脈によってあらかじめ何であるかがはっきりしているものを（記述するのではなく）指すために用いられる。たとえば、「あれがそれだ」、と言うとき、私たちはあれをそれだと記述しているのではない。「あれ」が指されているものだと言っているのである。それが何かということは文脈から明らかになっていなければならない。こうした理由で、「それ」という言葉についてはふさわしくない種類の対象に用いるというやり方でこれを誤用することはあり得ない。（なぜなら、「それ」はあらゆる種類の対象に用いることができるからである。）幸い、ここでの目的には無関係なので、私たちは、「それ」という言葉が誤用されることがあるとしたら、それはどのような場合かというきわめて厄介な問題に立ち入る必要はない。

記述的という部類に分類される語はどのように定義できるかを説明したところで、これを進めて、記述的判断という部類についても同じように定義することができる。[3] ある判断が記述的であるのは、その判断において述語や述部が記述的な語であり、その叙法が直接叙実法である場合である。二つ目の条件が必要とされるのは、命令文もまた記述的な語を通常含むが（たとえば、「静かにしなさい」と言う場合、「静か」という表現は記述的な語である）、命令文を記述的判断と呼ぶことは避けたいからである。私は述語という言葉を使っているが、それは「一項」述語とときに呼ばれるものだけではなく、（関係語のような）二つ以上の主語をとることができるような述語も含んでいる。したがって、私のこの解釈は、狭い意味で主語と述語からなる命題だけではなく、関係的な命題も念頭に置いたもので、そうしたものにも当てはめられるだろう。例えば、「叩く」は二項述語で、関係性を表現するが、「ジョンがジェームズを叩いた」という文は、ジョンとジェームズという順序の定まった一対の主語について、記述的な言葉である二項述語が叙実法をとって述語として用いられているので、記述的判断を表現している。

2

ここで、私たちが注目しなければいけないのは、ある判断が記述的である場合、その判断にはもう一つの特質があるということである。その特質は、道徳的な判断について語る場合には、一般に普遍化可能性と呼ばれるものである。ここで強調しておかなければいけないのは、この特質は道徳的な判断と記述的な判断に共通しているという点である。もっとも、これら二つの種類の判断は、他の様々な点で異なるので、道徳判断は記述的だと言ってしまうと、後で見ていくように、哲学的な誤解を招いてしまうだろう。とはいえ、道徳判断には他の種類の意味に加えて、記述的な意味があることは確かなので、記述的意味を持つすべての判断に共通する普遍化可能性という性格が道徳判断にも備わっている。

ある人が「あるものが赤い」と言うとき、その人は次のような立場に拘束されることになる。それは、あるものが関係する点でそれと似ているなら、それが何であれやはり赤いと言わなければならないということである。ここでいう関係する点とは、最初のものについて、それを赤と呼ぶのは当然だとその人に思わせた点である。この例では、関係する点は一つだけであり、それは、そのものの赤い色である。何であれ、この点で似たものについては赤いと言うように拘束されるというのは、先に示した記述的意味の定義からいって、「これは赤い」というのが記述的判断だということから必然的に出てくることである。あるものについて、「これは赤い」と言うと、それに関係する点でこれと似たものは必然的にすべて赤いという結論が伴うことになる。その理由というのは単純で、あるものについて、それは赤いと言いながら、それに関係する点で似ている別の何かについては、それが赤いということを否定するなら、「赤い」という言葉を誤用していることになるからである。そして、それは「赤い」が記述的な言葉だからであり、何かについて赤いと言うことは、それがある種類のものだと言うことであり、同じ種類のものは何であれ赤いということがそこには当然含まれているからである。

　実際のところ、「関係する点でこれに似たものはすべて赤い」という命題は、形式において、また厳密な意味では普遍的な命題ではない。なぜなら、「これ」という（個体を指す）単称名辞を含むからである。しかし、他の著書で説明したように[4]、単称名辞には、「～に似ている」とかそれに当たる語によって支配されている場合には普遍的な語に変わりうるという性質がある。「これに似た」という言葉を、問題となっているものがこれに似ている点を記述する語で置き換えればよい。ふさわしい言葉がなければ新しく作り出すことはいつでもできる。そこで、ある人が「これは赤い」と言うことで、その人が「関係する点でこれに似たものはすべて赤い」という命題に拘束されるとすれば、その場合、その人はさらに進んで次のような命題にも拘束されることになる。それは、「このものが持っているようなある性質が存在していて、またその性質を持つものはすべて赤いと言える性質が存在する」という命題である。この命題の後半は単称名辞を含まないので、普遍的な命題と呼ぶにふさわしいものである。

「その性質を持つものはすべて赤いと言える性質がある」という命題は、自明で完全に無駄な命題だと思われるかもしれない。というのも、ここで言われている性質は赤いということであり、「赤い」というのがどのような種類の語なのか（つまり記述的な語だということ）が分かっているということは、そうした性質が存在することも当然分かっているはずだからである。しかし、注意しなければならないのは、実際には、赤以外の他の性質で、その性質を持つものはすべて赤いと言えるような性質も存在するということである。（たとえば、緋色であるとか、普通の品種の熟れたトマトといったような性質である。）とはいえ、自明の真理だということは否定できないにしても、「赤い」という語が実際に記述的な種類の語である以上、この命題が自明で無駄ではあってもやはり真理であることは否定できない。そこで、記述的判断は普遍化可能であるという命題はきわめて自明の命題だということは認めてよいだろう。ここでこの命題を持ち出したのは、ただ、別の、こちらのほうはそれほど自明ではない主張を明らかにするうえで役に立つからである。それは、道徳判断はこれと同じ意味で普遍化可能であるという主張である。

3

とはいえ、さしあたっては、明らかに自明でどうやっても反論できないような意味で「記述的な単称判断はすべて普遍化可能である」という点に着目していくことにしよう。これが意味しているのは、記述的な判断を行う話者は、より上の次元の命題に拘束されるということである。つまり最初の判断の主語と精確に似ているものはすべて、もしくは関係する点でそれに似ているものはすべて、初めの判断の主語に備わっているとされた性質を持つという命題に拘束されるということである。価値判断についても、これに対応する命題が成り立つのだが、こちらの方に対しては多くの反論が出されている。そのうちのいくつかを記述的な判断についてのこの命題に対して向けてみることにしよう。まず、このような命題を定式化するにあたって、「精確に似ている」と言ってしまうと、この命題は自明のものとなってしまい、述べるに値しない（と反論されるだろう）。何一つとして他のものに精確に似ているものはないと言われるかもしれない。これを分析的と考えるかどうか、またその必要があるかどうかは、私たちがここで考えることではない。この反論は次のように続けられる。かといって、「関係する点で似ている」と言うとすると、実際にどういう点が関係するのかをどうやって決定し定式化するのかという問題を抱えることになる。そしてそれができないのであれば、この命題はやはり無価値だと言われてしまう。

このような反論に対しては次のように答えることができるだろう。まず、哲学的な命題について狭すぎる功利主義的な姿勢をとることは間違いだということである。このような哲学的な命題は真であるということで十分と考えて、そうした命題から今後何か有益な結果が出てくるかどうかは未来に委ねることにしたほうがよい。二つ目には、この命題は実際に意味の理論に重大な影響を及ぼすものだと反論できる。それは、価値判断についてこれに対応する命題が倫理学にとてつもなく重大な意味を持ってくるのと同じである。この命題によって、私たちは「記述的意味」というのはどういうものなのかという問題を明確にすることができる。これは意外なことではない。というのも、私たちは、ある語が記述的であるというのはどういうことかを考察することから、この命題を導き出したからである。記述的意味の特質の一つは、他の種類の意味とは違って、類似性という概念に依拠しているということである。ここでもう一度、先に記述的意味について私たちが注目した点を繰り返しておいた方がよいかもしれない。それは、記述的な意味の規則とは、何らかの点で互いに似ている対象についてある表現を適用することができると定める規則である、ということである。このことから直接出てくる帰結は、記述的な語をあるものに用いながら、他の似たもの（精確に似ているか、もしくは関連する点で似ているもの）について用いるのを拒否するとしたら、整合性を欠かざるをえないということである。ある人が、二つのものについて精確に似ていることを認めながら、ある記述的な語を一方には適用し、他方には適用するのを拒否するとして、また、その人がその語を自分は曖昧な使い方はしていないと言うとしてみよう。その場合、その人はその表現が記述的な語だということを理解していないか、もしくは記述的な語とはどのようなものかを理解していないことになるだろう。

ここから分かってくるのは、記述的な単称判断の普遍化可能性は、その判断に含まれているはずの記述的な語の意味の規則が普遍的な規則であり、また一定の種類の普遍的な規則だという事実から出てくる帰結だということである。どのような点で二つの対象が似ていなければいけないかを精確に定式化することは難しいが、それはただ、話者が精確にどのような意味でその言葉を用いているかを定義するのは難しいというだけのことである。例えば、私がXは赤い、と言ったとしてみよう。すると、私は、関係する点でXに似たものについては、やはり赤いと言うように拘束されることになる。しかし、何が関係する点なのかと問われたとしたら、私にできる答えは、一体Xのどんな点によって私がXを赤いと言うのか、その目安を曖昧な形であれ精確な形であれ示すことだけである。つまるところ、それは、私がその対象を赤いという場合に何を意味しているのかを説明することである。そうした説明がもしできたとしたら、どのような点で他の対象がXに似ていなければいけないのか、その条件を示すことになる。そして、これによって、私が使っている意味での「赤い」という記述的な語を他の対象に適用することができたりできなかったりするようになる。この「赤い」の場合では、ものを指して示すような説明（多分非常に細かい説明）が必要になるだろう。

このように言ったからといって、それは言語を実際以上に硬直したものととらえているわけではない。この点はもう一度強調しておかなければならない。もちろん、「赤い」という概念は境界線がうまく定められない概念である。人によっては他の人が赤くないという対象を赤いと言う場合もあるだろう。そして、それは、その人たちの色覚が違うためではなく、「赤い」という言葉の使い方を微妙に違ったふうに学んできたためである。塗料の製造業者が違えば、そこが出す色見本カードもまた違ってくる。例えば、見本カードによっては、他の会社ではある種の黄色と分類している色合いのものが緑に分類されている場合もありうる。また、同じ人でも、「赤い」という言葉の使い方を微妙に変えていくことがある。以前には自分で紫に分類していた色合いを赤に含めるようになる場合もある。「紫」という言葉の歴史それ自体がこの種の変化を表すよい具体例である。「紫」という名前の由来となっている染料は、現在の人が見ればたいてい赤に分類するだろう。私が述べているのはただ、「赤い」という言葉を使う場合には、どのような場合であれ、話し手は、ある対象が持つ何らかの特質を念頭に置いており、この言葉を使ってその特質に相手の注意を向けさせようとしている、ということである。話し手は、自分が使っている概念の精確な境界についてはかなり曖昧かもしれない。（境界線上のきわどい例についてどのように言うのかをあらかじめ決めていなくとも、私たちは「赤い」という言葉を使うことができる。）しかし、ある人がある対象について「赤い」と言う場合、他の対象についてもその人がその言葉を用いるとすれば（そして同じ意味でその言葉を用い続けていると前提すれば）、今問題になっているその対象には、話し手がそれは「赤い」と言うのが当然だと考える何かがなければならない。そうでなければ、その人が言っていることには何ら記述的な意味がないことになってしまう。このように、（今後の私の議論を先取りすることを許してもらうとして）どのような価値判断にも含まれている普遍的な規則を定式化することは難しいと言われているが、個々の機会に用いられる記述的な語の意味を説明しようとするときにも、同じ種類の難しさに直面するのである。

4

さてここで、さらに突っ込んだ反論について考察していくことにしよう。記述的判断は普遍化可能であるという命題は無価値で自明のものだという同じ根拠から、次のような反論がなされるかもしれない。どのような記述的な単称判断についても、その判断から普遍的な命題が生じてくるのが上記のような仕方だとするなら、その普遍的な命題は、その判断に含まれる記述的な語の意味に関するものでしかなく、実質に関するものではありえないという反論である。私がXは赤いと言うとしたら、それによって、ある一定の点でXに似たものはどんなものでもやはり赤いと言うように私は拘束される。「赤い」という記述的な語を使用するとき、私は何らかの普遍的な規則に訴えて、その規則を用いているはずである。以上が私が述べてきたことだが、これに対して、このような規則は「赤い」という言葉の意味を与えるにすぎず、それは「赤い」という言葉がどのように使われるかという純粋に言語上の問題にすぎないと反論されることが考えられる。さて、これについては、私は、純粋に記述的な語についてはこれを否定しようとは思わない。これから見ていくように、評価的な語はこの点で異なっている。何であれ記述的な表現を用いる際に欠かせない普遍的な規則は意味の規則である。そしてそうした規則は明らかにある意味で普遍的である以上（どのような意味で普遍的なのかをこれまで示そうとしてきたのだが）、記述的な命題を語る人は普遍的な命題に拘束されるということは、わざわざ取り立てて述べる価値があることとは思われないだろう。そしておそらく哲学的な文脈ではほとんどの場合、その価値はないだろう。しかし今の文脈ではこれはきわめて重要である。なぜなら、私は価値判断の普遍化可能性（倫理学の大部分がこれにかかっている）について述べていくつもりだからである。そして、その普遍化可能性ということで私が何を意味しているかを理解してもらうことは絶対に欠かすことはできない。私が自分の言いたいことを説明するのに選んだ方法は、普遍化可能性と私が呼ぶ価値判断の特質が価値判断と記述的な判断とに共通して認められるものに他ならないということ、つまり、両方の判断が記述的な意味を備えているという事実である。こうしたわけで、記述的な判断のこの特質を明確にしておくことはきわめて重要なのである。

私があるものを赤いと言うとき、私はそれに似たものは何であれ赤いと言うように拘束される。そして私があるものをよいXだと言うとしたら、それに似たどのXであれ、それをよいと言うように拘束される。しかし、前者の場合には、その理由は、私は一定の意味の規則に従って「赤い」という言葉を用いなければならないからであるのに対して、後者の場合には、その理由ははるかに複雑である。確かに、自然主義者の立場をとるなら、理由が複雑になることはないだろう。というのも、自然主義者によれば、私たちが評価的な言葉をどんなものに適用することができるかは、記述的意味の規則だけで決まるからである、記述的表現の場合とまったく同じように、評価的な言葉の意味はそうした規則から完全に決定される。自然主義者は、評価的な言葉も記述的表現の一種にすぎないと考えている。さらに進んで、評価的な言葉は記述的な言葉の一つの種類にすぎないと主張する人も記述主義者と呼ぶとすれば、自然主義者だけが唯一の「記述主義者」ではない。ムーアのような自然主義者ではない記述主義者においても、同じように、評価的な言葉は記述的な言葉であり、その意味はこれまで論じてきたような種類の記述的な意味規則によって完全に決まっているとされている。自然主義の立場をとる記述主義者とそうではない記述主義者の違いは我々の議論にとって重要である。自然主義の立場をとらない人たちは、評価的な言葉があるものに適用される場合、その評価的な言葉か、または何か他の評価的な言葉を用いることによってしか記述できない特質がその対象に備わっていなければならないと主張する。そうした特質は他から独立した一種独特なものだと考えられている。これに対して、自然主義者の立場では、こうした特質は、評価的ではない（通常経験的な）語を用いても、かなり長々としたものになるだろうが、同じように記述できると考えられている。

5

理論的な立場の名称としては、私が『道徳の言語』で展開し、今もとっている立場については、これを「普遍的な指図主義」と呼ぶことにしよう。これは、普遍主義（道徳判断は普遍化可能であるという立場）と指図主義（道徳判断は基本的に必ず指図性を持つものであるという立場）を組み合わせたものである。この理論のこれら二つの側面を同時に整合性をもって攻撃することは容易ではない。この点は、現時点ではっきりさせておくことが役に立つだろう。というのも、記述的判断が普遍化可能であるということは「記述的な語」という表現の定義から必然的に出てくる帰結であるが、私の考えでは、道徳判断が普遍化可能だということも、それとまったく同じように記述的な語の定義から必然的に出てくる帰結である。道徳判断が記述的であると主張しながら、それは普遍化可能ではないと整合性を欠くことなく主張することは不可能である。もっとはっきり言うなら、道徳判断の普遍化可能性を否定する哲学者は、道徳判断には記述的意味がまったくないという立場をとるように拘束されることになる。そこまで徹底することも厭わない哲学者たちがいることは疑いもないが、普遍化可能性を否定すると明言する哲学者であっても、その多くが実際にはそこまで徹底していないということもまた確かである。

この問題は、おそらく次のように示すとはっきりするだろう。まず、道徳判断は普遍化可能であるという命題をuと呼ぶことにしよう。そして、道徳判断は指図的であるという命題をpと呼ぶことにしよう。さて、道徳判断の記述的性格については二つの命題があり、注意深く区別する必要がある。これら二つの命題（d）のうち、第一のより強い命題は、道徳判断は一種の記述的な判断であるというものであり、言いかえれば、道徳判断の記述的な意味がその判断の意味のすべてだということである。これが記述主義と呼ばれるものである。二つ目の弱い命題（d′）は、道徳判断においては、その意味に他の要素が含まれている可能性があるとはいえ、そこには記述的意味が確かにあるというものである。私自身が主張したいのは、pとuとd′が正しいということである。この三つの命題は整合的である。これまで見てきたように、uはdから必然的に導出されることである。pはd′とは不整合ではない。なぜなら、道徳判断は指図的であるといっても、それは、そこに備わっている意味が指図性に尽きるということではなく、ただ、この要素が他の要素と並んで確かに含まれているということだからである。（本書第2章3節参照。以下、本当の該当箇所については章と節番号で2.3と示すこととする。）さて、私の期待する通りに進めば、pとu（あるいはd′）が組み合わさると、それだけで、道徳が理性的なものであること、言い換えれば、妥当性を持った道徳的議論が可能だということが証明される。重要なことは、pがこれを証明する上で障害になるどころか、実際はその必要条件だという点であり、それこそ私がこれから示していくつもりのことである（6.6, 9.4, 11.7）。しかし、道徳が理性的なものだということを証明するためには、uないし弱いほうの命題であるd′ではなく、強いほうのdが必要だと考える人達もいる。さて、dがpと整合しないのは事実である。そこで、こうした記述主義者たちはpを否定する必要があると考えてしまう。しかし、私やその他の人々がpとuとが結びつきと主張してきたので、また、d′とuの結びつきについてはこれまで気付かれていなかったこともあって、おそらく記述主義者の一部の頭の中では、uがpとの連帯責任を負わされてしまったのだろう。この人たちは、「一部の邪悪な指図主義者がuが正しいと主張している」ので、「uは間違っているとして斥けなければならない」と言っているように思われる。しかし、記述主義者が正しいと主張するdからは、弱いほうの命題であるd′が必然的に出てくるし、またd′からは必然的にuが出てくる。したがって、dを正しいと主張しながら、不整合をきたすことなくuを間違っているとして斥けることはできない。道徳哲学の主たる仕事は、pとuがどのように整合するかを示すことである。この仕事は、道徳が理性的なものだということを基礎づけるためにはdが必要だと思い込むあまり、dと矛盾するからということで、のっけからpを否定してかかる人々によって進められることはない。またpが正しいと思い込むあまり、（pと不整合だと間違って考えて）uを否定する人々も、この仕事の役には立たない。どのようにpとuが互いに整合するのか、そして、どのようにして両者が合わさると道徳が理性的なものであると証明されるのか、この両方について納得がいかないかぎり、ここで向き合っている問題は理解されないだろう。また、dはこの目的には不可欠なものではなく、それどころか、この目的を果たすうえで妨げになることについても納得する必要がある。なぜなら、dは、そこから必然的に出てくる結論としてpを放棄することになるが、pはこれから見ていくように道徳の議論の本質をなす要素である。

特に自然主義の立場をとる場合、整合性を欠くことなく普遍化可能性の命題を否定することはできない。これについてはすぐ後で見ていくことにする。しかし、自然主義の立場をとらない記述主義者にとっては、記述主義者に向けた対人論証をかわす方法があることは認めておかなければならない。こうした記述主義者に言わせれば、「よい」といったような言葉の意味は確かに記述的だが、このような評価的な言葉には、他の非評価的な言葉が持つ意味規則から論理的に独立した意味規則がある。すると、その種の記述主義者は、道徳判断は他の記述的な判断と同じように普遍化可能だと認めたければそうすることもできる。だが、それは自明で無駄な主張であって、これに同意しても何の不都合も生じない。これを認めながら、同時に実質的には特殊主義の立場（普遍主義者の反対の立場をこう呼んでよいとしたら）をとりたければとることもできる。というのも、次のような場合を想定してみてほしい。もしそういう特殊主義者に対して「もしあなたがXをよいYだと言うとしたら、あなたは関係する点でXに似たものは何であれよいYだと判断するように拘束される」と言うとしたら、その人はこれに対して次のように答えることができるからである。「確かにそうだ。しかし、この場合に関係する点というのは、Xだけに特有の「よい」という非自然的な性質があるという点だけなので、別の対象が他のどの点でXに似ていたとしても、それがこの性質を備えていないとしたら、私はそれがよいYだということを否定するだろう」

このような哲学者は、少なくとも実際問題としては、最も極端なタイプの特殊主義の立場をとることができる。そういう人が主張する命題は、（私がLM 5.1以下で示した理由で）明らかに間違っているのだが、私がさきほど行った議論ではそれを示すことはできない。この人たちは、実存主義を称賛する英国の人々の一部がその立場だとするもの（この理解が間違っていることは後で見ていくが）と似たような主旨で、次のように主張することができるだろう。私たちはよいという性質や他の道徳的な性質については、個々の対象それぞれにおける独自性をよく見ていかなければならない。そして、ある対象にその道徳的な性質があると言ったからといって、別の対象については、それ以外の点でその対象とどれほど似ているものであっても、それがその道徳的な性質を備えていると言うように拘束されることはない。もちろん、まったく同じ性質を備えている別の対象があったとしたら、私たちはそれについてもよいと言わざるをえないだろう。しかし、このように拘束されても、何の不都合も生じてこない。なぜなら、よいという性質は、道徳に無関係な他の性質に基づくものではなく、それらからは全く独立してあったりなかったりする種類のものだと考えられているからである。以上のように、特殊主義者は、非自然主義の立場を堅持しさえすれば、本章で私が示したことを何一つ否定することなく、昔ながらの言葉で実質的に言いたいことを何でも言うことができる。

指摘するまでもないが、別の種類の非自然主義者の立場もある。その立場では、道徳的な性質は道徳と無関係な性質とはまったく独立した種類のものではなく、ある意味で道徳とは無関係な性質の結果であり、それらに付随するものだ(これはその通りで、正しい考えなのだが)と考えられる。この種の非自然主義者は、現在の私たちの議論においては自然主義と同じ立場にあることになるだろう。

さて、自然主義者には、私がここで描いてきたような抜け道はない。なぜなら、自然主義者の立場の根幹には、私たちが道徳的な述語をある対象に適用することができるのは、その述語が一定の種類の対象に適用することができると定める意味規則のおかげだという考えがあるからである。また、その述語はどのような種類のものについて用いることができるのかという問いに対して、自然主義者は、独特な道徳的性質を指し示すのではなく、その対象がもつ道徳とは無関係な他の性質を示して答えるからである。（おそらく何らかの性質がないこともここに含まれるだろう。なぜなら、その性質が欠けていることも、そうした性質が備わっていることと同じ程度に関係してくる可能性があるからである。）その対象について、それを道徳的な述語を用いるのにふさわしい主語にしているものは、そうした他の様々な性質に他ならない。ここから出てくる結論は、自然主義者が拘束される種類の普遍化可能性は、特殊主義に傾く非自然主義者が問題なく認めることができるような、何の不都合も生じさせない種類の普遍化可能性ではない、ということである。というのも、前と同じ議論を今度は自然主義の立場をとろうとする特殊主義者と行っていると仮定してみてほしい。「もしあなたがXはよいYであるというとするなら、関係する点でXに似ているものについては、やはりよいYだと判断するように拘束されている」と言うとしよう。これに対して、非自然主義者とは違って、自然主義の立場をとる特殊主義者であれば、これを認めたうえで、「関係する点」とは、非自然主義的な独特な道徳的「よさ」という性質があるという点だけだと主張することはできない。関係する性質というのは、道徳とは無関係な性質の一定の組み合わせでなければならない。

そこで、自然主義者の場合には、その立場と固く結びついた普遍主義によって、特殊主義の立場をとることははるかに難しくなる。なぜなら、ある対象について自然主義者が道徳判断を下すとすれば、それはその対象が道徳とは無関係な一定の特質を備えているためにほかならず（それがどのような特質かということは、当該の道徳的な言葉の意味規則によって決定される）、そうすると、そうした特質を持つ対象については、他の何であれ、同じ道徳的判断を下されなければならないからである。このように、自然主義者にとって、整合性を欠くことなく、何らかの特殊主義の立場をとることはおよそ不可能なのである。

ここまでの段落では、議論を単純にするために、「よい」という言葉だけに注意を向けてきた。重複を避けるために、同じ議論が他の道徳の言葉に当てはまるかどうか疑わしく思う読者には「よい」という言葉を別の道徳的な言葉に入れ替えて同じ議論を行ってみてほしい。そしてそれが納得のいくものだということを確かめてほしい。「ある種のよい対象である」を、たとえば、「正しい行為」とか「（道徳的に）間違った行為」というものに一貫して置き換えてみると、まったく同じことが言える。また、「すべきである」と「正しい」と「間違っている」とはそれぞれの意味が密接に結びついているので、少し修正するだけで「すべきである」についても同じ議論を行うことができる。これは次の事実から明らかである。たとえば、「彼はそれをするべきではない」は、「彼がそれをするのは間違っている」と同じことを意味している。

6

私が主張する立場（すなわち普遍的な指図主義）を理解する分かりやすい方法は、記述主義（自然主義と非自然主義の両者を含む）の正しい点を維持しながら、そこに道徳的な判断の意味のもう一つの本質的な要素である指図性の解釈を加えたものだととらえることである。自然主義の主張に認められる正しい点は、道徳的な語には確かに記述的な意味があるという点である。記述的な意味は道徳的な語の意味の唯一の要素ではないため、自然主義者のようにそれが道徳的な語の意味そのものだと言うと誤解を招くが、記述的な意味を備えているからこそ、道徳判断は普遍化可能なのであり、また、これを当然のこととして踏まえている点は自然主義の功績である。

　この点は次のように言い換えることもできる。自然主義の立場と私の立場が共通して重視しているのは、何かについて道徳判断を下すのは、それが道徳とは無関係な何らかの性質を備えているためだという事実である。したがって、両方の立場ともに個々の特定のものごとについての道徳判断は理由があってなされると考えている。そして、理由という概念は、他の場合にたがわず、規則の概念を伴うものである。その規則に従って、あることが他の何かの理由となる。それゆえ両方の立場ともに必然的に普遍化可能性を要素とする。両者の違いは、自然主義者は当該の規則が記述的な意味規則であり、そこで用いられている道徳的な語の意味はそうした記述的な意味規則で汲み尽くされると考えるが、これに対して私自身の考えでは、その規則は記述的な意味規則にきわめて類似しているとはいえ、またそのため道徳的な語について「記述的意味」を語ることは理に適っているとはいえ、それだけで道徳的な語の意味を尽くすことはできない（LM 7.1以下）。このように、自然主義者にとっては、あるものについての道徳に関係のない記述から道徳的な結論を導き出す推論の妥当性は、そこで使われている言葉の意味だけにかかっている。この推論を可能にする規則はそこで使われている道徳的な語の記述的な意味規則そのものであり、その規則を受け入れることは、その道徳の言葉の意味を受け入れることにすぎない。逆に言えば、道徳的な言葉の意味がいったん理解されると、自然主義者はその推論の規則から逸脱することはできない。つまり、その言葉の意味を変えることなしにその推論の結果を拒否することは不可能なのである。しかし私の立場は違う。道徳的な語の「記述的な意味」だけでその言葉の意味は汲み尽くされるものではない。そのため、道徳的な語の意味に認められる他の要素が、推論におけるこうした語の論理的な振る舞いに違いをもたらすことがありうると考えている。これは、「すべきである」は「ある」から導き出されうるかどうかという論争で問題となる点である。

7

そこで、道徳の言葉の意味にこのように指図的な要素が入ってくると、道徳の言葉の論理的な性格にどのような影響を及ぼすのかを問うことにしよう。[5] この段階では、私は「指図的」という言葉の定義を試みるつもりはない。その意味はかなり後になるまで明確にはならないだろう。しかし、手始めに、何らかの評価的な言葉を取り上げて、その言葉が持つ記述的な意味は備えているが、その言葉の指図的な意味は欠いている言葉があると想定してみよう。そうした言葉の論理的な性格は、普通の記述的な言葉とまったく同じはずである。その言葉の使い方を知るのに必要なのは、それがどのような種類のものに適用されるのがふさわしいかを知ることだけで、それ以上のことは必要ない。さて、そうした言葉に指図的な意味を付け加えてみよう。私の理論では、それによってもとの評価的な言葉が復元されるはずである。私が『道徳の言語』(LM 7.2) で用いたのと同じ例を使って、「彼はよい人だ」といった文で使われる「よい」(good) という言葉の記述的な意味を持つ「いよ (doog)」という言葉を作りだしてみることにしよう。この言葉には指図的な意味は備わっていない。前と同じく、まず気付いてもらいたいのは、「Xはいよな人だ」という言明は普遍化可能だということである。誰であれこのように言う人は、Xと精確に似ている人、もしくは関係する点で似ている人もやはりすべていよな人だと言うように拘束される。そしてここで何が関係する点かということは、まさしく「いよ」という言葉の記述的な意味規則から、この言葉を用いる条件として明確に定まっている。

さて、この言葉に指図的な意味を加えようとしたらどうなるだろうか。これを付け加えると、その結果、記述的な意味規則が単なる意味規則以上のものになることは避けられない。私たちが用いている「よい」という価値の言葉に備わっている記述的な意味は「いよ」と同じ意味なので、記述的意味規則の内容は同じままだろう。しかしその論理的な性格は変わる。意味規則で「よい」という言葉はある種類の人に用いるのが適切だとされていることに変わりはない。しかし、どのような人に用いるかを述べるとき（その言葉を用いる条件を定めた意味規則を示していくとき）、私たちはこの言葉の意味を明確にする以上のことを行っている。ある種類の人についてはよいと言うのがふさわしいと言うとき（たとえば、子どもを養い、妻を殴らない男、といったふうに）、私たちは単に言葉の意味を説明しているのではない。私たちはただ言語について教えているだけではなくて、それ以上のこと、つまり道徳について教えているのである。聞き手は、あらゆる種類の人の中で、この種類の人についてはよいという言葉を使うことができることを学ぶが、それと同時に、何かもっと総合的なこと、つまり道徳原則を学んでいることになる。それが総合的になるのは、「よい」という言葉の指図性が付け加えられたためである。この言葉を学ぶことによって、聞き手は一つの言葉が一定の仕方で用いられるということを学ぶだけではなく、一定の種類の人について称賛し、それに倣《なら》っていくように指図することを学んでいくのである。こうした規則を心から受け入れる人は、そうでない人とは違ったふうに話すだけではなく、違ったふうに生きることになるだろう。記述的な意味規則は、このようにして総合的な道徳原則に転換するのである。

この転換によってもたらされる帰結は他にもある。そうした帰結を具体的に示すために、この言葉が用いられる文脈をさらに詳しく考察していくことにしよう。ここまで私たちは、「よい人」とか「いよな人」といった表現が使われる社会では、人間の卓越性についての基準が極めて固定されていると想定し、これらの言葉のいずれにおいても、その記述的な意味が変わるという問題は生じないと想定してきた。しかし現実の世界では、人間の卓越性の基準は変化するものであり（たとえば、妻を殴ることが間違ったことかどうかが変わってきたように[6]）、そのため、社会の基準が変わっていっても、「よい人」という表現で（実際にそのように使われているように）そうした基準を表現できるとすれば、この言葉にはそれを可能にする論理的な性格が備わっているはずである。その性格によって、この言葉においては、指図的な意味がまず第一の重要なものとなり、記述的な意味は二次的なものになる。

評価的な言葉のすべてが、必ずしもこのように扱われるわけではない。記述的な意味に対して指図的な意味のほうが二次的であるような道徳的な語も存在する。たとえば、「勤勉な」(LM 7.5)、「正直な」、「勇敢な」、といった言葉である。労働というものに否定的な価値しか認めない社会があると想定してみよう。世界のどこかにはそういった社会もありそうである。そうした社会では勤勉な人間はただの厄介者とみなされる。そこでは、(その社会でも私たちと同じ言語が話されているとしたら)私たちがしているように、人に対する称賛として「勤勉な」という言葉を使って、道徳基準を表現することはありえない。ただし、この言葉をまったく違った記述的な意味を持つ言葉として、まったく違った性質、たとえばできるだけ働かないことを称賛するものとするのであれば話は別である。もしそんなことがあるとしたら、その社会の人たちは「勤勉な」という言葉の意味を変えたと言わざるをえないだろう。実際には、「勤勉な」という言葉の記述的な意味はこの言葉ときわめて強く結びついているので、この種のことはまず起こりえない。だから、そうした社会では、人々はこの言葉を普通の記述的な意味で用いて、中立的、ないしは侮蔑的に、つまり指図的な意味をまったく伴わないか、もしくは逆のことを指図する意味で使うという可能性の方がはるかに高い。

しかし、「よい」という言葉については、「勤勉な」という言葉と同じように記述的意味の方が主要で第一のものとして用いるのは、不可能ではないとしても、それほど容易なことではない(LM 7.5)。私たちが労働について賛同しなくなっても、私たちは勤勉な人を勤勉だと言うのをやめることはないだろう。しかし、ある人について、数ある徳の一つである勤勉さを備えているということでよい人間だと言っていたとしたら、私たちがその人の勤勉さを非難するようになれば、よい人間だという言い方はしなくなるだろう。「よい」という言葉には指図的な力として称賛を示す働きがあるが、それとこの言葉との結びつきは、この言葉の記述的な意味のどの部分との結びつきよりも強いためである。したがって、私たちは指図的な言葉としての「よい」という言葉をそのまま（称賛を示す語彙の一部）にしておいて、その記述的な意味の方を変える可能性が高い。

私たちの言語には「勤勉な」のように評価的な意味が二次的な言葉と「よい」のように評価の方が主要で一次的な言葉の両方があるが、これは実際役に立っている。そして、だからこそ、「よい」というような言葉の研究をおろそかにし、具体性があるために「勤勉な」とか「勇敢な」といった言葉だけに注目すべきだと哲学者が説得しようとする場合には、疑ってかからなければいけない（10.1）。このようなやり方をとるのは、すべての道徳的な言葉には、その言葉から決して取り除くことのできない記述的な意味があると納得させるためかもしれない。しかしそれは事実ではない。だからこそ、道徳の言語は、ありがたいことに、変化していく基準を表現することができる。記述的な意味が一次的だとする方向で議論を進めていくと、道徳の言語について、ある程度は正しいが、十分な一般性を欠く解釈を行うことになる。（それはニュートンの機械論に十分な一般性が欠けているのと同じようなことである。）それは、道徳的な基準が変わることなど考えられないような、完全に閉じた社会であれば、道徳的な言語についての十分な解釈かもしれないが、私たち自身の社会のように、人々が時折道徳的な問いを突き詰めて考え、その結果道徳が変化していくような社会では、道徳の言語を適切に論じることにはならない。オーウェルの『一九八四年』の中に出てくる新語法（ニュー・スピーク）は危険思想を表現できないように設計されていたが、旧語法の多くも似たようなものである。もし私たちが南部の州で黒人に対して対等な人間として話かけたいとしたら、「ニガー」といって話しかけることはできない。「ニガー」という言葉にはその社会の基準が埋め込まれていて、もし私たちがその言葉に縛られるなら、こうした基準から自分を解き放つことはできないだろう。しかし幸いなことに、私たちはそんなふうに言葉に縛り付けられてはいない。私たちが実際に手にしている言語は、新しい考えを伝える道具とすることもできるものなのである。

8

注意しなければならないのは、道徳の言葉の記述的意味は変化しうるが、この事実だけで、道徳の言葉と通常の記述的な言葉とが区別されるわけではないという点である。意味が変わることはすべての言葉に見られる。辞書には「廃語」の項目が膨大にある。そして、現在使われている言葉でも、場面によってその意味は異なり、大きな幅を持つことも多くある。また、「家族的な類似性」や「開かれた構造」やその他多くのものがある。こうしたことから、記述的言葉にはこうした特質があるし、また、評価的な言葉において多くの問題を引き起こすのはその記述的意味が変化していくことだから、評価的な言葉と普通の記述的な言葉というふうに二つの部類に言葉を区別しなければ、評価的な言葉の問題は一掃されると誤って考えてしまった人もいた。この推論の前提は完璧に正しいが、結論の方は的はずれである。評価的な言葉が記述的な言葉と事実似ていて、両方とも記述的意味を備えており、その記述的な意味は両者ともに変化しうるもので、固定されたものではない。そこで、私たちがこの二つの言葉の部類の類似性にだけ注目し、両者の相違を無視しようとするなら、両方とも「その言葉には記述的な意味がある」ということで、すべてを「記述的な言葉」と呼ぶことも出きるだろう。しかしそうすることは、道徳および他の評価的な言葉の意味について、その重要な（実際本質的な）部分を無視することになる。この点にしかるべき注意を払おうとするなら、哲学者はもっと慎重に用語の使い方を選ぶべきだろう。

私が一貫性をもって用いるように努めてきた用語は以下のようなものである。ある文脈で記述的な意味だけを持つ表現については、その文脈の中で用いられているときには記述的な語とか言葉とか表現と呼ぶことにする。（記述的な意味を持つにせよ持たないにせよ）指図的な意味を持つ表現は指図的な語と呼ぶ。両方の意味を持つ表現は評価的な語と呼ぶ。価値判断とか評価的な判断とはそうした言葉が使われている判断である。これに対して、（「世間一般で言われている」とか、話者が完全には賛成できないことを示すために）引用符の中に置かれていたり、何らかの形で「切り離されて」いる場合には、その中で評価的な語が使われていても、その判断は評価的ではない。すべての道徳判断が評価的な判断であるわけではない（LM 11.3）。『道徳の言語』の中では、私は評価的な表現が備えている指図的な意味を指して「評価的な意味」という言葉を用いていた。これにはいくつか利点があって、その一つは、こうした言葉に評価的な意味を与えるのはその指図性だということを前提しなくてよいので、さほど論点を先取りした表現にならないで済むということである。しかし最終的には、結局はこれを定義によって真とするほうがより明快になることが明らかとなったのだった（LM 11.2, 5.7）。また、現在の文脈でも、言葉に評価的な意味を与えるのはその指図性であるという前提を伴う「指図的な意味」という言葉を用いてもよいのではないか、また名前ではっきり示しておく方が分かりやすいのではないかと感じている。こうした言葉の使用例を挙げるとしよう。ほとんどの文脈で「赤い」は記述的な言葉である（保守派が共産主義者について使うときはそうではないが）。「よい」は通常の用い方では評価的な言葉であり、「正しい」とか「すべきである」もそうである。[7] これらの言葉は一次的に評価的である。「勤勉な」とか「正直な」とか「勇敢な」といった言葉は先に説明したように二次的に評価的である。評価的な言葉はすべて（一次的であれ、二次的であれ）指図的でもある。しかし、指図的ではあっても（同時に記述的な意味は持たないために）評価的ではない表現もある。通常の単称の命令文、より厳密に精確を期するなら、発話による態度表明がこの種のものである（LM 2.1）。

さて、私が先に取り上げた哲学者たちは、評価的な言葉は記述的な意味を備えているという点で通常の記述的な言葉と似ており、言葉の意味はどちらの場合も可変的で固定されていないと指摘している。（その点は正しい。）しかし、私が「評価的な」という用語を用いるとき、その目的は、評価的な言葉が記述的意味を持っていることを否定することではない。それは私がいつでも認める用意のあることで、評価的な言葉に記述的意味があることを証明しようとする議論は、それを認めている私の立場に対する反論とはならない。私たちは価値判断について「真である」とか「誤りである」という言葉を用いることができるし、あるいは、ある人をよい人だと「記述する」のが正しいとか間違っているとか話すこともできる。こうしたことを指摘する議論もまた、私に対する反論とはならない。異が唱えられているのがその記述的な意味である限り、どのような判断についてもこうしたことを言うことはできる、また私は評価的な言葉のもつ記述的な意味が可変的で固定されたものではないことも否定しない。それは私の立てた命題に極めてよく適合することである。評価的な言葉がこの点で記述的な言葉と異なっているなどと私は主張していない。私が主張しているのは、評価的な言葉の持つ記述的な意味が変わったときにどのような性格のことが起きるかというと、それは評価的な言葉が記述的な意味だけでなく指図的な意味を持つという事実に根本的に影響されるということである。

この点は単純な例を用いて明確にすることができる。目下世間で行われていることを例として、二人の人が「低木」と「樹」を分ける境界線をどこに引くかで意見を異にしているとしてみよう。このような言葉の違いが重大な誤解につながりうる場合（例えば低木は伐採されなければいけないが、樹木は残されるような場合）を想像することは可能である。しかし、こうした誤解は言葉の使い方について合意するという方法で容易に解消することができる。あるところで境界線を引くことに合意することでは、意味の問題、つまり言語上の問題以外の何も解決されないかもしれないが、どこに線を引くにしても、曖昧さのない形で前と同じ指示を与えることは可能である。たとえば、「十五フィート以下の低木で、一番低い枝が地面から三フィート以下のものはすべて伐採しなさい。」このように、あるものを低木と分類しても。それだけでは、それを伐採せよという指図が必然的に導出されるわけではない。

私は、このように純粋に言葉に関して意見が異なる場合と道徳的に意見が異なる場合を対比させたいと考えている。それによって、道徳に無関係な事実については合意があると仮定すれば、通常の道徳的な論争は、自然主義者が言うような純粋に言葉をめぐるものではないということを示すつもりである。二人の人が所得税について知り尽くしているとしてみよう。特に租税回避のある方法が完全に合法的だということを理解しているとしてみよう。その上で、この方法を用いて税の支払いを逃れようとしている人がいて、二人にはその人の税に関する状況もすべて精確に分かっているとしてみよう。二人のうち一人は、「これは道徳的に間違ったことである。これは、やりすぎというものだ。道徳に完全にかなった（たとえば、扶養する親類がいるなら、その分の控除を請求するといった）租税回避の方法は確かにいろいろある。しかし、このような案は私なら認められない。」しかしもう一人は次のように言うかもしれない。「私の考えでは、この案については道徳的な根拠に基づいて非難すべきところはない。合法的ではあっても、私なら非難するような租税回避の手段は実際他にいろいろある。だが、これはその中には入らない。私の考えでは、これには道徳的に間違ったことは何もない。」さて。「低木」の場合と違って、「間違っている」という言葉がある事例には当てはまるが他の事例には用いられないという言葉の使い方について合意するという方法で、この二人が相互の意見の違いを解消することができないことは明らかである（LM 3.5）。この点から、二人がそれぞれ「道徳的に間違っている」という言葉を適用できるかどうかを決定するのに用いている規則は、単に記述的な意味規則ではないことが分かる。その規則は道徳的な実質を伴った規則であり、それぞれの規則を受け入れることによって、この二人は言葉の一定の使用法だけではなく、道徳原則についての一定の立場に拘束されるのである。そこで、私たちは時として自分たちの道徳の言葉を「幅をもたせて用いる」が、それは意思伝達の便宜のためだけではなく、道徳についての実質的な問いを考えているためである。

第3章　諸原則

1

前章では、どのような意味で道徳判断は普遍化可能なのかを説明してきた。その説明をまとめると次のようになるだろう。道徳判断は、記述的判断が普遍化可能であるのとまったく同じように普遍化可能である。つまり、道徳的表現も記述的表現もともに記述的な意味を持っているという事実から、必然的に普遍化可能だという結論が出てくるのである。しかし、道徳判断の場合には、その記述的な意味を決定している普遍的な規則はただの意味の規則ではなく、実質的な道徳原則である。道徳判断は、これとは違う様々な意味で、普遍的、もしくは普遍化可能だと言われることもあるが、本章ではそれらを考察していくことにする。私がとっている立場はどのようなものであり、私がとっていないのはどのような立場なのか、今後誤解を招かないようにするのが主な目的である。

私がこれまで示してきたのは論理的な命題であるが、それは様々な道徳的な命題と混同されることが多いので、何よりも大切なのは、しっかりと両者を区別することである。先に述べたように（2.7）、道徳判断が普遍化可能性をそなえているために、道徳判断を行う人は、意味規則だけでなく、実質的な道徳原則にも拘束される。とはいえ、道徳判断は普遍化可能であるということの命題それ自体はあくまでも論理的な命題である。普遍化可能性という論理的命題と、それによって道徳判断を下す人が拘束される実質的な道徳原則とを混同しないことが重要である。

「論理的な」命題と言うときに私が意味しているのは、言葉の意味についての命題、もしくはそうした意味にだけ基づく命題である。「すべきである」や、他の道徳の言葉を用いる人は、その言葉の意味によって何らかの普遍的な規則に拘束される。これが普遍化可能性の命題であり、私がここまで主張してきたことである。この命題は、何らかの道徳的な主張、たとえば「誰しも普遍的な規則に常に従い、自分の行為がそれと合致するように律すべきである」とか、「人は自分に都合のよいように例外を設けるべきではない」といったようなものとは違う。これから見ていくように、論理的な命題は道徳的な議論においては、論証を左右する大きな力をもっているが、だからこそ、それが論理的な命題以上のものではないことをはっきりさせておくことがきわめて重要である。そうしないと、道徳原則が論理的な命題を装って持ち込まれているという反論を受けることにもなるからである（10.3）。この点を明確にするために、つい先ほど述べた二つの道徳的な主張を取り上げて、それらが論理的な命題から必然的に出てくるものではないことを示していくつもりである。

もっとも、これら二つの主張を分析的に（つまり、一定の行為の方向を支持することのないやり方で）解釈する場合は別である。その場合には、論理的な命題からそうした解釈が導き出されることに異論はないだろう。なぜなら、その場合には、実質的な道徳原則がこっそり持ち込まれているという非難が生じることはありえないからである。

2

まず、「誰しも普遍的な規則に常に従うべきであり、自分の行為をそれと合致するように律するべきだ」いう道徳原則を考えてみよう。この原則の根本的な性質を検討するには、どんなことがそれに違反することになるのかと問うのが一番である。こうした原則に違反することは不可能だという解釈もありうる。というのも、ある人の人生を記述してみるとすると、分析的には、その人がそれに従って生きてきた何らかの普遍的な規則をそこに見出すことが常に可能だからである。それは「次のように生きなさい」という規則であり、それに続けて、その人がどのように生きてきたかを普遍的な語だけを用いて細かく記述したものとなるだろう。

私たちが検討しているこの原則について、こんなふうにして自明で無駄なものにしてしまうことを避けるために、次のように定めることにしよう。ある人が、規則を何らかの形で考えるか、または、自分の行為をその規則に合致するように律したいという欲求に動機づけられたりすることが「少なくとも時折」にでもなかったとすれば、その人は規則に従ってきたとは言えない、あるいは規則に合致するように行為を律してきたとは言えないこととする。さて、こう解釈すると、自分の行為に関わる何らかの規則を考えることなく気まぐれに何かをした場合、その人は誰もが普遍的な規則に常に従うべきでありそれに合致するように自分の行為のすべてを律するべきだという原則を破ったことになるだろう。では、私の論理的命題から、そうした人は道徳的に間違った行為をしているという結論が必然的に出てくるだろうか。決してそうは思われないだろう。なぜなら、私のこの命題では、「誰であれその人と同じ状況にある人は、常にその人が行ったように行為すべきである」と誰かが主張しても、それは論理的な誤りを犯していることにならないからであり、ましてや、その人自身が何か道徳的な過ちを犯しているということにはならないからである。もしその場の気まぐれで、私が盲目の物乞いに小銭を与えたとしても、普遍化可能性の論理的な命題によって、私のその行為が正しいものでなくなるわけではない。なぜなら、従うべき普遍的な規則は、人は常に盲目の物乞いに施しを与えるべきだということなのかもしれないし、もしくは考えることなく施しを与えるべきだということかもしれないからである。私はこうした規則については賛成だとか反対だとかの議論を行いたくないが、そうした規則は私の論理的な命題と齟齬をきたすものではないことだけを指摘しておきたい。

このように、これといった考えなしに行動する場合、その人は実際にそれが正しいことだと考えていないこともありうる。なぜなら、正しいかどうか考えるには、規則や原則を（ある意味で）考える必要があるからである。しかしそれでも彼は正しいことをしていると言えるだろう。同じように、言葉を用いるときに、それが正しい言葉かどうか考えることがなくとも正しく使っていることもある。しかし、もし正しいかどうか考えるとしたら、その場合には「これはこの言葉の正しい使い方だろうか」という原則の問題を提起していることになる。

普遍化可能性の命題に反するというのは、論理的に背反することであって道徳的に背反することではない。ある人が「私はある仕方で行為すべきであるが、他の誰も関係する点で似ている状況でそのように行為すべきではない」と言ったとしたら、私の命題では、この人は、「すべきである」という言葉を誤用していることになる。この人は間違いなく自己矛盾に陥っている。しかし、この論理的な背反は、これら二つの道徳判断を結合する点にあり、個々の道徳判断そのものには論理的な背反はない。論理的に単純な道徳判断、もしくは道徳原則について、それが単独のものであれば、この命題がなくとも初めから自己矛盾に陥っているものでない限り、普遍化可能性の命題によって自己矛盾に陥ることはない。普遍化可能性の命題によって強制されるのは、ただ、両方を主張すれば自己矛盾に陥る場合、そうした判断の一方を選択することだけである。このように、普遍化可能性の命題だけでは、どのような実質的な道徳判断も道徳原則もそこから必然的に出てくることはない。さらには、ある人が、質的に同じ状況であっても異なるときに異なった仕方で行為した場合にも、この命題から、そうした彼の行為のすべて、ないしはどれか一つの行為が道徳的に間違っているという結論が必然的に出て来ることはない。それどころか、この命題によって、彼の行為のいずれも道徳的に間違っていないと言うことが不可能になることもない。なぜなら、そこで記述されている種類の状況で彼が行った種類の行為は道徳とは無関係だと言うことは可能であり、すると、それはこの命題と不整合ではないからである。この命題によって言うことができなくなるのは、精確に似ている行為、もしくは関係する点で似ていると認められる行為について、道徳的に異なった判断を下すことである。そういう場合に、この命題は、論理的に不整合な二つの判断を行っていると告げるのである。「人は普遍的な規則と常に合致するように自分の行為を律するべきだ」という原則については、ただ単に、先程の例のように、複数の道徳判断を自己矛盾に陥るような仕方で結び付けることをひとまとめに否定するものだと解釈してしまうこともできるだろう。そのように解釈する場合、この原則は、自己矛盾を否定するすべての命題と同じように、分析的な命題になる。この命題について、これを道徳判断の論理的な性質についての二次的な言明と考えても、または、一次的だが分析的な道徳的判断と考えてもたいした違いはない。どちらに考えても、その性格が実質的に変わることはない。

「自分の都合のよいように例外を設けるべきではない」という原則についても同じように考えることができる。もしこれが、「私はある仕方で行為すべきであるが、他の人々は関係する点で似た状況にあってもそのように行為すべきではない」ということは成り立ちえないと否定しているだけだと解釈されるとすれば、この原則は分析的（論理的命題を言葉を変えて言い直したもの）であって、そこから実質的な道徳判断は何ひとつ必然的に出て来ない。しかし、もしこの原則が意味しているのが、自分ではある仕方で行為しながら、その一方で他の人はそのように行為すべきではないと主張する人は常に間違った行為をしているということだと解釈するとしてみよう。その場合には、この原則は総合的な原則になるが、それについては、私たちのほとんどが異を唱えるだろう。なぜなら、その人が他の人々について下している判断は彼自身の行動は正しいという判断と（もし彼がそういう判断を下すなら）は整合しないが、それでも、その人の行為が正しいことは十分ありうるからである。いずれにしても、その人の行為が普遍化可能性の命題に反するということは不可能である。もっとも、その人の言っていることは普遍化可能性の命題に反するものだろう。そして、私がこれまで主張してきたように、この命題が論理的な命題であって実質的な道徳的な命題でないなら、これは当然のことである。

普遍化可能性の命題と混同されかねない道徳原則は他にもあるだろうが、それらについては詳しく立ち入るつもりはない。しかし、二つの有名な原則については少しふれておく方がよいだろう。一つ目は「黄金律」であり、道徳原則の形式に則って表現すれば、「自らが他の人々に扱われたいような仕方で他の人々を扱うべきである」というものである。もし最初の部分を「他の人々が自分を扱うべきであるような仕方で」というふうに書き換えるなら、先ほど論じた諸原則についての解釈と同じ種類の解釈が成り立ちうるだろう。うまく解釈するなら、前と同様に、この原則は普遍化可能性の命題に対応したもので、分析的に真だということになる。他の解釈では、黄金律は（分析的ではなく）総合的な原則となるだろうが、その場合にはこの原則は普遍化可能性の命題から必然的に出てくるものではない。もし「〜したい」という言葉をそのまま残すとすれば、この原則は明らかに総合的であり、普遍化可能性の命題から出て来ないこともまた明らかである（6.9）。

ふれておいた方がよい二つ目の原則は、カントの原則である。それは、「私の格率が普遍的な法となることを私が欲することができるような仕方でしか常に行為すべきではない[8]」という形で表現することができる。これもまた様々な解釈が可能である。しかし、本書の性格からすると、カントにきわめて多くを負っていることを認めるが、私たちとしてはカント解釈学のクモの巣にからめとられないようにするのが一番賢いやり方であろう。かりにカントの原則は次のようなことを意味していると解釈するとしてみよう。自分はある仕方で行為すべきであると言う人が「他の人には同じ仕方で行為させてはならない」と言うとすると、そこには矛盾が含まれていると非難される。もしこのような意味にカントを解釈するなら、カントの原則は、普遍化可能性の論理的な命題から必然的に出て来る結論を述べているものになる。この解釈では、「欲する」（これはカントにおいて最もとらえにくい概念の一つだが）ということは、大雑把に言えば、『道徳の言語』（L.M 2.2）で論じたような意味で、ある命令文に同意することとほぼ同じだと考えられるが、それ自体完全には確信の持てることではない。「できる」という言葉にもまた問題がある。これについての私の考えは、後で（6.9, 10.4以下）明確になるのではと期待している。しかし、カントの立場について説明することを省いても、私自身の見解を読者に明確に伝えるという課題はそれだけでも非常に厄介である。

これから私が行う議論は、大まかには次のように先取りして述べておくことができるだろう。一見したところ、私たちには次の（1）と（2）の二つの選択肢があるように見える。（1）普遍化可能性の命題はそれ自体が道徳原則であり、したがって実質的な道徳的な結論をもたらすことができる。（2）それは論理的な原則に過ぎず、実質的な道徳がそこから必然的に出て来ることはなく、したがって道徳的な論証においては役に立たない。ここで誤っているのが最後の「道徳的論証においては役に立たない」という部分である。この命題は道徳原則ではなく論理原則であるが、またそのため道徳についてどのような結論もそれだけから必然的に出て来ることはないが、にもかかわらず、他の前提と組み合わさると、道徳の議論において非常に大きな力を発揮することができる（6.3以下）。これについては、後で示していくつもりある。すると、（1）か（2）のいずれか一方を選ばなければならないというジレンマがよく持ち出されるが、そのようなジレンマは架空のものだと分かるだろう。

3

私が主張している普遍主義は論理的命題であって道徳的な命題ではないことをはっきりさせたところで、ここからはその精確な意味について混乱を招いている原因のいくつかを取り除いていくことにしたい。最初に、よく問われるのが、これは言葉の道徳的な用い方についての理論に過ぎないのかどうか、それとも評価的な言葉一般についての理論なのか、ということである[9]。この疑問に対して私が与えたいと考えている答えはかなり複雑である。というのも、私たちは少なくとも二つの誤りを避けて進んでいかなければいけないからである。これは評価的な言葉一般についての理論であるが、注意深く限定していく必要がある。例として「すべきである」という言葉を取り上げるなら、どのような種類の「すべきである」という判断でも（道徳的判断であれ、美学的な判断であれ、技術的な判断であれ、その他何であれ）、その判断は普遍化可能であると私には思われる（8.2）。

これによって、なぜ法的な判断を行う際には「すべきである」という言葉を用いることができないのか、その理由の一つが分かる。もしある人が何らかの法的義務を負っている場合、私たちはその義務を「その人はこれこれのことをすべきである」という形で表現することはできない。なぜなら、「すべきである」という判断は普遍化可能でなければならないのだが、法的な判断は、厳密にいえば普遍化可能ではないからである。なぜかと言えば、法の文言には常に特定の司法権への言及が、それと明示されていなくとも含まれているからである。「自分の妹と結婚することは違法である」と言う場合、それと明示されていないが、「自分の妹と結婚することは（たとえば）イングランドでは違法である」という意味である。しかし、「イングランド」というのはここでは単称名辞であり、そのためこの命題全体が普遍的なものになることはできない。また、話者がそうした結婚は他の点でイングランドに似ているどのような国でも違法であるという立場に拘束されるといった意味での普遍化可能性も備わっていない。したがって、そのような文言において「すべきである」という表現を用いることはできない。しかしながら、人は自分の妹と結婚すべきでないという道徳判断は普遍的である。というのも、そこには特定の法制度への言及が含まれていないからである。

さらに大事なのは、「すべきである」という判断と通常の命令文を普遍化可能性という点で区別することである。もし、軍の分隊が練兵場の端まできたとき、軍曹が「左向け左」と言ったとしてみよう。その場合、その軍曹は今後似たような場合に右向け右という命令ではなく（もしそうしたら心変わりしたという非難を受けることになるので）、同じ命令を与えるように拘束されることにはならない。しかし、演習においては、教官が「状況がこれこれである場合には左を攻撃すべきである」と言うとして、次に新しい士官候補生の集団に対して同じ演習を行う際に、「状況がこれこれである場合には右を攻撃すべきである」と言ったとしたら、彼は心変わりしたことになるだろう。「心変わりをする」というのはここでは「前に言ったことと整合しないことを言った」という意味である。

（あらゆる種類の）「すべきである」という判断は単なる命令文と同じだと考える哲学者もいて、これは行き過ぎた考えだが、人によっては、単純な命令文を使うのがふさわしいような場合に、理由や根拠を考えずにただ指示を与えるときでも「すべきである」という言葉を使うこともあるだろう。ただの命令文には理由や根拠は必要ではない。とはいえ通常は何か理由や根拠がある。しかし、厳密に言えば、理由や根拠を求めることが場違いだと考えられる場合に「すべきである」という判断を用いるのは誤った使い方だと言えるだろう。もっとも、すべきであるという判断の外に理由を求める必要は必ずしもない。普遍的な道徳判断の中には、すでに必要とする理由、ないしは持ちうる理由がすべて組み込まれているものもある（LM 4.4）。

しかしながら、「すべきである」の用い方を崩して、単純な命令文と同じものとして用いることもできないことはない。（とはいえ、私がそういうものにお目にかかったのは、哲学者の書いたものの中でしかないと言わざるをえない。）しかし、万に一つでもそうした使い方があることに備えて、問題を次のようにまとめておく方が都合がよいだろう。「すべきである」という言葉を含んだ判断においては、その圧倒的多数で、その判断が普遍化可能であることを要求するような意味が備わっている。そうした意味を持たないような基準から外れた場合もあるかもしれないが、これを道徳的に用いる場合には（これが私たちの主な関心事であるが）、必ずそうした意味が備わっている。「道徳的」という言葉は、ここでは私がかつてそれに負わせたいと考えていた役割に比べてはるかに小さい役割しか果たしていない。普遍化可能性が論理的に求められるのは、「すべきである」という言葉の通常の用法のためであって、「道徳的」という言葉のためではない。「道徳的」という言葉が持ち込まれる必要があるのは、すべきであるという言葉の通常の用い方の一つの部類を表すためであり、道徳哲学者としての私たちが関心を持つのはまさしくそうした部類の「すべきである」である。つまり、「道徳的」という言葉の曖昧さはよく知られた問題だが、この段階では、私たちはそれに煩《わずら》わされる必要はないということである。なぜなら、道徳的という言葉は現在様々な意味で使われているが、「すべきである」という言葉が基準を外れて普遍化不可能な仕方で用いられている場合が排除される（そうしたものがあればの話であるが）だけで十分だからである。

4

さて、普遍主義は様々に誤解されているが、その中でも最も深刻なものに向き合うことにしよう。普遍主義に対してきわめてよく耳にする反論は、次のことを根拠としている。普遍主義においては、一定のかなり単純な一般的な道徳原則が存在することが暗に前提されていて、何であれ私たちが道徳判断を行う場合、そうした原則はそれに先立って、説明できないような何らかの意味で「存在して」おり、道徳判断を行う際に私たちがしなければならないのは、ただ関係する原則を参照することだけであり、それ以上の手間はかけなくてよい。このように普遍主義を理解するなら、そうした学説をとるのは、偏狭な道徳家で、道徳原則はひとまとまりの型通りの諸原則だと考える人だけだろう。[10] このような解釈は、私が示したいと考えているものとは多くの点で異なる。第一に、この文脈では、道徳原則が「存在する」と言うとき、どういうことを意味しているのかはっきりしていない。しかし、たとえ「ある意味で」そうした原則が存在するにしても、それは必ずしも道徳判断に先立って存在するわけではないのは確かであり、私たちはただそれを参照するだけでことが済むわけでもない。この点は、何であれ深刻な道徳的な悩みをもたらす状況を考えてみれば明らかになる。たとえば、サルトルの有名な例で、フランス解放軍に参加するか、それとも一人親の母親のもとにとどまって面倒を見るか悩んでいる若い男性の場合である。[11] サルトルは、先立って存在する原則に訴えることはできないことを指摘するためこの例を用いている。（「先験的、アプリオリに決定できるような原則はない。記載されたどんな道徳もそれを教えることはできない。」[12]）私たちは個別的な特定の場合を考察して、そこでは何が道徳的に関係する特質か決定し、こうした特質を考慮して、何をするべきかを決定しなければならない。とはいえ、実際に私たちが心を決めるとき、そこで問うているのは、当該の特定の場合以外にも影響する原則である。サルトル自身、この例が出て来る短い著作[13]から判断すると、私自身と同じ程度におおいに普遍主義者である。サルトルはまた、折にふれ普遍的な道徳原則を公に支持していた[14]。

次に言えるのは、道徳判断を下す際に従う原則が単純だったり一般的だったりすることは稀だということである。少なくとも、広い人生経験がある知的な人々が道徳判断を行う場合はそうである。ここで大事なのは、普遍性（universality）と一般性（generality）という二つの言葉は互換的に使われることが極めて多いが、この両者を区別することである。「一般的」（general）の反対は「限定的・特殊な」（specific）であり、「普遍的」（universal）の反対語は「単称の・特定の」（singular）である。もっとも、他に「個別的な・特殊な」（particular）という言葉が存在していて、「普遍的」と「単称」の両者に対して対照的に用いられるため紛糾を招くが、ここではその問題に立ち入る必要はない。目下の目的からすれば、こうした言葉を形式にこだわらずに次のように説明しておけば十分だろう。普遍化可能性という概念を「記述的意味」という言葉との関連で説明したことを思い出してほしい。記述的意味を備えたどのような判断も普遍化可能でなければならない。なぜなら、その意味を決定する記述的な意味規則は普遍的な規則だからである。しかし、そうした意味規則は必ずしも一般的なものではない。記述的な意味規則によれば、一定の種類のものについては、どんなものにも一定の述語を用いることができる。そして、記述的な述語の中には、どのような種類のものについて用いることができるのか、その条件を明確に限定しようとすれば（言葉で実際に定式化できるとすればであるが）延々と細部に立ち入っていかなければならないものもある。読者には、ためしに「原始的」といった言葉を使うとき何を意味しているのか、特定の文脈の中でよいから明確に限定してみようと試してみてほしい。そうすれば、私の言っていることが分かるだろう。たとえば「古めかしい」とか「洗練されていない」といった他の言葉と区別するためには、延々と細部に立ち入らざるを得ず、最後には具体例を持ち出す羽目になることだろう。しかしながら、この言葉が普遍的な述語であることは確かである。他の例を挙げるなら、それぞれの複雑さに応じて違った困難が生まれてくる。バーカンティンという言葉を定義するためには、それは一種の船舶であるとか、一種の帆船であると言っても役に立たない。バーカンティンというのは船舶よりはるかに一般的でない言葉である。しかし両方とも等しく普遍的な言葉である。さて、普遍主義は、どのような道徳判断にもその背後にはいくつかの一般的な言葉で表現できる原則があると主張するものではない。その原則は、普遍的ではあっても言葉での定式化ができないほど複雑なものでもありうる。とはいえ、仮にそれを定式化し、それが適用される条件を明確に限定するとしたら、その定式化に用いられる言葉は普遍的な言葉でなければならない。

私が何かについて道徳的判断を下すとすると、それはそのものが持つ何らかの特質のために他ならない。しかし、その特質は、それを明確に限定しようとすれば細部を延々と述べなければならないようなものかもしれない。一般性と限定性（特殊性）の対比は、普遍性と単称性の対比とは違って、程度の問題であることに注意しなければならない。具体例を用いると、この二組の言葉の違いを単純に示すことができる。「人は偽りの言明をすべきではない」という道徳原則は極めて一般的なものである。「人は自分の妻に偽りの言明をすべきではない」という道徳原則ははるかに限定的である。しかし両者ともに普遍的である。二つ目の方も、結婚している人については誰であっても、妻に対して偽りの言明をすることを禁じている。こうした説明から明らかになる通り、普遍化可能性の命題とは、極めて一般的な型通りの道徳原則を根拠として道徳判断を行うように求めるものではない。『道徳の言語』（LM 3.6, 4.3）で私が説明したように、私たちが成長するにつれて遂げていく道徳的な発達というものは、主に、自分が経験した事例に道徳原則が適合するように、例外や条件を原則に書きこんでいくことであり、自分が持つ道徳原則をより限定的なものにしていくことなのである。たいていの場合、まもなく人々の持つ道徳原則は定式化できないほどに複雑になってしまうのだが、それでもありふれた状況ではかなり明確な指針を与えてくれる。実際、原則に条件をつけることが必要となるような状況はいつでも起こりうる。しかし、自分が育ってきたものとは大きく異なった環境にいきなり放り込まれることでもない限り、そうした状況が起きる頻度は、人が年を重ねていくにつれて減っていく。なぜなら、新しい状況は、これまで出くわしたことがあり、そしてまた道徳的に考えたことのある状況に似ていることが多くなるからである。

5

道徳の言語の論理によって、私たちの持つ道徳原則が一般的なものになるか、限定的で特殊なものになるかが決定されるわけではない。この論理のもとで、道徳原則は極めて一般的で単純なものにもなりうるし、また極めて限定された複雑なものにもなりうる。それは道徳原則を持つ人の気性による。いくつかの極端な事例を考えてみるとこの点が理解されるかもしれない。人によっては、人生のかなり初期の段階でごく単純な形の道徳的な禁止事項をいくつか学び、それに厳格にこだわり、それが当てはまらないことはすべて等しく許されていると考えるかもしれない。また人によっては、モーゼの法と同じくらい複雑な道徳原則を（その人がそうした原則を定式化できるかどうかは別にして）いくつも身に付けていき、死ぬその日までそれに条件を加え続けるかもしれない。

新しい状況で、自分がそれまで持っていた道徳原則に条件をつけることを厭わないかどうかは、人によって大きく違う。頑固な人もいて、ある状況で、その最も一般的な特質を見て取るや否や、何をすべきか分かったと感じる人もいるだろう。そういう人は、その状況については違った判断を求めてくるような特別な特質がないかどうか詳しく検討してみようとはしない。もっと注意深い人もいる。（この点で病的なほど用心深い人も中にはいる。）そういう人は、非常にありふれた状況であったとしても、一見したところ関係すると思われる諸原則が本当にその状況に適合するのか確かめようとして、状況の細部のすべてを綿密に検討するまで何をすべきか決断しない。

実存主義を称賛するイギリス人の中には、私たちはみな後者のようであるべきだと言う人たちもいる。その人たちによれば、人間は一人ひとり独自の唯一無二の存在であり、またそれぞれ自分が置かれていることに気づく状況もまた唯一無二の独自のものである。したがって、新しい状況に対して、虚心坦懐に開かれた心で向き合い、道徳的な思考を一から始めなければならないと自分に言い聞かせるべきだと言う。これは馬鹿げた提言で、それがもっともらしく響くのは、小説や短い物語の中に出てくる極端に困難で複雑な道徳的な状況に私たちが夢中になっている場合だけで、もちろんそういう場合は徹底的に考えることが必要である。そのような類《たぐい》の道徳的な問題が存在することに気付くことは大切なことである。しかし、もしすべての道徳的な問いにこのように対応するとしたら、たまたま出くわすことになる最初のいくつかを考えるので手一杯となり、それより先に進むことはできないばかりか、どのような種類の道徳的発達も、経験から学んでいくことも不可能になってしまうだろう。もっと賢い人たちは、決定的に重要な道徳的な問いについて、とりわけ自分の人生で直面するような問いについて深く考える。しかし、特定の問題に対する答えにたどり着いたとき、それを煮詰めて、あまり限定されすぎていたり、事細かく詳しすぎたりしないかたちに結晶させて、似たような状況で顕著な特質がはっきりしている場合に、そこまで考えなくとも再び役立てることができるようにする。そうすれば、他の問題について考える時間ができて、絶えず自分が何をすべきか悩んでいるといった羽目に陥らなくてすむだろう。

6

ここで、私たちは哲学においてよく陥る二つの誤りを避けて進んでいかなければいけない。不運なことに、言葉の用い方が混乱しているために、私たちはいずれかの誤りへと追い込まれやすい。「道徳原則」や「道徳規則」といった表現は、そこで言われている規則や原則が極めて一般的なものでなければならないと解釈されることが多い。これを避けるには、二つのやり方がある。一つは、「原則」と言われるものを一般的なものに限って、私たちの道徳的な思考において比較的小さい役割しか果たさないようにする方法である。人が道徳的な決定を行う際、ほとんどの場合、その根拠や理由は、私が用いてきたような意味での「普遍的な原則」の定義におさまるのだが、このように限られた意味で「原則」と呼べるほど一般的なものではないこともあるだろう。一般的なものに限定するなら、原則という言葉は、「道理」と呼ばれるようなものを指して使うことになるだろう。例えば、「夫婦の問題に決して立ち入らないのが道理というものだ」などと言う場合の道理である。このような意味で何かを道理とする目的は、個々の場合について道徳的に考えずに済ませられるようにすることである。

　これには、時には正当化できる理由がある。原則が当てはまるような状況では、それぞれの場合の特殊な特質について注意深く考察する時間がないかもしれない。そうした考察を行うことそれ自体が間違っていると考えられる場合もあるだろう。（先ほど挙げた例はおそらくそうした場合であろう。他人の夫婦関係に立ち入ることは、それについて良し悪しの判断を下すつもりなら必要なことだろうが、そうやって判断を下そうとすること自体が我慢のならないおせっかいな行為と感じられることだろう。）また別の理由として、私たちは経験から学んでいることがあって、それは、ある一定の状況では、その渦中にいるときには非常に感情的になってしまい、道徳的思考において繰り返し誤りを犯してしまうということである。例えば、私たちが生まれつき持っている優しさや、あるいは騒ぎを避けたいという願望によって、後になると間違っていたと考えるような決定をしてしまうこともあるだろう。また、私たちが権限のある立場にある場合なら、次のように考えるかもしれない。特定の事例を例外的なやり方で扱うと、頭のいい人たちが巧妙に同じような議論を編み出して自分たちもまた例外として扱うように主張してくるだろうから、もし一つの場合に例外を設ければ（たとえそれが難しい場合で、例外を設けるだけの理由があるとしても）これやあれやの理由で、きりもなく例外を設けることになり、それに値しない場合も例外として扱わなければならなくなる。最近の報道番組での他愛のない例を使えば、もしホテルの支配人が、老婦人がペキニーズを膝にのせてラウンジにいるのを許してしまうと、誰かがグレートデーンやウルフハウンドを連れ込んで、テーブルをひっくり返しても、それを止めることはできなくなってしまう。だから、支配人はラウンジに犬を入れないのが道理だというのである。

もっと深刻な例は、警察の尋問で拷問を用いることは正当なことかどうかという問いである。ある警察官は、拷問は決して用いないのが道理だと決めているかもしれない。そして私もその考えに賛同するに違いない。しかしながら、それは、私が現在受け入れているような（後で本書で概略を示すのと似たような）形式の道徳的論証において、拷問が使われるべきだと納得できるような状況が生じてくることが論理的に不可能だからではない。拷問が正当化できる状況を想像することは実際非常に容易にできる。たとえば、サディスティックな細菌学者がいて、感染性の病原菌を作り出してばらまいたとしてみよう。それは世界の人口の相当部分を苦痛の大きい病気で死に至らしめることになる。そしてその学者だけが治療法を知っているとしてみよう。もし警察がそれを教えるように彼を拷問にかけても、私は非難しないだろう。しかし、道理として拷問は使わないと言う警察官に賛同すると私が言うとき、拷問が正当化できるような空想上の場合が考え出せることを私は否定しているのではない。私が言いたいのは、次のことである。もし論理的に可能なすべての状況に当てはめることができるような水も漏らさぬ道徳原則一式があったとして（そんなものはまずありそうもないが）、そこにはそうした場合の例外を認めるような条件文が含まれていることになるだろう。しかし、そうすると、表面的には似ている状況において、それが例外に当たる場合なのか、それとも拷問を禁じる原則を守るべき場合なのかと考えて、両者を区別するために道徳的な思考を行うことが必要となるが、実際問題として警察官にとって（どれほど知的で感受性が鋭くとも）、そんなことが可能だとは考えにくい。また、警察官がそうした道徳的思考を試みることは危険でもあるだろう。なぜなら、拷問が時に主張され実行されるような事態の渦中では、明晰に考え、状況のあらゆる側面を考慮に入れることはきわめて難しいからである。さらには、論理的に可能な場合を考えることと実際に起きる場合では大きな違いがある。拷問が例外的に用いられるとどんなことが生じてくるかは、私自身が経験してきたことである。こうした悪は気付かないうちに広がっていき、社会に大きな負の影響を与える。その影響は、それから出て来るどのような善を相殺しても余りあるものとなることが必至であると私は確信している。それによって、被害者の苦しみという最重要のことを考慮から外すことになるとしても、私のこの確信は変わらない。そこで、私はいささかもためらうことなく、警察官はどれほど状況が絶望的でもそうした方法は考えないことを道理とすべきだと主張する。

ここまでは私はこの種の突飛な場合を仮定して考察することに対して暗に非難してきたのだが、そうしたものとはまったく違うやり方で、道徳的論証の中で仮定上の事例を用いることは、後で見ていくように（6.8, 9.4, 11.7）必要かつ有益であり、前者とは区別しなければいけない。普遍化可能性という条件を道徳的議論に適用するためには、仮定上の場合を想像することは常に正当なことである。だが、そこでの仮定上の事例というのは、関係する人々の役割が逆転しているという点を除いては、考察の対象となっている現実の事例と関係する点ですべて精確に似ているものとなる。そして、道徳的な問題に影響を与えない点については、そのような場合もありうると思われるようにするためなら、どれほど突飛なことを前提してもよい。これは、差し迫った実践的な問題に直面している人の場合であっても、考える時間が何がしかあるなら行う必要がある。そしてほとんどの人が、考える時間があるときには、そうした仮定上の場合についてさらに多く考えているに違いない。とはいえ、実際のところ、道徳哲学者が研究を行う際には、このような制約をも超えるような仮定上の事例、つまり、道徳的に関係する特殊な点が現実に起こりそうな場合とは全く違う状況を仮定して考察することを妨げるものは何もない。そうした仮定上の事例を考えることから分かってくることもあるだろう。しかし、考察の対象となっている現実の事例に基づいて、そこに認められる道徳的に関係する特質を組み込んだ仮定上の事例を考えることほど役に立つものではない。そうはいっても、特定の道徳的な危険にさらされている状況にある人々にとっては、原則に例外があるという可能性を心から完全に締め出すのが最善である場合もあるだろう。このことから分かるように、どういう場合にはあることを道理としてしまった方がよいかを決めることでさえ非常に難しいことである。それは状況に大きく左右されるし、また、個々人の心理にも左右される。しかし私たちは何かを道理として済ますことが正しい場合はないと言いきることはできない。

私たちが「原則」という言葉をこのような「道理」の意味で使うことがあるのは明らかである。しかし、私がこの「原則」という言葉をそういう意味で用いていないこともまたはっきりさせておかなければならない。同じようなことを指して、バーク（E.Burke, 1729-97）は、私たちが聞くと奇妙に感じるが、「偏見」という言葉を次のように逆説的に肯定的な意味で用いている。「偏見は、緊急の場合に容易に適用できるものである。それは、知恵と美徳の着実な方向へと前もって心を導き、そのおかげで、決断すべき時に人がためらい、懐疑や困惑、優柔不断にならずに済む。偏見は人の徳を相互に関係のない行為の集まりではなく、習慣にする。正しい偏見によって、人は義務を自分の本性の一部とする。」[15]ごく少数をのぞいて、すべての哲学者は、場合によってはバークが推奨したようなやり方で人が決断することを推奨するだろう。しかし、すべての決定がそういうふうになされることが正しいと考える哲学者はほとんどいないだろう。（おそらくバーク自身もそうは考えていなかっただろう。）

私たちの道徳原則に一般性を持たせるにはもう一つのやり方があるが、それほど推奨できるものではない。それは、道徳原則というものは、私たちがある意味で（おそらく口先だけでも）支持している一般的な格率を集めたものだと考えることである。私たちは現実の個々の場合にはそれから逸脱することも多いだろうが、そうした一般的な格率は、私たちの道徳的な思考の背景（道徳の神話体系、と言ってもよいようなもの）をなしている。とはいえ、おそらく、このようなものを自分の「道徳原則」だとする人は、そうした道徳原則は実際にきわめて曖昧な言葉で表現されているために、偽善という非難を受けずに済む。（代わりにはっきりしない思考をしているという別の非難は受けることになる。）つまり、そうした諸原則を都合よく解釈して、実際に行っている道徳判断はそうした道徳原則全体に合致したものだと言うことができる。実際の行為を導く指針としては、そうした原則のまとまりには大した価値はない。というのは、困難な事例では、大きく違った様々な行為のいずれもそうした諸原則に合致すると言うことができるからである。もう一つの都合のよい方法としては、諸原則そのものは厳格に精確に解釈することとして、その上で個々の状況ではそれぞれの原則に私たちが与える「重み」を調整して変える（どのようにかは分からないが）ことである。しかし、こうした諸原則が魅力的なのは、それが行為を導く指針となるからではなく、その人の道徳的な生活に一定の「基調」を与えてくれるからである。人は自分を高潔な人間だと言うことができる。とはいえ、そういう人も、実際には、個々の場合には私たちのほとんどが行うのと同じような仕方で道徳判断を行っている。

7

こうした道徳的思考のまねごとのようなやり方に反発して、原則というものを一切否定するというのが、もう一つの陥りやすい誤りである。時には、この考え方は道徳を放棄するという提案の形をとることもある。「道徳」とか「道徳原則」とか「道徳規則」というものは、いわば穢《けが》れたものに思われて、特に若い人なら、そうしたものは祖父母から相続したヴィクトリア朝の家具のようなもので、機会があり次第お払い箱にしたいと思うことだろう。このような反応は理解できるし、それ自体は称賛に値する。道徳原則が自分の行為の指針（そこには新しい状況にそれらを合わせていくという責任が伴う）としてその人自身が受け入れたものではなく、相続したようなもの、あるいは外から押し付けられたものと考えられる場合には、それは死んだものである。ここでの誤りは、道徳原則がこうしたもの以外ではありえないと考えている点である。この誤りを正すには、私たちがこうした言葉をどのような意味で用いているかを明確にしなければならない。そして、そのために私は、もし道徳をもう一度（軍事専門家の言葉を借りれば）「実戦配備可能な状態」にしようとするのなら、どのようにその言葉を使うのが有益か、私の考えをこれから示していこうと思う。

まずはっきりさせておきたいのは、道徳原則はきわめて一般的だったり単純だったりする必要はないということである。さらに言えば、（すでに説明した意味で）普遍化可能でなければならないが、言葉で定式化される必要はないということである。二つ目は、ある道徳原則について、ある人が自分の個々の道徳判断に指針を与え、ひいては行為に指針を与える際に真剣にその原則を用いようとしなければ、その原則を受け入れているとは言えないということである。これら二つの条件は、後で気づかれると思うが、本書で私が行っている二つの中心的な主張である。それは、道徳原則は普遍的なものでなければならないということと、それは指図的でなければならないということである。後者の条件によって、私たちは心から従うことのできる原則を探していかざるをえなくなる。前者が主張するのは、そうした原則は本当の意味での道徳原則でなければならず、御都合主義者のその場しのぎの決定ではないはずだということである。これら二つの特質が合わさると、道徳の論証を達成する過程で最も強力な手段になる。これについては第6章で示すことになるだろう。そして、道徳的に考えるとき、実際すべての人がこうした意味での原則を用いているし、経験を積むほどそうなっていくものである。

少しの間、人が「賢い」というのはどういうことか、つまり道徳的な困難に直面したとき助言を求めて自然と頼りにするのはどのような種類の人かを考えてみよう。「賢い」という言葉が評価的な言葉であるのは確かである。ある人が与えてくれた道徳的な助言を実行した結果、あるいは無視した結果起きたことを振り返ってみて、私たちがその助言に賛同できない場合には、その人を賢いとは言わないだろう。しかし、結果を見たうえで、私たちがある人について、その人の助言は賢いはずだと考える場合、いったいその人の何が私たちにそう思わせるのだろうか。もし私がそうした状況で助言を求めるとしたら、私が探すのは、私と同じような困難を経験した人だろう。しかしそれだけでは十分ではない。というのも、その人がそうした状況について抱いた考えがお粗末なものだった可能性もあるからである。それ以外にも、道徳問題に直面した場合（私のでもその人のでも）に、道徳原則の問題としてそれに向き合い、たとえば利己的な得策の問題とは考えないと確信できる人を探すことだろう。そういう人なら、自分の行為について次のように問うと期待できるからである。「(この判断は普遍化可能なものであるから)似たような状況にある人には誰であっても同じ行為をするように指図することになると理解した上で、この状況で、私はどのような行為をするように自分を拘束するだろうか。簡単に言えば、何が普遍的な法となることを私は欲することができるだろうか」(5.5, 6.2)私が知っている人で、これまで困難な選択に直面したことがあることが分かっていて、また同時に、そうした状況について(サルトルの言葉を借りれば、普遍化可能性という「苦悶から隠れたりせずに」[16])道徳的に問う勇気がこれまであったと思う人を見つけることができれば、その人こそ、私が喜んで道徳的な助言を求める相手だろう。また私は、その人がすぐに何らかの単純な格率を口にするとは思わないだろう。その人は疑いもなく、そうした場合に当てはめられる普遍的な命題を言葉で定式化するのは極めて難しいと感じているだろう。しかし、その人なら、この特定の場合を注意深く、共感をもって、すべての細部に至るまで考察し、その後で私が自分を拘束することができる答えを見出そうとしてくれると私は確信できる。それは、私だけでなく、再びサルトルを引けば、「全人類」を拘束する答えとなる。[17]

8

ここで、普遍主義についてのもう一つのよくある誤解についてもあらかじめ防いでおくのが最適だろう。それは、普遍主義者は必然的におせっかいな人に違いないという考えである。なぜなら、自分自身の場合について下す道徳的な判断は、その必然的な結果として、他の人が関わっている似た場合に似た判断を下すことを意味しており、すると、普遍主義者は他の人々について絶えず道徳的判断を下している人ということになるはずで、それは、思い上がった、癪《しゃく》に障ることではないか、と言われる。しかし、まず、他の誰かについて道徳的な判断を下すということは、必ずしも、本人やそれ以外の人に、その人が正しい行為をしたとかそうでないとか宣言して回ることではない。自分の道徳的な意見を表に出さないことは可能だし、通常それが如才ないことと考えられている。しかしこのような答えでは、そうした批判に対して表面的な反論にしかならない。核心となる答えは、もし他の人が似た状況にあるとしたら、普遍主義者であれば必ず同じ判断をその人についても下すように拘束されるということである。他の人の現実の具体的な状況についてすべてを知ることは私たちにはできないので（その中には、その人にとってその状況がどのように感じられるか、ということも含まれるし、それで大きく事情が変わってくることもある）、他の人の状況が、私達自身が直面したものと精確に似ている、もしくは関係する細かい点まで似ているとか考えるのは、たいていの場合僭越《せんえつ》だろう。もし他の人が自分に助言を求めてきたとしたら、私たちに分別があれば、その状況についてその人に注意深く尋ねることだろう。そして、そんなふうに注意深く共感性をもって詳しく調べた後で、その人の状況が私たちの直面したことのある状況と大いに共通性があると思われる場合には、あるいは過去にそうした経験がなくとも、想像力と共感性が十分あって、その人の状況に身を置くことができるとすれば、その人に道徳的な助言をすることが私たちにもできるかもしれない。そしてその助言は、その事例の特殊な細部を注意深く検討することに基づいているとはいえ、何であれ他の似た場合についても与えることができる助言でなければならない。

9

最後に、私はもっと初歩的な誤解を二つ整理しておきたい。一つ目は、「普遍的」という言葉を「普遍的に受け入れられている」という意味に理解してしまうという誤解である。道徳原則は、もし世界中のすべての人がそれを認めているとしたら、この意味で普遍的だと言えるだろう。いずれにしてもすべての道徳原則がこのような意味では普遍的ではないことは明らかだろう。というのも、多くの重要な道徳的な問いについて、広く意見の不一致があるからである。そして、私がこの意味でこの言葉を用いているのではないことも同じように明らかであればよいと願っている。いずれにしても、普遍的に受け入れられた道徳原則があるかどうかといったことが道徳哲学にとってどれほど重要なのかは明らかだとは到底言えない。私に言わせれば、「全世界の判断に誤りなし」という格率は道徳を破壊してしまう。なぜなら、相対主義の過ちに絶対主義のもっともらしい響きを与えるものだからである。しかしそれをここで論じるのは本筋から外れることだろう。

二番目の混乱を解消するのはもっと難しい。誰かが次のように論じているとしてみよう。普遍主義者によると、人が道徳判断を下すとき、似た事例について何か違うことを言う人については、みな間違っていると言うように拘束される。そこで、普遍主義の立場に立つと道徳的な問題において寛容というものは不可能になってしまう。この問題を明確に理解するためには、誰か他の人が間違っていると考えることと、その人に対して不寛容な姿勢をとることを区別することが不可欠である。普遍主義者は相対主義(それはどのように考えても馬鹿げた説である)[18]を否定する立場をとるように拘束されている。ある道徳的な問いについて誰かが私と違う意見を持っていれば、私が考えを変えない限り、私はその人に異議を唱えるように拘束される。これはかなり無害な同語反復のように響くし、普遍主義者にとってさして問題にならないと思われる。しかし、普遍主義者は、道徳について自分と一致しない人を(身体的であろうと他のやり方であろうと)迫害するように拘束されてはいない。もし私のような種類の普遍主義者であれば、自分の道徳的な意見は、経験を重ねることや他の人々と道徳的な問いについて議論する中で変わりうるものだということに気が付くだろう。したがって、誰かが私たちと違った意見を持っていても、そのとき求められているのは、その人の意見を抑えつけて沈黙させることではなく、それについて議論することであり、その人は自分の意見の理由を私たちに示し、私たちは自分たちの理由を伝えて、それによって意見の一致に達することを期待するのである。普遍主義は道徳的な議論を可能にすると同時に実りあるものにする倫理学理論である。普遍主義によって、私たちは寛容とは何かを理解することができるようになる。この点は本書で後に見ていくことになる（9.6）。

第4章 「すべきである」と「することができる」

1

ここまで、道徳も含めて評価的な言語には、通常の用い方では、他の言語と区別される特質の一つとして指図性があることを見てきた。本章では、私たち人間が置かれている状況において、なぜ私たちにはこうした特徴を持つ一連の言葉があるのか、その理由に注目することにする。その理由は、私たちが石とは違って何をすべきか選択し、決定しなければならないという事実と結び付いている。もし石が自分の環境について語ったり記述したりすることができるとしても、石には指図的な言語は必要ないだろう。もっとも、話すということでさえ、正しいとか間違っていると言えるような活動だとするなら話は別であるが。

「この行為をしようか、それともあの行為をしようか」、と私が問うのは、私がこのようにも、あのようにも行為をすることが「できる」からである。そして、通常、このように「～しようか」と考える中で、さらに進むと、これと関係して「私はこれをすべきか、それともあれをすべきか」と問うことになる。ここから分かるように、道徳の言葉は、指図的であるからこそ、おそらく荒っぽい形ではあるが、「「すべきである」は「することができる」を必然的に伴う」という決まり文句にまとめられている性質を持つのである。もし記述主義の立場から評価的な言語が完璧に説明できるとしたら、こうした決まり文句が生まれてくることは決してなかっただろう。私たちは命令文もまた同じような意味で「することができる」を必然的に伴うことを見ていくことになるが、それも「すべきである」の場合と同じ理由からである。そして、私たちがその理由を理解したとき、道徳判断と命令文にはどのような類似性があるのかが十分に説明されたことになるだろう。両者の類似性によって、この性質を持っていない通常の記述的な判断と区別して、私は道徳判断と命令文を「指図的」と呼ぶのである。

このような説明や、また先の「すべきである」は「することができる」を必然的に伴う」という決まり文句だけ見ると、指図主義の立場が意味しているのは単純なことだと思われるかもしれない。しかし、実際はそうではない。なぜなら、(他の道徳の言葉はもとより)「すべきである」が「することができる」を必然的に伴うというのは、普遍的に真であるわけではないからである。つまり、「すべきである」の用法としては、「することができない」と決して不整合ではないものが数多くあるということである。この理由もあって、他の著作でも行ったことではあるが、以下で、この評価的な言葉の様々な用い方を区別しておくことにしたい。

2

いくつかの例で考えてみよう。私が次のように言ったとしてみよう。「私は彼に会いに行くべきなのだが、できない。彼がどこにいるのか分からないからだ。」こうした発言には必ずしも整合性が欠けてはいない。だが、もし「すべきである」が必ず「することができる」を伴うのであれば、不整合になるはずである。しかし、実際には、「すべき」という言葉の意味が、言わば弱められている用い方はいろいろあり、そう言った用法をとる場合、「すべき」という言葉から、それが「できない」と相容れなくなる性質は失われている。こうしたことが起こる用い方をそれぞれ区別しておくことは大切である。というのも、我々がここで取り掛かっている問題以外にも、多くの論点が明確になるからである。

まず、『道徳の言語』で取り上げた事例を考えてみよう。「私は会いに行くべきだ」と言ったとき、それは社会学的な事実を述べているだけかもしれない。つまり、私の状況にある人はここで問題となっているその人に会いに行くはずだという道徳的な慣習があると言おうとしているのかもしれない。あるいは、それは心理的な事実を述べていて、その人に会いに行かないことに対する罪悪感や後悔を感じているか、もしくはこれから感じると思っていると言いたい場合もあるだろう。このように用いられた場合、「すべきである」は「することができる」をまったく伴っていない。なぜなら、人が道徳的な慣習が求めることをすることができない場合はよくあるし、また、不可能だと分かっていても、それをしないことで罪悪感や後悔を感じる場合もよくあるからである。こうした感情を抱くのは不合理だと言うのは的外れである。イオカステーは首を吊って死んだが、彼女は自分の犯した「罪」は運命だったと考えたのに、自らの命を絶たずにはおれなかったのである。また、ある人にとって道徳的な慣習に従うことは不可能だったからといって、その人は慣習に違反したことにならないとも言えない。イオカステーは自分の息子オイディプースと結婚したことで、確かにギリシャの道徳的な慣習に背いたのである。

以上のような場合には、「すべきである」には指図的な意味がまったくないので、「することができる」を伴っていない。つまり、こうした文脈で用いられた場合には、「すべきである」と言っても、誰かの振る舞いの指針となることは意図されていないが、それはこの言葉の意味と矛盾してはいない。しかし、ここまで挙げたものは最も興味深いものでもないし、また最も一般的なものでもない。もっと一般的に見られるのは、ある人が「私はすべきなのだがすることができない」と言うとき、その人は実際にある行為を指図し、振る舞いを導く指針を与えようとしているのだが、それを普遍的な指図、つまり自分自身の場合にも適用される指図とするつもりまではないという場合である。言い換えれば、その人は、一般的な語を用いて指図しているのだが、自分の場合については、この一般的な指図に従うことが不可能だということで、それを免除しているのである。[19]この種の疑似的に普遍的な指図は、後で見ていくように、私たちの道徳の言語にきわめて特徴的なものである（5.6）。ここまで私が論じてきたように、道徳的な判断を下すということは、真剣な意図で行われて、そしてその威力を全面的に発揮するときには、関係する点で類似する状況にある人なら誰にでも適用される普遍的な判断を下すように話者を拘束するものである。これから見ていくように、人間の弱さに合わせて、道徳判断は様々なかたちで後退していくものである。そして、その中でも最も重大なのが、いわば網の一角を持ち上げて自分はそこから逃れるやり方である。言い換えれば、これこれの状況にある人に対しては誰に対してもこうするように指図するが、私自身は例外であるとして、自分については弱めた指図を代わりに行うのである。

このように言葉の意味が後退することに十分な言い訳が立つ例がある。私が、「私はそうすべきだができない」と言うとき、私のような場合一般について指図しているとする。その場合には、確かに、私は、私のような状況にある人は、もしそれができる場合には、そこで言われている行為をなすべきだと考えている。しかしこの指図はそれに基づいて行為することが不可能なものであるため、私の場合には当てはまらない。それは「確かに、もし自分ができるのであれば、私はそれを（この言葉の全面的な威力を伴って）すべきであるが、私にはそれはできないので、私は除外される」と言うようなものである。

3

「すべきである」は「できる」を必然的に伴うという場合の「必然的に伴う」とは、論理的に必然的に伴うという意味ではない。両者の関係はもっと弱いもので、ストローソン氏が「フランス国王は賢い」という言明と「フランス国王が存在する」という言明との間に存在すると主張した関係に似たものである。[20] もしフランス国王が存在しないのであれば、国王が賢いかどうかという問いは生じてこない。そこで、私たちが「フランス国王は賢い」と言うと、それを聞く人たちは、ここでは問いが生じていて、その答えはこれだと私たちが考えていることを理解し、それからするとフランス国王が存在しているのだと理解することになる。また同じように、私たちが誰かがある一定のことをすべきであると言い、そしてこの場合の「すべきである」が全面的な威力を持つ（つまり普遍的に指図される）とすれば、そのとき、聞き手は、そこでは問いが生じていて、私たちがその答えはこれだと考えていると言うことを理解し、またそれからすると、当該の人がここで言われている行為をすることができないとしたらこの問いはそもそも生じてこないと理解するのである。

　さてここで注目しなければいけないのは、「すべきである」が全面的な威力を持って用いられるときには「できる」を必然的に伴うのと同じように、命令文もまた「できる」を必然的に伴うということである。私が誰かに何かをするように言ったり頼んだりする場合（助言であれ、要望、指示、命令のいずれであれ、あるいは祈りであっても構わない）、ある問いが生じていて、その答えを相手に伝えていると私が考えていること、そして決定はその相手に委ねられていることを聞き手に理解させている。地面に固定されている銃を持ち上げるように兵士に言う場合はそうではないだろう。そして、自分ですると決定することであれ人に命令することであれ、それが的を得たものであるかぎり、そこには、人が「何をしようか」と思案している場合に自問する問いが生じているはずである。そして、その答えは、人が誰かに何かをするように言うとき、もしくは自分ですると決定するかしたときに出ているのである。この種の問いを実践的な問いと名付けておくことにしよう。[21]

「私は何をしようか」という問いに対する答えは、行為をなす人自身がそれに答える場合には、通常言葉で表現されることはない。とはいえ、誰か他の人が指示や助言といったかたちでそれに答える場合には言葉で（命令文で）表現される。行為者自身は言葉で表現するのではなく、ただ行動する。（アリストテレスが実践的な三段論法の結論は行為であると言ったのはそういうわけである。[22]）しかし、行為者が出す答えにどのような論理が備わっているかをメタ言語学的に論じるためには（そうしないと道徳の論証について満足の行く説明を行うことはできないので）、行為者が言わないで済ますことを言葉で表現しておく必要がある。

この目的のために、私は後で「私はaをしよう」という形式を用いることにする。もっとも、この表現には他のもっと一般的な用い方があるのだが。人がチェスの試合をしているときに、どのような手をさすか思案しているとすると、「クイーンをb4に動かそう」と心の中で言って、その言葉通りに行動することがあるだろう。このような意味で、私はこの表現のかたちを用いることにする。つまり、この意味で用いるときには、これは、一人称について二人称を用いて「動かしなさい」と言う場合や、一人称複数形で「動かそう」と言う場合と似た意味を持ち、「私に動かすことを許可してほしい」というのとは違う意味である。このような用い方がなぜ一般的でないかというと、アリストテレスがそれとなく指摘しているように、私たちは通常何も心の中で言わずに（自分に向けて言葉を発することなく）行動するからである。普通は言葉で表現されないような考えについて、それを言葉で表現することで論理的な性格や関係をより明確にすることできるというのはこの場合に限ったことではない。省略三段論法がよい例である。

そこで、なぜ決定や命令文は「できる」を「必然的に伴う」のかは、次のように説明することができるだろう。それは、この二つとも実践的な問いに対する答えだからである。ところが、時には（必ずではないにしても）人はやろうとしていることを実際にせずにはいられないため、どのような実践的な問いも生じてこないこともある。そのため、決定や命令を行う余地がないこともある。一体どのようなときにそうなるのか、またそうでないのはどういう場合なのか。これは難しい問題であるが、後で論じることにしよう。これは「自由意志の問題」の中心的な論点の一つである。しかし当面は「すべきである」と命令文や決定との類似性を明確にしたことで十分としておこう。それは、これらはみな同じ理由で、「できる」を必然的に伴っているという点である。その理由は、「できる」が必然的に伴われていないときには、実践的な問いは生じてこないからである。

読者にはよく注意して気付いていただきたいのは、私が実践的な問いに対する答えを表現する際に、先ほど説明したばかりの狭い意味での「すべきである」という言葉そのものは用いてこなかったという点である。何をしようかと思案している人が問うているのは、「すべきである」というのが答えになるような問いではない。それが答えになるのは、人が何をすべきかと思案して問うている場合である。この二つは違った問いであって、両者をはっきり区別しておくために、前者についてだけ、私は「実践的な問い」という言葉を用いることにする。そして、より広い意味の「指図的な問い」という言葉を、実践的な問いと、指図的な意味を持つ場合の「すべきである」が含まれた問いの両方に用いることにする。しかしながら、この二つの問いは次のような仕方で関係しあっている。それは、実践的な問いが生じていなければ、「すべきである」が全面的な威力を備えた「～すべきか」の問いが生じてくることはありえないということである。（もしその「すべきである」が「できる」を必然的に伴うとすれば、その「すべき」は全面的な威力を持つものであるはずである。）そして、その理由は、この言葉がこのように用いられている場合には、その働きは、実践的な問いに（直接に答えるものでなくとも）答えを与えるのに役立ち、指針を与えることだからである。そしてだからこそ、当然ながら、実践的な問いが生じていないときに「すべきか」の問いかけを行うことは意味がない[23]。このように、「すべきである」が持つ指図性によって、この言葉が指図的な意味で用いられているときには、「すべき」は「できる」を必然的に伴うという考えがなぜ一般に受け入れられているかが説明できるし、また、「できる」を実際に伴う場合とそうでない場合を区別することができる。従って、「すべきである」と決定や命令文との間には重要な類似性と関係があり、その点で、これらは通常の記述的な判断から区別されるのである。また逆に、「すべきである」という判断と記述的な判断の間には、別の重要な類似性があることはすでに見てきた通りであり、その点でこの二つの判断は、命令文や決定とは区別される。それは、「すべきである」は普遍化可能だが、命令文や決定はそうではないということである。この二種類の類似性の両方を併せ持ち、また同時にその両方に焦点を当てる必要があるが、それが道徳哲学を非常に難しい、しかしまた魅力的なテーマにしている。

4

次に詳しく論じなければいけないのは、「〜かどうかという問いが生じてくる」という分かりにくい言葉が何を意味しうるのかということである。後で見ていくように、「問いが生じてくる」という表現が、私たちが取り組んでいる概念を表すのに一番適したものかどうかは議論の余地がある。しかし、これはある程度用いられているので、このまま用いていくことにしたい。

この表現はいろいろ違ったことを意味しうる。まず、この問いに対する答えはまだ明らかではない、ないし分からないということを意味しているかもしれない。「ジョーンズが信頼の置ける人かどうかという問いが生じてくることはない。彼が信頼できないことは明らかだ」というようなこともありうる。私たちが論じなければいけないのはこのような意味ではないことは明らかである。二つ目に、その問いが実際に誰かによって提起されているという意味の場合もありうる。「昨日財務委員会では、ジョーンズの給与が十分なものかどうかという問いが生じた」という場合もあるだろう。このような場合の意味は、「生じる」ということが何を意味するかによって、さらに次の三つに分けることができる。誰かがそれを声に出して尋ねたか、声に出して言わなくとも誰かがそういう問いを言葉にして心によぎらせたか、または心の中で言葉にしなくとも、誰かがそれを疑問に思ったか、という三つの意味がありうる。最後の意味の例としては、次の場合を考えてみてほしい。私が自分の行く手に明らかに迫撃砲が発射された光を見たとして、言葉が頭をよぎる暇などないにもかかわらず、そのとき私は自分が撃たれるかと思ったとか、防空壁の下にかがんで入ろうかと思ったと言っても意味が通じる。このような意味で用いる場合にも、やはり私たちの議論には関係がないことは明らかである。なぜなら、前の例を使うとすれば、国王が存在しないとすれば、フランス国王は賢いかどうかという問いは生じてこないと言う場合、そこで私たちが言いたいのは、実際には誰もそうした疑問を抱いていないというだけのことではないからである。

「ある問いが生じている」ということで、時には「問いが生じうる」ということを意味しているように思われる場合もある。問題はこの「しうる」という言葉をどのように解釈するかである。これは、声に出してでも、心の中ででもよいから「言葉を発することが実際に可能だ」ということを意味することもある。しかし、この意味では、私たちの議論には関係がない。というのも、話すことができるようになっていて、口輪をはめられていたり、失語症を患っていたりしないとすれば、「フランス国王は賢いか」という言葉を疑問文の抑揚で声に出すことはいつでも可能であり、ましてや心の中に浮かばせることはさらにたやすいことだからである。私たちがここで意味しているのは、「適切に、ふさわしい場合に、理に適った仕方で、有意味に、もしくは理解可能な仕方で、生じることができる」といったことのように思われる。私たちが「しうる」で言おうとしていることがこうしたことの中にあるとすれば、ここでは、精確にこのうちどれを意味しているのか、そしてそれがどのような意味なのかはっきりさせておくことがきわめて重要である。問いを尋ねるのがふさわしいことではなかったり、適切でなかったりする場合は明らかにあるが、そういう場面でも、私たちが言っているような意味では問いが生じてくることもある。たとえば、私たちが国王に謁見していて、国家の一大事を議論しているとすれば、国王にあなたは賢いのかと問うことは極めて不適切、というより実際無作法極まりないことだろう。しかし、この問いが、私たちが言おうとしている意味で生じてきたと言うことはできるだろう。少なくとも、私たちが国家の一大事を議論しているとして、それに関わってくる考えを表すのにこの文句が当てはまるとしたら、（たとえこの文句が心地よいものではないとしても）私たちはこの問いを言葉にしなければならないだろう。なぜなら、国王が賢いかどうかという問いが生じてこないとしたら、国王が賢いというのは真でも偽でもないことになるが、しかし先ほどの国王との謁見の例では、国王が賢いというのが真である可能性もあるからである。

哲学において他の場面でもよくあるように、ここでも、言葉にするのは馬鹿げているとか、ふさわしくないとか、不適切だとか、または誤解を招きやすいとかいったことと、誤りであるとか、理解不能であるとか、不整合だとかいったことを区別することがきわめて重要である。哲学者が専門的に関心を持つのは、あることを言うと誤っていたり、理解不能だったり、不整合になる場合だけである。たとえば、通常の場合、あるものが実際に赤いことを人が知っていながら、「それは赤く見える」と言うのは、誤解を招く話し方であり、そうした発言はふさわしいものではないし、不適切だと主張されてきたが、それはその通りである。しかし、このことからは考えられているほど多くのことが主張できるわけではない。というのも、そこから「それは赤く見える」と「それは赤い」という命題の論理的な性質について大したことが分かるわけではないからである。それで分かることと言えば、すべての発話に当てはまる一般的な注意書きであり、それは、ある事柄についてより強く言える立場にある人がそれを弱めて言うことは誤解を招きやすいということである。この注意書きがこの事例に当てはまることから分かるのは、ある意味では「それは赤く見える」というのは「それは赤い」よりも弱い言明だということだけである。というのも、誤解を招きやすく不適切だとはいえ、赤いと分かっているものについて赤く見えると言うことは、完全に理解可能であり、真であることに変わりはないからである。また、「それは赤く見えるし、また赤いものである」と言うことはたいていの場合意味がないにしても、不整合ではないし、理解不可能でもない。そして、言葉の論理的性質を学ぶことができるのは、言葉の用い方が単に不適切だとか誤解を招くということではなく、何らかの発言が不整合であったり、理解不可能だったり、誤っていたりするのはどういう場合なのかを考えることによってである。[24]

私たちが扱っている例についても、同じように考察していくことができる。国家の一大事についての私たちの議論に必要なので、「フランス国王は賢いのかという問いが生じてきた」という文句を口にするとしたら、この文句はどのような意味で使われなければならないだろうかというと、それは、以下のような意味である。ある問いが生じてくるのは、誰かが実際にそれを尋ねた（つまり口にした）として、その人が何を尋ねているかが理解可能な場合に限られる。この「何か」が間接疑問文（quid）であって関係詞（quod）ではないことに注意してほしい。重要な点は、ある問いがここで要求されているような意味で「生じている」と言えるためには、それが尋ねられたとき、単に私たちがその言葉が通常何を意味しているか分かるというだけではなく、当惑した面持ちで、「いったい何のことを尋ねているのか」と聞き返さずにはいられないような状態にならないということである。このような意味で、ある問いが一定の状況では理解不可能だとすれば、そのとき、その問いはその状況では（ここで求められているような意味では）生じていないのである。

5

さてここで、何かをすることが不可能な場合、あるいは不可避な場合、それをなすべきかどうかという問いがどのようにして生じなくなるかを説明しておこう。アリストテレスの例を用いれば、イギリス海峡を私がボートで渡っていると仮定してみよう。[25] そして天候がよいと仮定しよう。その場合、「フランスに上陸しようか」と尋ねることができるし、これは実践的な問いでありうる。つまり、誰かが、助言として、「そうだね、フランスに上陸しよう。ディエップでおいしい食事がとれる」と答えることができる。しかし他方で、強風でフランスの海岸へと押し流されていると仮定すれば、私がフランスに上陸するかどうかは私の意志の及ばないことなのは明らかである。そこで、もし私が「フランスに上陸しようか」と尋ねたとしたら、これは実践的な問いとしては理解不可能なものとなって、「実際問題としてフランスに私は上陸することになるのか」というふうに予想を尋ねるものになる。ときには、使われる言葉の形式そのものからして、その問いを実践的なものとして理解することが不可能な場合もある。たとえば、「フランスの海岸に押しやられているのか」というのは実践的な問いではありえないだろう。その理由は、ここで言われている出来事が決定や命令、要望、ないし助言の主題とはなりえない形で記述されているからであり、そのため、それらを求める問いの主題になりえないからである。同じような問いとしては「私は事故で階段から落ちてしまおうか」とか「間違って違う部屋に行ってしまおうか」といったものがある。こうした問いは理解可能なものとして尋ねることはできない。なぜなら、こうした問いに答えようとすると、それもまた理解不可能なものになってしまうからである。もし誰かが「誤って階段から落ちろ」とか、「間違って違う部屋に行け」と言ったとしたら、私たちはその人がいったい私たちにどうしろと言っているのか分からず途方にくれるに違いない。そして、その言葉を何とか理解しようとすれば、いったいどのような独特な意味で使われているのか考えざるを得ないだろう。（たとえば、「間違って」という言葉は「間違ったふりをして」という意味だと理解するといった風にである。）

こうした説明は、「私は〜するべきか」という問いについても、「べき」という言葉が全面的な威力をもって用いられているとしたら、同じような状況で同じように理解不可能になることを示している。この用い方での「すべき」であるの場合には、ある人が「私は強風で海岸へと押しやられて行くべきか」とか、「誤って階段から落ちるべきか」とか、「間違って別の部屋に行くべきか」とか言ったとしたら、一体その人が何を尋ねているのか理解することは不可能である。ここでもまた、こうした発言が意味をなすように工夫して解釈する場合もある。たとえば、その男が言いたいのは「この種類の間違いをしでかすタイプの人間であるべきか、それとも、自分のぼんやりしたところを直すようにペルマン式記憶術の講座を受けるべきではないのか」と言いたいのかもしれない。しかしそれはここでは関係のないことである。もしある行為の記述が実践的な「〜しようか」という問いを排除するなら、同じ理由から、これに対応する普遍的な指図である「私は〜するべきか」という問いもまた排除される。これは一般的に真であると思われる。あることをしようかどうしようかと思案したり、迷ったりすることが不可能なら、あることをすべきかどうかと問うことは実際に成り立たなくなる。

6

「自由意志の問題」と呼ばれているものにはいくつもの問題が相互に絡み合っているが、私はこの短い章でそのうちのどれか一つでも解決できると期待するほど高望みはしていない。丸ごと一冊かけてきめ細かな論証を行わずにこうした問題を解消できると考える人は、この問題がどれほど複雑なのか分かっていないのである。私の目的はもっと控えめなもので、人間には道徳的な自由があるという事実によって、道徳の言語に特有の論理的な性質の一つがどのようにもたらされているかを示すことである。私たちが決定を下さなければならないからこそ、私たちはこの種の言語を用いているのである。しかしながら、ここまで述べてきたことは、この伝統的な問題にどう取り組むかについて役に立つことを示唆しているので、本筋からそれて説明を加えても、それだけの意義があるだろう。

もし人間の行為が予測できるものであるなら、またとりわけ「因果関係」の法則によって予測できるとしたら、その場合には、行為について道徳的判断を行うことは不可能であると一般に考えられている。事実、これが自由意志をめぐる哲学的な難題を引き起こすもとになっていることの一つである。行為の予測可能性によって道徳的判断が排除されるのは、その状況がある部類に属す場合だけであり、すべての場合をそれと類似したものと考えてしまう点に間違いのもとがある。こうした異なった部類に属す状況を区別する明確なやり方があれば、この難題は幾分か解消されるだろう。そして、こうした区別の基準になるのは、「「私は何をしようか」という問いが行為者に生じてくるかどうか」をテストしてみることである。

このテストは、少なくとも、予測可能性によって道徳的な判断が排除される場合なのかどうか私たち全員が一致できるようなはっきりした状況については両者を区別する役に立つ。先ほどあげたフランスの海岸に難破して打ち上げられた人についての記述は、出来事の予測可能性によって指図的な道徳的な問いを行うことが不可能になる場合の一例である。この場合と、そうした問いが出来事の予測可能性によって不可能になるとは思われない別の場合とを比較してみよう。二人のレジ係がいて、一人は並ぶ者のないほど高潔な人であり、もう一人はその逆であるとしてみよう。そして、不正直な方が正直者のほうに「休暇のために金が必要だろう。引き出しの中の金を持っていったらどうだい」と言ったとしてみよう。さて、この正直者を知る人であれば、確信をもって、言い換えれば、偶発的な事態について可能な限りの確信を持って、この人が誘いを断ると予測することができるだろう。さらには、神経学の進歩とともに、人の脳を造影技術で検査して、裏付けのある科学的法則に基づいて、このように形成されている脳を持つ人は、この状況で引き出しから金を盗むことはしないと予測できるようになるかもしれない。しかし、だからといって、私はこの人は「すべきである行為をしている」と言わなくなることはない。私に同意するかどうかは読者にまかせなければならないだろう。なぜこの事例が「強風」の場合と違うのかというと、理由は次の点にある。「強風」の例では、その人が「私は難破しようか」とか「私は難破すべきか」と自らに問うことは、これらの問いを指図的なものとして理解するなら、ありえないことである。しかし、「レジ係」の場合では、こうした問いが生じるだけではなく、その問いにその人がどう答えるかで行為が決まる。この人は実際に「この金をとろうか」という問いについて考える、と言うより、考えざるをえないのである。というのも、彼には、もう一人のレジ係が提案していることが理解できるし、その上でそれを拒絶するからである。何かを提案されるとき、人は一瞬であろうと考えることをしないでそれを拒絶することはできない。そして、もしその人の答えが「よし、この金をとろう」であったとしたら、その人はその金をとることになる。予想できるのは、この人がこのように答えることはないだろうということだけである。

同じことが「すべきかどうか」という問いについても言える。「私はその金をとるべきか」という問いがその人に生じているのは確かである。ただ、彼は躊躇なく、予想された通りに答えるだけである。「いや、そんなことはすべきではない。」そして彼が行動するのは、こう答えるからである。こうした問いが彼に生じて、そしてある仕方でそれに答えて、それに従って行動するだろうということが予測可能だという理由で、こうした問いが実際には生じなかったことになるとすれば、それは馬鹿げたことであろう。なぜなら、そこには明らかな矛盾が含まれているからである。

科学の進歩に伴って原理的にはどのような行為も予測できるようになるとすれば、道徳的な判断を行うことをあきらめなければならなくなるだろうと言う人々もいる。こうした人たちについては、「強風」の部類に入る場合と「レジ係」の部類に入る場合が一見したところ似ていることで惑わされているのだと言ってよいだろう。しかし、この問題の本当の難しさが生じてくるのは、それらの中間的な場合と思われるものを取り上げて、この二つの極端な場合のいずれに類するものかを決定しようとする場合である。この両者のいずれにも似ていないと思われる場合も実に多様にあって、その中には、日常的に起きるものもあれば、非日常的な要因が作用している場合、たとえば催眠術による誘導や、脳外科手術、精神疾患などの結果起こるものもある。こうした場合はあまりにも多くあるので、(例えば、催眠術による誘導のような) 一つの種類に限ったとしても、それに当たる場合を十分に論じるなら、本題から大きく外れてしまうことになるだろう。しかし、ここでもっと基本的な混乱を回避しておくのは確かに理に適ったことだろう。そこで、これらの極端な事例について明確に理解し、その二つの間の類似性に惑わされて「すべてのことが予測可能である」から道徳的判断など存在しないという単純な決定論を信じ込まないで済むようにしておくことにしよう。

7

私が単純な決定論と呼んできた立場が理屈に合わない馬鹿げたものであることを理解するには、この立場を受け入れていると言う人に対して、だからといって何か違ったことができるのか、と問うてみるよいだろう。つまり、決定論の立場をとることによってその人の実際の言語上の振る舞いや、また他の領域での振る舞いにどのような影響が出てくるのか、と問うてみるのである。この問いは道徳教育の文脈で検討してみるのが一番よいだろう。道徳教育は道徳哲学の諸問題を理解する手掛かりを与えてくれることが多い。たとえ、単純な決定論が真だとしても、私たちが子どもを育てるときに自分たちが置かれる立場が変わるわけではない。人というものは何をするかを決定し続けなければならず、その限りで、人は決定を助ける諸原則（そこに道徳原則も含まれる）を持つ必要があるだろう。同じように、子どもたちはそれぞれの人生を歩んでいく中で決定を下さなければならず、そうした決定が子どもたち自身や他の人々の将来に大きな影響をもたらすことになることが分かっているので、私たちは子育ての過程で、子どもたちに道徳的なものの見方と言われるようなものを与えて、子どもが選択していくのを助けようとするだろう。すべての過程が予測可能だということが事実だとしても、あるいは、賢い心理学者は実際に予測しているが、ただそれについて黙っているだけだとしても、私たちの状況が何か変わることはない。単純な決定論者がやってきて、子どもたちが人生を歩んでいく中で行うことは原則的に予測可能なのだから、子どもの教育など気にかける必要はないと言ったとしても、私たちがそんな忠告に耳を貸すとは思えない。というのも、たとえ子どもたちの行動が原理的には予測可能だとしても、子どもたちがどのような行為をしていくことになるのか私たちには分からないからである。（もしそれが分かったとしたら、私たちは教育方法を変えて、予測が当たらないようにする場合もあるだろう。）

もし、単純な決定論は正しく、子どもを教育していく際にも私たちは自分たちがやっていくはずのやり方で教育するに決まっている、と言われたとしてみよう。これに対しては、その場合には、単純な決定論を受け入れたところで、結局は私たちにとって何も変わらない、と答えるにちがいない。しかし、私たちの教育の仕方が結局は変わらないということが本当に決定論から必然的に出てくるのかどうかは疑ってかかるべきである。というのも、おそらく、決定論を受け入れることで私たちの振る舞いに影響が出てくるだろうし、それは、私たちの振る舞いを左右する他の刺激と同じである。そこで、決定論を受け入れても、私たちは子どもをどのように育てていくか決定しなければいけない立場であることに変わりはない、と想定してみよう。これは実際その通りだろう。そして、決定論を受け入れると、私たちの子育ての方法がどのように変わるだろうか、と問うてみることにしよう。

先に述べたように、私たちの子どもの将来が原理的には予測可能であっても、それがどのようなものになるのか、私たちには分かってはいない。しかし、どんなふうになろうとも、子どもの将来に作用する原因の一つは、私たちがどのような種類の教育を与えるかであろう。もし決定論者が、子どもが生まれたときに一種のホロスコープを作りだすことができて、そこに子どもの将来の振る舞いのすべてが予測されて映し出されているとしたら、そのときには、私たちは子どもを教育するという仕事を放棄することだろう。しかし、これは原理的に不可能である。というのも、決定論者が予測を立てるためにはデータが必要であり、そのうちの一つの種類のデータは、人格が形成される時期に環境が子どもにどのような影響を与えたかということだからである。そこで、もし決定論者の忠告に従って私たちが子どもの教育を放棄したり、変えたりした場合、データのその部分もまた変わってしまうので、最初の予測は誤ったデータに基づいたものとなり、その結果予測自体が誤ってしまうことになるだろう。

　道徳の非常に大きな部分は子どもたちの教育に関係している。心理学の予測する力が理屈の上ではどれほど進歩する可能性があるにしても、また、それによって教育の中身や方法が変わっていくことがあるにしても、道徳が無意味になることはないと結論してよいだろう。しかし、教育とは自己教育という形で続いていくものである（LM 4.3）。そこで、人が自分で道徳原則の本体を築き上げていこうとするなら、それは、人生経験を重ねるにしたがってより堅固なものとなっていくだろう。その人のそうした努力が心理学の進歩によって無意味なものになることはない。それは、子どもたちの人生の初期における同じようなプロセスを手助けしようとする親の努力が無益ではないのと同じことである。例えば、次のようなことを想像してほしい。相続によって富を所有することによって、それほど幸運ではない人々が手にすることのできない優位性を独り占めすべきかどうかについて、私が懸命に思考を傾けている。（これは十分に深刻な問いであり、部分的にはヴィトゲンシュタインが抱いた問いで、彼はこうしたことはすべきでないという否定的な答えを出している。）私がどんな結論に至るか、そしてどんな原則に基づいて私が行動するか（全部のお金を寄付してしまうかどうか）を誰かが予測できたとしてみよう。だからといって、それで私がこの問いを考えて決定する必要がなくなるわけではまったくない。というのも、私は何らかの行為をしなければならないわけで、ということは「私は何をしようか」という問いに答えなければならないからである。そして、予測可能であるということによって、私が行動しなくて済むようになるわけではなく、また「このような場合に人はどうすべきか」という原則に関する問いを問わなくて済むようになるわけでもない。

そこで、道徳的思考の本質的な部分、すなわち行為の原則を自分や他の人々のために形作るということは、起こりうることを予測する力がどれほど進歩しても無意味になることはおそらくない。予測し説明する力が道徳的思考を生み出す自由を狭めてしまうことはないだろう。もっとも、それは私たちの知識と力を高めることになり、それによって道徳的思考の潜在的な有効性を増大させ、同時に道徳的思考に求められる労力もまた増大させることになるだろう。また私たちはそれによってもっと憐れみの心を持つようになるかもしれない。しかし憐れみの心と道徳判断を行うこととは両立しないものではない。

第5章　道徳における後退

1

前章まで手短に示してきた倫理学理論はあるタイプの指図主義である。それは、指図性が道徳の言葉の特質の一つであり、またこの特質はこうした語の意味の一部だと言えるほど本質的な特質であり、そうした語を含んでいる判断は、通常の使い方では、振る舞いの指針となることが意図されているという考え方である。さて、あらゆる種類の指図主義に対してきわめて一般的に向けられる反論があり、またそれ自体が興味深いものなので、一章を費やす必要がある。その反論とは、もし道徳判断が指図的であるとすれば、ある道徳判断を受け入れたうえで、それに反する行為をすることは不可能であるはずだというものである。しかし、（ヒュームの言葉を借りるなら）「徳を知ることとそれに意志を従わせることとは別のことである[26]」と言われている。人間というものはするべきではないと考えていることをしてしまうのが常である。すると指図主義は間違っているに違いない。こういう反論である。

この反論を考えるにあたっては、前章で取り上げた二つの点が重要になる。一つ目は、前章で見た通り、記述主義者には問題になるはずのない問題が指図主義にはあって、それは、「すべきである」は「できる」を必然的に伴うと私たちが感じることから生じてくる問題である。「すべきである」が純粋に記述的なものである場合もあることはすでに見てきたが、その場合には、「すべき」が「できる」を必然的に伴うのかどうかといった疑問は生じない。したがって問題は何もないことになる。だが、道徳判断は常に記述的な判断であるわけではないし、また通常の主たる使い方では、命令文と類似性があって、そのため私たちは両者を指図的と呼ぶのだが、問題はそこから生じてくる。そういう意味では、問題があるということそのもの、つまり普通の人々が「すべき」は「できる」を必然的に伴うものだと感じながら、同時にそこから哲学的な困難が生じるという事実こそ、記述主義に対する明白な反証である。もし記述主義者が道徳判断は純粋に記述的であり、したがって「できる」を必然的に伴うことはないし、またそれゆえ道徳家は極端なかたちの決定論を甘んじて受け入れることができるはずだと主張するとすれば、それに説得力があるとは思われない。指摘しておかなければいけないのは、ここでは、記述主義者に対して同じようなかたちの反論を向けることができるということである。つまり、もし道徳判断が指図的なものでないとしたら、道徳的な弱さという問題は存在しないことになる。ところがこの問題は事実存在しているのであり、したがって道徳的判断は指図的なものである。実際のところ、記述主義者が道徳的な弱さに基づく議論を持ち出そうとすると、諸刃の刃のように自らに対する反論にもなってしまう。

前章について思い出してもらいたいことの二つ目は、すべての道徳的な判断が、純粋な例に見られるほど完全に普遍的な指図性の力を持つわけではない、という点である。純粋な例に見られるように「できるを必然的に伴う」ことのない「色の褪せた」道徳的判断には非常に多くの種類のものがある。だから、人が「私は~すべきなのだが、することができない」と言っても、必ずしも不合理で馬鹿げたことを言っていることにはならない。その人はただ「すべき」という言葉の使い方として「色の褪《あ》せた」用法の一つを使っているというだけのことでしかない。そうした用い方のいくつかはすでに見てきた通りである。

さて、次に見ていくのは、「道徳的な弱さ」の典型的な事例で、人は自分がするべきだと考えたことができないという状況である。しかし、ここでの「できない」は慎重に検討する必要がある。というのは、これから見ていくのは、するべきだと考えることをすることは、他の意味では十分にできる状況だからである。とはいえ、道徳的な弱さを論じる場合には、「すべきだができない」特別な事例を扱わなければいけない。そして、ここでは、前章で一般論として「すべきだができない」について述べたことが重要になってくる。

2

道徳的な弱さには何の問題もない（つまり、それは哲学的な問題ではない）という考え方は、主として、私たちの言語における道徳の言葉と他の述語の間に存在するある類似性を根拠としている。「すべきである」の場合には、その類似性はそれほど明白ではないので、しばらくの間別の道徳的な形容詞、つまり「最善の」、を考えてみることにしよう。道徳的な弱さには何も問題はないという目下検討している考え方をとるなら、ある状況で何をするのが最善かを考えるが、それをしなくともおかしな点は何もないことになる。それは、近くにある中でこれが一番丸い石だと考えながら、それを拾い上げず、別の石を拾い上げてもおかしくないのと同じことだと言われる。確かに、もし私が丸い石を探しているのではなく、ただ石を探しているのだとしたら、丸い石を手に取らずに、たとえばいびつな石を拾い上げても、特に理由を説明する必要はないだろう。そこで、この考え方からすると、ある状況で私が最善のことをしようとしているのでなく、ただ何をしようかと考えているだけだとしたら、たとえば私が最悪のことだと考えたことを選んで行い、最善だと考えたことをしないとしても、何も説明する必要はないことになる。

言いかえれば、道徳的な述語は通常の記述的な述語と同じだと考えて両者の違いを無視する人は、ここには何の問題もないと（この問題を考えたことがあったとしたら）考えやすい。私たちがこれまで見てきたように、ここに問題を認めないのが記述主義者の特徴である。それは程度の問題である。そこには問題があるという可能性にまったく煩わされることがないのは最も徹底した記述主義者だけである。ほとんどの記述主義者は、もし誰かが考えられる中で最悪のことだと本人が言うことをするとしたら、何か説明が必要だと潔く認めるだろう。しかし、その場合であっても、この問題に対してどのような姿勢で向き合うかによって、道徳哲学者は、私がすでに述べてきたように、倫理学における最も深い分断のどちら側に立つのか、つまり、記述主義か指図主義かということが決まる。

実際、ある種の記述主義者にとっては、「道徳的な弱さ」というものが実際にあるということがやはり問題として現れてくるだろう。それは、アリストテレスやそれ以前にまでさかのぼられるが、とりわけトマス・アクィナスの名と結び付けられてきた（それが正しいかどうか私には分からないが）やり方でこうした問いに取り組む記述主義者たちである。それは、「自然法」（真であるが総合的で普遍的な命題）というものが存在しており、万物は実際に善を求め悪を避けようとするという考え方である。この命題の論理的な性質は、「蚕《かいこ》は桑の木に卵を産みつける」という命題にみられる論理的な性質と似たものである。ただし、後者は範囲がより限定されている。卵を産みつけるために桑の木を求めるのは蚕だけであるが、万物が善を求める。当然ながら、ここで言われているのは、すべてのものがたまたま善を求めているということではない。そこで、これは何らかの種類の総合的で必然的な真理であることになる。しかし、範囲は狭くとも、おそらくは、同じことが「蚕は桑の木に卵を生みつける」という命題についても言えるだろう。蚕はたまたま桑の木に卵を産むわけではない。蚕はそれが蚕にとって自然なこと、つまりその自然な本性であるから桑の木に卵を産みつける。ここで当然のこととされている「自然的な必然」(natural necessity)という概念は、あまりにも不明瞭でとらえにくいものである。私としては、ここに認められる唯一の必然性は論理的な必然性だと言う方がはるかに適切だと思われる。「万物が善を求める」が真であるとすれば、そしてそれが真であるような意味を持つとするなら、それは、「善」と「求める」という言葉の意味そのものによって真なのである。そして、これは、「善」という言葉やその他のこれに類した言葉の意味について一つのことを私たちに示してくれるに違いない。それは、こうした言葉は純粋に記述的な言葉ではないということである。いずれにしても、この種の記述主義者が直面するだろう問題は指図主義者が取り組んでいるものと同じものなので、別々に取り組む必要はおそらくないだろう。

3

しかしながら、なぜここに問題があるのかを説明し、その問題を解明するために何かをするのは、指図主義者に課された仕事である。この問題が出てくるのは、道徳的判断には、その中心的な用い方では、行為を導く指針となるという働きがあるという事実のためである。もし道徳判断にこの働きがあるとすれば、たとえば、私たちがあることをするべきではないと考えたとすれば（言い換えれば、あることをするべきでないという立場を自分の行為を導く指針として受け入れたとすれば）、その上でそれを自らを導く指針としないということがどうして可能なのだろうか。道徳的判断の役割が行為を導くことだということを否定しない限り、ここに何の問題もないとは誰も言えないだろう。

ここで注目したいのは、一方で、「よいと考える」という表現と「すべきだと考える」という表現の間に類似性があり、他方で、「よいと考える」と「したい」という言葉の間にまた別の類似性があるということである。前節でふれた、万物は善を求めるという古くからの格率に説得力を与えているのは、この二つの類似性である。ギリシャ語とラテン語で「求める」に当たる言葉（ephiesthai, appetere）には「欲する、欲求を抱く」という意味[27]もある。「欲する」ことの最初の兆候は「手に入れようとすることだ」と言われてきたが、それはその通りである。そして、ここで私たちが気付かなければいけないのは、何かをしたいと思うとき（欲求を抱く、ないし欲するとき）、とりわけ他の何かよりもあることを欲するという場合（その場合にはこれは、まぎれもなく能動的な性質の「欲する」であって、単なる「何をすることもなく漠然と望むこと」ではない)、そのとき私たちの心の中で起こっていることは、何かの記述的な命題が真だと考える(「たとえば、雲がアヒルの形をしている」と考える)ときに起こっていることとはまったく性質が違うということである。乱暴な言い方をすれば、私たちが何かを欲しているときに抱いている考えは、種類としては、指図的な言語で表現されるいろいろな種類の考え、たとえば、選択、決意、要望、祈り、そして最後に道徳判断やその他の評価的な判断と同じものに属している。この二つの論理的な関係に注目するなら、つまり、一つには、「欲する」ということと「よい」と考えることとの間に、そしてもう一つには「欲する」ことと「自分が欲するものを手に入れるうえで何かをする」こととの間には、それぞれ密接な論理的な関係があることに注目するなら、議論は指図主義の土俵に乗ることになる。なぜなら、ここには、よいと考えることと行為とのもう一つの結び付きが表れているからである。

4

しかしながら、欲するということと価値判断を行うこととの類似性にとらわれるあまり、両者の間の違いを見落としてはならない。ソクラテスは、道徳的な弱さについての問いをめぐる厄介な問題に直面したことがよく知られているが、そこにソクラテスを誘い込んだものは、おそらくこの両者の違いを見落としたことであろう。[28] 価値判断が欲求と異なる点は、前者には普遍化可能性があるということである（9.1）。そして、ソクラテスが直面した問題はすべてこれに気付かなかったことから生じている。この点で、欲するというのは、単称の命令文に同意するようなものであり、道徳や他の価値判断に同意することではない。私が何をしようか決心しようとするなら、私はただ、何を一番したいか（することを欲するか）と自分に問うだけでよいだろう。あるいは、私は何をすべきかと問う場合もあるだろう。もし私がこうした状況でAをしたいと思うとしても、それによって、精確に同じかあるいは関係する点で似た状況にある他の誰に対してであれ、同じことをしてほしいと思うように拘束されることはない。しかし、私がこうした状況でAをすべきだと考えるとしたら、私は同じような状況にある誰もが同じことをすべきだと考えるように拘束される。つまり、何をすべきかを決めるのは何をしたいかを決めるよりもはるかに難しく複雑なことなのである。そしてその複雑さこそが、道徳的な弱さという問題をもたらすのであり、またそれを解きほぐしていくことで、その解決がもたらされる。自分が一番何をしたいか決心する際には、私はただ自分の欲求を考えてみればよい。しかし、何をすべきかを決めるときには、私はもっと他のことも考慮しなければいけない。私が今置かれている立場にあるのが私であろうと他の誰であろうと関係なく、（カントの言葉を用いれば）どのような格率であれば、このような場合に普遍的に適用されることを私は受け入れることができる

か。私はこう自分に問いかけなければならない

ある状況において自分は一番Aをしたいが、似たような状況で誰かがAをするのは、自分がその行為の被害者になる場合には非常に嫌だ。こうした状況に置かれることは誰でもよくあるのではないだろうか。私はこれを一つの例としてだけ挙げているのであって、自分の道徳的な弱さによって他の人々の利益を損ねる場合は、道徳的な弱さが問題になる場合の一つにすぎず、そのすべてでそうしたことが起きると言うつもりではない。実際、道徳的弱さが最も頻繁に表れるのは、自分の理想に沿えない場合であり、この場合には、後で示すように、他者の利益が関わってくる必要はない（8.4以下）。しかしいずれの場合でも、道徳的弱さとは、自分が一般論としては称賛することを自分ではしない、または自分が一般論としては非難することを自分ではしてしまうという傾向である。これはおそらく道徳的に生きるうえで最も難しい問題である。そして、この道徳的な困難が、倫理学理論において最大の難問に反映されているのも偶然ではない。道徳哲学者の中には、何をすべきか決定することは容易であるかのように語る人々もいる。もし二つの倫理学理論（指図主義と記述主義）のいずれか一方の立場を一面的にとって問題を完全に説明できるのであれば、それは実際容易なことであろう。もし、何をすべきかを決めることが、何を一番したいかを決めるのと同じように、私たち自身の欲求の問題であるとすれば、それは比較的容易な仕事だろう。私たちは自分が一番したいことを決めるはずであり、それが自分の力の及ぶ

ことであればそれを実際にするだろう。もっと専門的な形で同じ点を表現しておくと、もし道徳的な判断がある種の単称形の指図であるとすれば、その場合にはどちらを受け入れるかを決めることはそれほど難しくないし、いずれかを受け入れれば、それが行為につながるだろう。そこには、意志の弱さという問題はありえないだろう。このようにして、ソクラテスは道徳判断の普遍化可能性に十分な注意を払わなかったために、意志の弱さというようなものはないと言う羽目になったのである。

5

道徳的な困難を簡単なものに見せかけるやり方にはいくつかあるが、これはその一つである。別のやり方としては、道徳判断の普遍化可能性には記述的な意味が伴うが、その記述的な意味の普遍化可能性を受け入れて、道徳原則の持つ普遍的な指図性のほうは忘れてしまうというものがある。こうすると、やはり何をなすべきか決定するのはもっと容易になる。なぜなら、Aをなすべきだと言っても、それは自分に対して指図することではなくなるからである。もしこの考え方が正しいとすれば、私や似たような状況にある誰もがAをなすべきだと決定しながら、その後で、自分が言ったことを守らなかったという気持ちをまったく持たずにAをしないと決定することができるようになるだろう。何をなすべきかを言うことによって、自分はいかなる指図にも、そしてその結果いかなる行為にも拘束されることにはならない。もしそう考えるとしたら、実にいろいろなことについて、何の迷いもなくそれをなすべきだと私たちは言うことになるだろう。自分の場合に、それを行うように拘束される用意ができる行為は何か、そしてそれが同時に、行為の原則を表すものとして、似た状況にある誰をも拘束することも覚悟できる行為は何か。道徳判断を下すことの本当の難しさは、私がこれまで述べてきたように、そのような行為を見出すことである。だからこそ、道徳的に生きることは、それを真剣にとらえている人にとって、恐ろしく難しいものとなるのである。

　実際に、それはあまりにも難しいことであり、指図性と普遍化可能性の間の緊張関係はあまりにも厳しいものなので、どこかで妥協しなければならない場合もある。そして、それこそが道徳的な弱さを説明してくれる。私たちは道徳的に弱いので、実際に妥協するのは私たちだけではなく、私たち自身とその弱さを共有する言語を自ら生み出してきたのであり、私たちが妥協する場面で言語も妥協するのである。なぜなら、言語は人間の作りだした制度の一つだからである。道徳の言葉がもし天使によって考案されて天使によって用いられるものだとしたら、その論理的な振る舞いがどのようなものとなるかを述べるのは、道徳哲学者の仕事ではない。[29] 道徳哲学者の仕事とは、道徳の言語が実際にどのようなものであるかを述べることなのである。カントのもう一つの表現を用いるなら、「聖なる」道徳の言語は極めて単純なものであろう。それは普遍化可能な指図的な判断からなり、そこには、その指図性からも普遍性からも逃れる抜け道は設けられていない。実際それは『道徳の言語』の最終章で描写したような評価的言語（それは単純化した人工的なモデルであることは注意しておいてほしい）のようなものであり、そこには道徳的に弱い人間にとってどのような抜け道もない。私たちの実際の道徳の言語には、そうした抜け道がふんだんに設けられていて、同書の本論ではそのいくつかを述べておいた（LM 7.5, 9.4, 11.2他）。今のところ、同書の視点から変わった点はない。聖なる言語、もしくは天使的な道徳の言語とは違って、人間の道徳的な言語の場合には、純粋に指図的な普遍性という厳格さを回避するためのあらゆる種類のやり方がその言語の論理に組み込まれている。そうしたやり方についてはもっと詳しく系統立てて示していく必要があるだろう。しかし、人間の道徳の言語を用いる人々は、普遍的で指図的な諸原則を持とうと望むことさえしないと主張するのであれば、それは人間の道徳の言語と人々を愚弄するものであろう。道徳を語る人々のすべてが先に挙げた二つのやり方のいずれかを用いて、つまり、指図的ではないか、もしくは完全に普遍的ではない道徳の言語で妥協するといったやり方で、この苦闘を放棄してしまっているわけではない。

天使であれば、自分の行為に関する道徳的な問いについて決定する際、次のような経過をたどることだろう。自分が行うように拘束される覚悟があり、また同時に行為の原則を表すものとして、似たような状況にある誰もがなすように拘束する覚悟があるのはどのような行為かと自問するであろう。我々が見てきたように、この問いが恐ろしく難しいものとなる状況は多々ある。そうした困難が生じるのは、道徳的に生きようとし始めるとき、私たちは天使のようであることを望んでいるが、それは空恐ろしい企てだからである。しかし、天使であれば、人間とは違ってこうした問いに答えることを難しいとは感じない。なぜなら、天使は聖なる意志を持ち利己的な傾向を持たないので、普遍化することのできない格率に基づいた行為をしたいとは決して思わないからである。しかし私たちは天使ではない。だからこそ、道徳の言語において最も単純な論理は普遍化可能な指図の論理であるにもかかわらず、私たちはその厳格で禁欲的な単純性にすくんで、もっと居心地のよい話し方を見つけようとむなしくも試みて、自分たちの道徳の言語の論理に込み入ったものを持ちこんでいったのである。それがむなしいというのは純粋に普遍的で指図的な道徳原則という理想は私たちのもとに執拗に留まっていて、結局のところ私たちは、それに満たないものでは満足することがないからである。

　人間の道徳の言語に持ち込まれた複雑さは大変なものであり、そのすべてを取り上げることは不可能であろう。[30] それらについて追求することは、ほとんどの哲学的な探求と同じように、言語についての探求であると同時に起きていることについての探求である。というのも、哲学者が問うやり方で、「すべきである」と「すべきだと考える」との意味の違いについて問うことは、同時に、異なった心の状態について問うことでもあるからである。この二つの探求を別々のものに分けることはできない。私たちは、言語が語る世界を研究することなしに、哲学的な方法で言語を研究することはできないのである。[31]

6

しかしながら、「すべきである」と「すべきだと考える」の「意味の違い」については、いくらか説明しておく必要がある。『道徳の言語』の一部では、私は道徳の言葉はある程度曖昧であり、それは、それぞれにいくつかの異なった意味があるためで、どのような意味で用いているのか尋ねることができるという印象を与えてしまったかもしれない。そこでは、「引用符に入ったもの」とか「皮肉を込めたもの」とか「慣用的にすぎないもの」といった例を挙げた。(LM 7.5) これは間違いであった。ありがたいことにノウェル・スミス教授が、私が言おうとしたことをはるかにうまく表す用語を今では提供してくれている。教授は私たちが考察している種類の言葉を表す「ヤヌスの言葉」という表現を考案してくれている。[32] それは、二つかそれ以上の側面がその意味にある言葉であり、ときには、そのうちの一つの側面が強調されて、他の側面がないがしろにされることがある。そうした言葉を曖昧だと言うことはできない。意味がそのように変わるということが、実際、その言葉の意味から切り離すことのできない要素である。人間の言葉である「すべきである」は、記述的な意味と指図的な意味の両方を併せ持つという点で天使の道徳の言語においてこの言葉に当たるものと同じように、そのどちらにも向く顔を持っている。しかし、天使の言葉とは違って、人間の言葉としての「すべきである」は、ときには、その言葉を用いる人にとって都合の良い方向を向いて、もう一つの顔を隠してなかったふりをすることもできる。たとえ私たちがこれこれのことをするべきだ（例えば、起き上がるべきだ）と口にしたとき、最も道徳的な姿勢でそう言ったとしても、そしてその時点では、その場でそれをする意図が完全にあったとしても、最後の最後になって私たちの道徳的な強さが足りなくて、起き上がらなかったとしても、それでもまだ、私たちは起き上がるべきだと考えたのだと言い続けることができる。それは誰もが経験していることだろう。このように言う場合には、「すべきである」という言葉の意味は幾分弱まるが、私たちがその間終始用いてきたこの言葉の意味からすっかり離れた意味になるわけではない。なぜなら、私たちがそんなふうに道徳的に後退することができるような意味がこの言葉には終始あるからである。

それと気付かれないようなかたちで道徳的に後退するやり方には多くの違ったものがある。おそらく、こうした欺瞞の中でもっとも一般的なのは、手前勝手な議論として知られているものだろう。私たちは、最初はある道徳原則をすべての人を拘束するものとして受け入れる。そして、それを指図的なものとして受け入れる。つまり、この原則と合致するように振る舞うように私たち自身が拘束されるものとして受け入れる。しかし、その原則に合致するように行動することがどれほど自分の利益に反するかを考えたとき、私たちは弱くなる。他の人であれば誰であっても（あるいは、少なくともその人の利益を特に私たちが気にかけない人であれば誰でも）その原則に合致するような行為をなすべきだと変わらずに指図しながら、自分に対してはそのように指図しない。（なぜなら、完全な仕方で真剣に指図すると、私たちはその行為をなすように拘束されるからである。）「すべき」という言葉は、それが持つ記述的な意味のすべてを保持しているという点では依然として普遍的であるが、普遍的な指図を表現するものではなくなる。その指図は普遍的なものではなくなって、普遍的なのはただその記述的な意味だけとなる。私たちは、自分がその指図に従わないとき、その指図が普遍的なものだという見かけを取り戻そうとして、純粋な指図性の代わりに、自分が受け入れていると主張する方針に従った役割を自分は果たしてないという感情だけを、時に応じて様々な強さで持ちだすのである。（それは、言わば、背後から自分の分隊を率いているようなものである。）この感情が罪悪感（良心の呵責）と呼ばれるものである。この方法が成功するのに欠かせないことは、この感情がその時点では強すぎないことである。自分の良心に反した行動をしたいと思う人においては、その人の良心がそれに抗う欲求より強くないことが確かでなければならない。なぜなら、もし自分の良心があまりにも苛まれるなら、その痛みで私たちはその行動をするように駆り立てられるからであり、その結果、指図の普遍性が回復されるからである。

しかし、こうした状態が起こらないと仮定して、私たちが求められている行為をせず、そしてそのことについてただ居心地が悪く感じるだけだとしてみよう。「私はすべきだと思う」という表現は私たちにとって意味が変わったのだろうか。実際のところ、私たちは「すべきだと思う」と呼ばれる心の状態を元のものよりも勢いのないものとして受け止めている。しかし、そうすると、「すべきだと思う」という表現は、最初から「すべきだと思うことをしない」という可能性を秘めていたのである。それは人間の言語の表現の一つであり、そして人間というものは必ずその種のことをするものである。事実、いろいろなかたちで、この表現はもともとの意味から離れることなく、ある点でその勢いを失う。後で、そのいくつかに注目することになるだろう。

7

ここまでこうした(ひそかに道徳的に後退する)やり方について、私は、あたかも人がきわめて意識的に、意図的にそれを用いているかのように述べてきた。確かに、自分が何をしようとしているか分かったうえでこっそりと道徳的に後退する人たちもいる。そうした人々は本物の偽善者である。しかし、私たちの大半はそういう状態にはない。これは、このように考えようという方針を自由に選択するというようなことではまったくない。私たちの大半は天使ではないので、それ以外の考え方をするのは不可能と言えるほど難しいと感じるのである。私たちの道徳は諸原則や理想から成り立っているが、それらは私たちがまっとうするように自分を納得させられないようなものなのである。そして、自分たちの理想を実現する力がないということは、英語とギリシャ語の両方でこのような状況に対してつけられた非常に重要な名前によく反映されている。ギリシャ語では、それはakrasiaと言われていて、それは文字通り「(自分をコントロールするほど) 十分に強くない」という意味であり、英語ではそれは「道徳的な弱さ」とか「意志の弱さ」と呼ばれている。こうした言葉は、たいていの人が意志の弱さについて語るときに指している心の状態には、ある意味で、自分がすべきだと考えることをすることができないという力の欠如が含まれていることの証拠である。しかし、こうした言葉だけがその唯一の証拠というわけではない。あまりにもよく引用されている文学の一節が二つあって、この種の論争の中で指図主義を批判する立場からたえず引用されている。それらを引用する人たちはその文脈を意識していないことを露呈していることが多いので、私はそれをやや長く引用して、それぞれの話し手が自分の無力さについて何回もふれていることを示しておこう。最初の引用はメーディアがイアソンに対する愛が芽生えるのに抗おうとしている様子を描くものである。

一方、アイエテスの娘の心には火がついていた。
彼女の理性が激しく戦っても欲望を静めることはできなかった。
この狂気の沙汰に私はどう抗うことができるのか、と彼女は嘆いた。
戦っても無駄であり、何かの神があちらの味方をしているのだ。
この乙女の胸からそれが感じている炎よ、出ていけ。
ああ、もしそれができるものなら、私の罪は小さくなるのに、
何としてもこの炎を消すことができない。
未知の力が、これほどそうはしたくないというのに、私を屈服させる。
こんな風に突き動かされて、愛の道か理性の道か、
私にはよりよい方が分かっていて、讃えているのだが、
間違った方に行ってしまうのだ。[33]

オウィディウスはここで幾度となくメーディアが味わっている無力感を強調している。
また、聖パウロは、ローマ人への手紙七の有名な一節で自分の無力感を強調している、

私たちは法が霊的なものであることを知っている。しかし私は霊的な存在ではなく、

罪のもとに売られた奴隷である。私は自分の行為を自分のものとして認めることさえしない。なぜなら、私は、自分がしたいと思うことではなく忌み嫌うことをしてしまうからだ。しかし私のすることが私の意志に反することであるなら、それはつまり、私は法に同意しそれを称賛すべきものと考えているということである。しかし、現状では、私の行為をなすのはもはや私ではなく、私の中に宿る罪がしていることなのである。なぜなら、善は何一つ私の中に、私の霊的な本性の中にという意味だが、宿っていないことが私には分かっているからである。なぜなら、善をなす意志はそこにあるのに、行いはないからである。私がなしたいと考えている善を私はなすことができない。しかし私がなすことは間違ったことで私の意志に反することである。そしてもし私のすることが私の意志に反しているのなら、その行為者はもはや私ではないことは明らかである。その行為者は私の中に宿っている罪なのである。私が正しいことをしたいと思うと、間違ったことだけが私のなしうることだという法を私は見出した。私の一番深いところにある自己は神の法に喜びを見出すのだが、私の肉の部分のうちには違う法があることを認識する。それが私の理性が同意する法に逆らって戦い、私の肉の部分の中にある法、つまり罪の法の囚人に私をしてしまう。なんとみじめな生き物であることか。死へと定められたこの体から私を救いだしてくれるのは誰なのか。神だけであり、我が主キリストを通してそこにいる。神に感謝を。つまり、私自身は理性的な存在として神の僕なのだが、しかしながら私の霊的でない本性においては、私は罪の法の囚人なのだ。[34]

これら二つの引用から受ける印象は、その断片を文脈から取り出して引用する記述主義者が伝えるものとは非常に異なっている。全体として見れば、これらは私が『道徳の言語』で要約してみせた立場と衝突するものですらない。私はそこで、価値判断という言葉について、「『私はXをすべきである』という判断を価値判断として用いているかどうかの試金石は、『もしその人がその判断に同意するのであれば、「私はXをしようか」という指令にもまた同意しなければならないということに気付いているかどうかだ』と述べて、そういう意味で価値判断という言葉を用いることを提案した。それに先立って、私は、「自分に向けて行った指令に真剣に同意しながら、同時に、それを行う機会が今であり、それを行うことが私たちの（物理的、心理的な）力の及ぶ範囲にある場合にそれを行わないということは不可能であり、これは同じことを言い換えたトートロジーである」と述べた。[35]「物理的、心理的」という言葉を入れたのは、まさに今私たちが考察している想定されうる反論に答えるためである。まともに考える人なら、ある命令文に同意する人は、たとえそうすることができないとしても、（分析的には）それに基づいて行為しなければならないなどと言うことはないだろう。しかし、オウィディウスと聖パウロの引用を根拠として私の立場を批判する人は、私はそういうことを言っているはずだと言うのである。しかし、メーディアにも聖パウロにも、それぞれが行っている道徳判断から帰結する命令に従って行動する心理的な力はなかったのである。

8

こうしたことから、よく見られる道徳的な弱さの場合は、偽善者の場合とは違って、「すべきだができない」状況だということが分かる。そこで、私たちは「すべきだができない」ということについて先に示した一般的な説明の中にこれを適切に位置づけなければならない（4.1）。物理的な不可能性と心理的な不可能性を分かつものは何だろうか。そしてこの種の心理的な不可能性を他の心理的な不可能性と分かつものは何だろうか。そしてこうした場合のすべてにおいて、「すべきである」にはどういうことが起こるのだろうか。私たちは「物理的な」不可能性（とまた知識や技術が欠けていることによる同じ種類の不可能性）を認めると、それは命令文とは矛盾してしまうので、命令文は完全に撤回される様子を見てきた。しかし、「すべき」の場合には、似たような事例でも必ずしも撤回される必要はなく、ただ程度が下げられることになる。ある特定の場合には、それはもはや指図的な力を持たない。それでも、似た（似てはいるが、その行為が可能である）状況における行為に関しては指図的な力を持ち続けるかもしれない。私はこの現象を「網の片隅を持ち上げる」ことと表現した。今では、私たちはおそらくこれをもっとよく理解できる立場にいる。私たちはまた、特定の個別の事例については指図が撤回されざるをえないとしても、それによって心の葛藤を免れたり、また場合によっては社会的な非難を免れたりしないということも見てきた。イオカステーは運命の犠牲者であり、本人にもそのことは分かっていた。しかし彼女は首を吊ってしまったし、人々は彼女を非難の言葉である近親相姦を犯した者と呼んだ。

道徳的な弱さの場合には不可能性は心理的なものであり、後悔や非難が起きることがもっと多い。というのも、誘惑を克服することができないとはいえ、意志の力は生き続けていて、誘惑がもっと弱いものであれば克服できる可能性があるからである。したがって、私たちは誘惑に抗うことの不可能性を強調してこの問題を解釈してきたが、これによって道徳的に弱い人間が負の道徳的判断を免れることにはならない。前の章の言葉を用いれば、「私は何をしようか」という問いがその人に生じている。（物理的不可能性の場合にはそれは生じてこない。）そしてその人がどんなふうに答えるかはっきり分かっているとしても、それでも私たちがそれはすべきでないと言うのは、その一般的な指図の原則を再確認するために価値のあることかもしれない。聖パウロは後悔について多くの証拠を与えてくれており、またメーディアが両親から咎められたのは疑いもない。聖パウロが将来機会のあった時に同じように罪を犯したいと思っていたわけではないことは確実だろうし、アイエテスは自分の他の娘たちが異国の冒険家のために堕落していくようなことはさせたくなかった。その限りでは、彼らの言葉は指図的なのである。しかし、聖パウロにとってもメーディアにとっても、アイエテスにとってもそれぞれの特定の場合について指図したことは、明らかにその場での役には立たなかった。時には、他の人がある指図を口にすることによって、道徳的に弱い行為者がその道徳的弱さを克服するのを助ける場合もある。実際に口にされることで、その行為者の意志を強めて、それで状況が変わり、不可能だったことが可能になることもある。しかし、私たちが考察してきた場合は、同じ人間の仲間によるそうした手助けではいかんともしがたいものと考えられるかもしれない。とはいえ、聖パウロが頼りにした神の手助けであればその一助にはなる。

この主題が初めて議論されて以来ずっと、引き裂かれた人格という奇妙な比喩がもっともなものと思われて使われてきたが、その比喩でも、指図の形式は維持されている。この比喩では、人格のある部分が他の部分に命令を出し、それが従われなかったときに怒ったり、嘆いたりする。しかし他の部分はこれに従うことができないか、もしくは堕落していて従いたくないと思っていて、命令を出す方より強いかのいずれかであると言われる。メーディアは実際こうした命令文を用いている。そして聖パウロは自分が「法」に「同意」し「称賛する」と言っている（Rev. Version）。そこでこの現象については二つの解釈が可能となる。その二つとも比喩的で、また両方とも指図主義と矛盾しない。一つは、ある道徳判断を受け入れるがそれに基づいて行為できない人は、実際に自分に命令を出しているのだが、御しがたい低級な本性、ないし「肉」のためにそれに従うことができない、というものである。もう一つは、その全人格において、あるいは本当の自己においてその人は自分に指図することをやめてしまっているというものである。(とはいえ、指図し続けている部分はあるかもしれないし、他の人に指図する気は十分あるかもしれない。)この二つの比喩はきわめて自然で私たちの通常の会話にすっかり浸透しているので、事実に忠実な表現を追求してこうした比喩を放棄しようとする哲学者は、自分自身の言語を作りださなければならないだろう。いろいろな場合があるので、ときには一方の比喩がよりふさわしく、またときにはもう一方のほうがふさわしいだろう。

9

いずれにせよ、よく見られる道徳的弱さの事例は、私が主張してきた指図主義を否定する反証にはならないと結論してよいだろう。しかし、他の事例もあって、それがこの立場に対する反証になるという主張が出されるかもしれないので、逆方向からこの問題を見て、どのような場合が指図主義に対する反証になるのか、またそうしたものが果たして存在するのか問うのは有益だろう。

ここまで見てきたように、自分がすべきだと考えることをするように自分を仕向けることができない場合を挙げても反証にはならない。そうした場合の多くで、実際に人は自分がすべきだと考えることを物理的にできる立場にいて、また強く、知識も技術もあるという事実はここでは関係がない。なぜなら、私が指摘したように、心理的にできないことによって「すべきである」の程度が下がる場合も多いのだが、指図性が弱められていようといまいと、何がしかの指図性は残っており、その指図に基づいて行為することが心理的にできないからである。こうして、指図と不服従が矛盾しないのはどうしてかが説明される。私が示したようなこの問題の解釈を受け入れることに初めはためらいを感じることが多いが、それは「物理的な」可能性は損なわれていないこともあるという事実が原因である。道徳的に弱い人でも他の人と同じような能力があるのだから、道徳的に弱い人は自分がすべきと考えることをすることができないというふうに言うことは無理があると反論される。しかしこの場合の「能力がある」というのは物理的な能力だけを指している。もっと深い意味で、その人はその行為をすることができないのである。これは、強迫神経症の場合に一番明らかである。その場合には心理的な不可能性が物理的な不可能性に近いものになっている。しかし、これは、意志の弱さというもっとありふれた事例にも当てはまることで、「弱さ」という言葉そのものがそれを示している。

また、「できる」のどのような意味においても行為することができるにもかかわらず、自分はすべきであると言いながら、いつもそのように行動しない人の例を持ち出しても反証にはならない。なぜなら、これは私が意図的な後退、ないし偽善と呼ぶ場合だからである。こうした人々がいることは予想されていたことである。もし人が、誘惑に抗うことが完全に可能である場合に自分がすべきではないと言うことをするとしたら、その人のなすことのみならず言っていることにも間違ったところがある。一番単純な場合には、それは不誠実ということである。つまり、その人は自分が本当に考えていることを言っていないのである。それ以外の場合には、自己欺瞞がある。その人は自分がすべきだと考えていると思っているのだが、「すべき」を色の褪せた意味で用いることによって、自分自身の出す指示から逃れてしまい、そこに残る罪悪感を本物の指図性の代用品としてきたのである。この主題については少しずつ違った例を無限にあげることができる。しかし指図性と本当に矛盾する例を誰かが持ち出してくるまで、指図主義者は気にかける必要はない。

同じように重要な関係がないのが、あることをすべきだと以前は思ったのだが、いざそれをする時が来てみると、すべきだという考えが心から消えてしまうか、今こそその時だという考えが出て来ないという人の場合である。同じように重要でないのが、一般的には人間はこう行為すべきだと考えはするが、自分の現在の場合にその原則が当てはまるということに気付けない場合である。自分がしているべきだと「今」考えている行動をしない人の場合だけに注目するなら、そうした事例は排除することができるだろう。[36]

次に、自分はこう行為すべきだと考えながら、完全な道徳的確信は欠いている人の事例がある。そういう人は「すべき」という言葉を最も純粋な仕方で用いているのかもしれないが、そう行動するように自分を拘束するほどにはそうすべきだということに確信が抱けない。こうした場合も、同じように問題にはならない。

次に、すでに本書で、また『道徳の言語』（LM 11.2）でふれた例があって、それは、ある人がこうすべきだと言うときに、その人が言おうとしているのは、ただ、当該の行動が自分の属する社会で受け入れられている道徳では要求されるということ、もしくは、その行為がなされないことを考えると、ある感情が自分の中に湧いてくるということだという場合である。こうした人は「すべき」という言葉を指図的には用いていないので、また私はこの言葉にそうした用い方があることをすでに見てきているので、これについてもこれ以上の議論は必要ない。

以上のすべてにおいて、私たちは指図主義に対して本物の反証となるような場合は認められない。そして私自身ではそうした例を作り出すことはできないし、ましてや現実の生活の中に見出すことなどできはしない。指図主義を批判する人々にそれを探すことは任せることにしよう。

最後に、私自身がここまでずっと述べてきたことはあまりにもとらえどころがないと反論されるかもしれない。それは、現代の哲学によく見られる欠陥である。『道徳の言語』の中で「価値判断」を定義するにあたって、私は回避的な手法と人が考えるかもしれないようなやり方を用いた。自分がすべきだと考えたことをしないなら、その人はその言葉を評価的な意味で用いていない、という仕方で定義したのである。本書では、私は似たようなことを「指図的」という言葉について行ってきた。ただし先にいくつかの限定をつけている。しかし、私がこのようなやり方を用いる目的は、反論を回避するためではなく、問題がどこに認められるかをはっきりさせて、問題を明確にするためである。道徳の言葉の評価的、もしくは指図的な使用には問題が存在する。そしてだからこそどのような用い方がそれに当たるのかを知ることが必要である。そのために、私たちは「評価的」もしくは「普遍的な指図」という範疇からそれに属さないものを排除しておかなければならないのである。『道徳の言語』で私が行おうとしたのはこれであり、本章ではより詳しく行ってきた。その目的は問題を明確にすることだけである。指図主義の主張の実質的な部分は、道徳の言葉には実際に指図的な用い方があるということであり、そしてこうした用い方は重要で、そうした言葉の意味の中心をなすものだということである。道徳の言語に関して厄介な問題が生じてくることはよく知られているが、もしこのような指図的な用い方が存在しなければ、それらが生じてくることはない。そうした問題の一つは、道徳の言葉を自然主義的に定義することが不可能だという問題（LM 11.3）であり、また「「すべき」は

「できる」を含意する」ことをめぐって生じてくるいくつもの問題(4.1以下)がある。また本章で論じてきた問題やその他にもいろいろある。こうした問題のすべてが示しているのは、道徳の言語は、記述主義者が味わいなれているのが果物だとすれば、それよりもっと強い肉のようなものだということである。

しかし、少なくとも、道徳の言語の指図的な用い方が実際に存在することは疑うことはできない。私が指図的というふうに特徴づけた仕方で道徳の言葉を使うことは決してないことがもし示されるとしたら、その場合には指図主義は否定されるだろう。そうした批判に答えるためには、指図的に用いられている例をいくつか提示するだけでよい。そして、読者にそうした用い方が通常見られるものでないと感じるかどうか問うてみればよい。私は一つだけ例を出しておきたい。もし人が困難な道徳的選択に直面しているとして、友人か頼りにする人に「私は何をなすべきだろうか」と問うたとしよう。もし相手が「Aをすべきだ」と答えたとして、そして尋ねた人がAをしないとしたら、その人はその助言を拒否したと言われるだろう。そんなことはないなどと言う人がいるだろうか。

第二部　道徳的論証

あなたたちは、他人からしてほしいと思うことを、そのまま他人に行え

「ルカによる福音書」第六章三一節　（いわゆる黄金律。バルバロ訳）

第6章　ある道徳的議論

1

歴史を振り返ると、倫理学を研究する主要な動機の一つは、難しい道徳的な問題に直面した人々にとって、そこで何か役立つことが発見できるのではないかという期待だった。今でもこれが多くの人々にとって第一の動機であることに変わりはない。それは、現代の哲学者たちにたびたび向けられる次のような批判からも見て取れる。現代の哲学者たちは、倫理学を道徳とは関わりのないものにしてしまったという批判である。[37] 道徳的な問題に指針を与えることができる倫理学を目指そうとする場合、最も一般的に取られる方法は大雑把にまとめれば「自然主義」と呼ばれるが、現代の多くの哲学者の主要な学説では、自然主義の方法は成り立たないと一般に主張されているからである。

自然主義の方法とは、道徳で用いられる主要な語について、それぞれの意味の特徴を明確にするというものであり、一定の事実についての前提が与えられれば、そうした事実自体は道徳的な判断ではないが、そこから、道徳的な語の意味から道徳的な結論が必然的に導出されるとするものである。もしこれがその通りなら、私たちが道徳的な決定を行う上で大いに助けになると考えられてきた。この考え方では、私たちがしなければならないのは、ただ道徳とは関係のない事実を見定めることだけである。すると、何をするべきかという結論はそこから必然的に出てくるはずである。そんなことは不可能だと言うのであれば、自然主義に代わる考え方として、道徳的な論証をどのように理解すればよいのかを示す責任を引き受けなければならない。

自然主義の立場は、倫理学の研究において見出されることが道徳的に中立なものではなく、道徳的決定に関わってくる、そうした倫理学を目指している。倫理学上の言明が道徳に関わってくるのだとしたら、それが対立しあう異なった道徳的判断の間で中立的であるはずなどない。こう思い込むのは至極当然である。そうした前提に立つ人々にとって、自然主義は魅力的な立場である。自然主義者が行う道徳の言葉の定義は道徳的に中立なものではない。というのも、そうした定義によって、道徳と無関係な事実の言明から道徳的な結論が必然的に導出されることが示されるからである。そこで、もしそうした必然的な導出が成り立つことが示されないとしたら、道徳哲学者が道徳的論証を行うことはそもそも不可能だと考える人々もいる。

この結論を回避する方法の一つは、道徳とは無関係な諸前提と道徳的な結論を結びつけるものは、必然的な導出といった関係ではなく、何か他の、道徳に固有の論理的な関係であって、これによってそうした結論への推論が正当化されるというものである。これは、例えばトゥールミン氏が主張する立場である。[38] こうした考え方については、私は他のところで反対する議論を行ったので、ここでは論じるつもりはない。しかし、この立場をとる人たちはある重要な洞察を得ている。その洞察とは、道徳的論証において、道徳とは無関係な前提から道徳的な結論へと進む過程は、必ずしも、必然的な導出のかたちをとるものではないということである。ただし、この立場をとる人たちは、そこからさらに進めて、前提から結論への移行は何か他の特別な、必然的な導出ではない種類の推論を用いて行われると主張するのだが、それだけしか考えられないわけではない。道徳的な論証というものは、一般的には、前提から結論への「まっすぐ」な、ないしは「直線的」な推論といった種類のものではないという可能性もあるだろう。

2

この点は、おそらく科学哲学と対応させてみるとはっきりするだろう。科学者たちが行っていることは、前提、つまり観察されたデータから、「帰納法」と呼ばれる特別な種類の推論のかたちをとって、結論、つまり科学者が立てる「科学的法則」へと推論していくことだと考えるのはごく自然なことである。こうした考え方に反対して、ポパー教授は、科学における推論は必然的な導出以外のものではありえないと強く主張した。ポパー教授によれば、科学者たちがとる一般的なやり方は、まず仮説を立てて、次に、それを検証する方法を探すというものであり、その方法となるのが、仮説が間違っている場合には間違っていると示す実験である。どれほど実験しても間違っていると証明できない仮説については、暫定的に受け入れる。ただし、今後の実験でそれが否定される場合にはいつでも放棄する用意がある。また、このような仕方で受け入れられた仮説の中で、最も多くのことを説明してくれる仮説が最高位に位置づけられるのだが、だからこそ、そうした仮説が間違っている場合には、間違っているとすでに証明されている可能性もまた最も大きい。こうした過程で行われている唯一の推論は必然的な導出という推論であり、それは一定の観察された事実が正しいということからある仮説が間違っていることへと進む推論である。観察されたデータから仮説が正しいことを示すというふうに進む論証は存在しない。科学研究とはある種の探求であり、実験という検証に耐えうる仮説を探し求めることである。[39]

　私たちは、道徳的な論証にこれと似たような特質が認められるかどうかを問わなければならない。私としては、道徳的な論証もまたある種の探求であり、直線的な推論といった種類のものではないということ、しかもなお、そこで行われる唯一の推論は必然的な導出だと主張したいと考えている。道徳的論証において私たちが行っているのは、道徳判断と道徳原則を探し求めることであり、そうした判断や原則は、その論理的な帰結とその事例における諸事実の両方を考察したうえで自分たちが受け入れることができるものでなければならない。これから見ていくように、道徳の問題についてこうした考え方をすると、しごく当然と思い込まれていること、すなわち、倫理学が中立的なものであろうとする限り道徳的な決定に関わってくるものにはなりえないという前提を否定することができる。その理由は、私たちが行う論証には必然的な導出以外のかたちの推論は必要ないということであり、しかも、そこで必然的な導出として行われる推論は何ひとつとして、その妥当性が道徳の言葉の自然主義的な定義に基づくものではないということである。

もう二つ、科学哲学が道徳的推論と対応する点を示しておくと、倫理学が道徳的に中立的であるというのはどういう意味なのかを明確にするのに役立つかもしれない。先程描き出した種類の科学的論証においては、数学が主要な役割を果たしている。なぜなら、そこに生じてくる必然的な導出というかたちの推論の多くが数学的な性格のものだからである。そこで、数学が科学的な探求に深く関わってくることは認めざるを得ない。しかしながら、数学もまた倫理学と同じく中立的である。つまり、物理的な事実に関する問題については、数学だけではいかなる発見もなされえないし、また、観察される事象を予想する場合に、数学的な推論がもたらす結論は、あらかじめその諸前提に含まれているものを出ることはないという意味で中立的なのである。

倫理学の中立性に対応するもっと単純な例は、スポーツ競技のルールである。競技のルールは、競技者の勝敗がルール自体で決まることはないという意味で、どの競技者に対しても中立的である。誰が勝つかが決まるには、競技者たちはルールに従って競技を行わなければならないが、その過程ではそれぞれが非常に多くの個人的な決定を行う。その一方で、ルールが「中立」だといっても、それは、競技が運任せのもので、下手な選手にも良い選手と同じだけ勝つ確率があることにはならない。

倫理学理論は道徳の言葉の意味や働きを明確に規定するものであり、そういう意味では道徳という「競技」の「ルール」であるが、それが提供するのは道徳的論証を行う際の概念的な枠組みだけである。したがって、当然ながら、様々な対立する道徳的な意見の間にあって中立的である。しかし、競技のルールと同様に、この枠組みがなければ道徳的な論証などありえないということ、また、論証の形式がこの枠組みによって定められているということから、倫理学理論は道徳的論証にきわめて深く関わってくる。このように見ていくと、自然主義の立場によらずとも、道徳的な論証というものが可能だと考えることができる。すると、道徳的な思考が理性的な活動であることを示す方法だからということで自然主義を支持してきた人々は、自然主義以外の可能性に目を向けてみる気になるのではないだろうか。

道徳的論証のルールは、基本的には二つであり、それは本書の前半で私が論じてきた指図性と普遍化可能性という道徳判断の二つの特質に対応している。具体的な事例において、自分が何をするべきかを決定しようとするとき、私たちが探し求めているものは、（これまで述べてきたように）それをなすように自分を拘束することができる（指図性）行為であると同時に、ある原則を具体化した行為、つまり、似た状況にある他の人々に対して同じことをなすように指図することを受け入れる覚悟ができる（普遍性）行為である。たとえば、ある行為が提案されたとして、それが普遍化されると、自分が受け入れることのできない指図をもたらすと考える場合には、この行為を自分が取り組んでいる道徳的な問題の答えではないとして斥けることになる。その指図を普遍化することができないとすれば、それは「すべきである」行為にはなりえないのである。

ここで注意しておきたいのは、道徳的な弱さという問題は、先に見てきたように、道徳的な諸概念の論理的な性格を理論的に考察する際には非常に厄介なものだったが、ここではそれにかかずらう必要はないという点である。人が道徳的な問いについてまがりなりにも真剣に論証に取り掛かろうとするなら、自分が行っていく推論の中で道徳的な概念が指図的に用いられることを前提としなければならないからである。ある道徳的行為が提案されたとき、道徳的議論の結論がどうであろうと誰の行為にも影響を及ぼさないと前提しながら、道徳的推論を始めることはできない。ある結論に達したとき、道徳的な弱さからそれを実行に移すことができないということはありうる。しかし、議論を行っている過程では、そうした可能性は度外視しなければならない。なぜなら、人の行う道徳判断から指図性を捨て去ってしまうと、道徳的な議論の基礎となっている論理的な装置から本質的なパーツを取り外してしまうことになるからである。そこで、ある人が、「私たちが直面しているこの重大な道徳的問いについて議論しよう」と言いながら、同時に「私たちがたどり着く結論については、それが誰に対してであれ、他の行為ではなくある行為を実際になすように求めるものだとは考えないようにしよう」と言ったとしたら、当然ながら、私たちはその人を不真面目だとか、もっとひどい言葉で咎めることになるだろう。

3

さて、次に、非常に単純な（実際単純化されすぎているのだが）例を考察していきながら、道徳的論証の理論について、その骨子だけを示していくことにしよう。この後見ていくように、この非常に単純な事例でさえ、途方に暮れるようなきわめて複雑な問題を生み出してしまう。そういうわけで、もっと難しいものに取り掛かることから始めなくてもよいだろう。

ここでの例は有名な寓話[40]からとられたものである。AはBに金を借りている。そしてBはCに金を借りている。そして、債権者は債務者を投獄することによってその金を強制的に取り立ててよいという法律があるとする。Bは自問する。「Aに借金を支払わせるためにこの方法に訴えるべきだと自分は言うことができるだろうか」。疑いもなく、この人はそうしたいという気持ちになっている、もしくはそうしたいという欲求を抱き、それを欲している。そこで、仮に自分の指図が普遍化できるかどうかという問題がないとしたら、この人は「Aを投獄しよう」という単称の（特定の個人に対する）指図にすぐさま同意することだろう（4.3）。しかしながら、この指図を道徳的な判断に変えようと試みて、「私からの借金を返そうとしないので、私はAを投獄すべきである」と言おうとすると、よく考えれば、それは「私の立場にある人は誰であっても借金を返さない債務者を投獄すべきである」という原則を受け入れることだと気が付く。しかし、そうなると、この人は、Cは自分（B）に対して同じように借金を返済してもらえない債権者の立場にあり、この二つの事例は他の点では全く同一であることに考えが至る。そして、自分の立場にある人なら誰でも債務者を投獄するべきだとすれば、Cもまた自分（B）を投獄すべきだということに気付く。そして、「Cは私を投獄すべきである」という道徳原則を受け入れるとすると（先に指摘したように「すべきである」という言葉は指図的に用いられているはずだから）、Bは、「Cに私を投獄させよう」という単称の指図を受け入れるように拘束されることになるが、これについてはBには受け入れる覚悟がない。しかし、もしBがこれを受け入れないのであれば、自分（B）が借金を理由にAを投獄すべきだという最初の判断についてもまた受け入れることは不可能になる。注意していただきたいのは、もし「すべきである」が普遍化可能であると同時に指図的なものとして用いられているのでないとしたら、この議論全体が破綻してしまうということである。なぜなら、もし指図的に用いられていないとしたら、「Cは私を投獄すべきである」から「Cに私を投獄させよう」への移行は成り立たなくなってしまうからである。

　さて、ここで、この議論の構造と構成要素を検討してみなければいけない。まず私たちが気付くのは、これがポパーの科学的方法論とよく対応していることである。先の議論で見られたことは、暫定的な道徳原則、もしくはそこで提案された道徳原則について、その原則から受け入れがたい特定の帰結が導き出されることが判明したために、それが斥けられたということである。しかし、この二つの種類の論証の重大な相違についても注目しなければならない。科学的に観察されたデータは記述的な言明として記録されるのに対して、ここで私たちが扱っているのは指図だという違いである。この点を考えれば、当然その相違が何かは予想がつくはずである。ポパーの理論では、提案された仮説を斥けさせるのは、事実に関する単称言明（特定の事実についての言明）である。つまり当該の仮説からは「Pである」という帰結が出てくるが、実際は「Pではない」という言明である。ここでも論理は全く同じであるが、ただ「Pである」とか「Pではない」といった観察に基づく言明ではなく、「CにBを投獄させよう」という単称の指図とそれを否定する指図があるという点が違う。しかし、こうした違いがあるとはいえ、Bがこの二つの指図のうちで前者を斥けたい気持ちでいるとしたら、Aを投獄しようというBの指図に対する反論は、科学の場合と同じように論理的に妥当なものである。

　科学との対応をさらに進めていくこともできるだろう。科学が真剣に探究されるとき、それは仮説を探し求めることであり、そして、その仮説から出てくる特定の帰結が事実に反することを示そうと試みることによって、その仮説を検証することである。道徳もそれとまさしく同じで、真剣に取り組まれるとき、それは諸原則を探し求めることであり、そしてその諸原則を特定の事例に当てはめて検証することである。理性的な活動には何であれそれを律するものがあり、道徳的思考の場合には、それは提案されているある道徳原則について、その原則から出てくる帰結を徹底的に調べて、それらの帰結を自分が受け入れることができるかどうか見ていくことによって、その原則を検証することである。

　しかしながら、どのような議論も何もないところからは始められない。そこで、私たちが問わなければならないのは、私が先ほど単純な例で示したような種類の道徳的議論を進めていこうとする場合、まず何が手元になければならないかということである。最初の必要条件は、その事例に関する諸事実が示されなければいけないということである。というのも、すべての道徳的議論は、現実のものであれ仮定的なものであれ、何らかの特定のひとまとまりの事実についてのものだからである。二つ目に、「すべきである」という言葉の意味によって与えられている論理的な枠組みがなければならない。（つまり、指図性と普遍性であり、その両者が不可欠であることは先に見てきた通りである。）道徳的な判断は普遍化可能でなければならないので、ＣはＢに対してＡに対するＢと同じ立場にあると想定されており、Ｂとしては、Ｃが自分を投獄するべきだという立場に拘束されることなく、自分は「Ａを投獄すべきだ」と言うことはできない。また、道徳判断は指図的でもあるので、これは実質的に、Ｃに対して自分を投獄するように指図することである。そして、これはＢにとって不本意な指図である。なぜなら、Ｂには、牢獄に入りたくないという強い気持ちがあるからである。このような、あることをしたいとかしたくないという気持ちが、この議論に不可欠な三番目の要素である。もしＢが全く感情を持たない人で、実際に自分や他の人に何が起ころうと気にならないとしたら、こうした議論はこの人には効力がないことになる。ここまでで私たちが気付いた三つの不可欠な要素は、（１）事実、（２）論理、（３）何かをしたいとかしたくないという気持ちである。こうした要素によって可能になるのは、実際には何らかの評価的な結論に達することではなく、何らかの評価的な命題を否定することである。後で見ていくように、すべての場合に不可欠な要素はこの三つに尽きるわけではない。

4

私たちが用いてきた例では、人の立場を意図的に単純化して、Bが実際に別の一人に対して立っている関係が、AのBに対する関係とまったく同じだと想定していた。そうした場合は現実には起こりにくい。しかし、Bが誰かに対して事実この関係にあるかどうかは、この議論の威力に必要不可欠なことではない。必要なのは、そうした場合を想定して考察し、いくつかの道徳原則について、それぞれがその想定された事例においてどのような帰結をもたらすかを見ることであり、それによってその原則を拒否するか受け入れるかを決定することである。この点で、道徳議論は、ここまではこれと対応するものとして見てきた科学的な議論と大きく違う。つまり、道徳的議論では、ある原則を斥けるにあたって決定的となる事例は、ただ想定されただけのものでよく、観察された事例である必要はないということである。仮定的な事例が現実の事例と同じ働きをするという点は重要である。なぜなら、それによって、私が素描してきた議論について生じるかもしれない誤解をあらかじめ封じることができるからである。その誤解とは、福音書の寓話の中で起きたように、Bを動かしているのは、自分がAに対してするのと同じことをCが自分に対して実際にするだろうという恐れなのだと考えてしまうというものである。しかし、この恐れは道徳的な議論には関係がない。そればかりか、よほど例外的な状況が起こらない限り、このような恐れは、道徳とは関係がない行為の動機としても、特別に強いものではない。結局のところ、Cは、BがAに対して何をしたかを知ることはないかもしれないし、あるいは、C

が抱いている道徳原則はBが抱いている原則とは違うもので、Bがどんな道徳原則を受け入れていようと、Cの行為がよって立つ道徳原則には何の影響ももたらさないかもしれない。

したがって、Cという人物が存在しない場合にも、Bが「しかし、私の場合には、自分がAに対してしようと提案しているのと同じことを私に対してする立場にある人がいる恐れはない」と言っても、それはこの議論の答えにはならない。なぜなら、この議論はそうした恐れに基づくものではないからである。この議論にとって本質的なことは、ただ、Bは実際の状況で自分がある特定の立場に置かれていることを度外視すべきだということ、また同時に、人々がその種の状況で抱くこうしたいとかしたくないという気持ちを度外視してはならないということである。言い換えれば、Bは、Aの気持ちや利益について、それらが自分のものであるかのような重みをもって考慮する用意がなければならない。これこそが、利己的で抜け目のない論証を道徳的論証へと変化させるものに他ならない。心理学的に見れば、Bにとって、こうした考察を行うことは、Bが実際に誰か他の人に対してAと同じ立場にある状況でははるかに容易だろう。しかし、Aであるということがどのようなものかを思い描くのに十分な想像力がBにあると前提すれば、Bが実際にそういう状況に置かれる必要は必らずしもない。ここで見てきたのは、手始めとして想像力がほとんど必要ないような事例を意図的に選んだものである。しかし一般的な事例では、たいていの場合、すでに挙げた諸要素、つまり（普遍化可能性と指図性という形をとる）論理、諸事実、関係する人々の気持ち、もしくは利益と並んで、一定程度の想像力とそれを行使する用意があることが、道徳的議論の四番目の要素となる。

ここで指摘しておかなければならないのは、これらの要素のうち一つでも欠けると、他の要素の効力が失われる可能性もあるということである。例えば、偏ることなく人々の間に立つ公平性だけでは不十分である。公平であろうとして、Bはすっかり感情をなくして冷淡になってしまい、自分の利益だけでなく、他の人々の利益にも心を動かされなくなるとしたら、私たちがこれまで見てきたような仕方でBの心を動かして、他の道徳原則ではなくある特定の原則を受け入れたり斥けたりするようにさせるものは何もなくなってしまう。アダム・スミスやニール教授のような人々が倫理学の「理想的な観察者理論」と呼ばれるものを打ち出したとき、想像上の理想的な観察者は単に誰かに偏らないという意味で公平であるだけではなく、偏りなく誰に対しても公平に共感を抱く傍観者でなければならないと時に主張したのは、このためである。[41]道徳的議論の四つの要素の一つが欠ける例をもう一つ挙げるなら、道徳的決断に直面した人にもし想像力がないとしたら、誰かが同じことを自分にするかもしれないという事実すら思い浮かばないかもしれない。また別の例としては、もしその人に道徳的決定を普遍化する覚悟がないとしたら、自分が他の人に被らせている苦痛についてまざまざと想像できたとしても、底意地の悪い楽しみを増やそうとして、もっと苦しませようとするかもしれない。また、(たとえばある人に対して法の執行を命ずる文書を出したら、その人にどんなことが起こるかについての)物理的な諸事実について無知だったとしたら、その場合にも、道徳的な議論を特定の選択へと結び付けるものはなくなってしまう。

5

これまで素描してきた議論を検証する上で一番良い方法は、Bの立場にある誰かがこの議論をすり抜けようとする場合に取りうる様々なやり方を見ていくことである。実際、そうしたやり方はたくさんある。そしてそのいずれを用いてもこの議論をうまく回避できる可能性があるが、それには必ず代償が伴う。それぞれの場合の代償がどのようなものになるかを理解することが重要である。Bが議論をかわす上でとりうる戦略は二つに分類することができるだろう。一つ目の分類に入る手段すべてに共通しているのは、この議論が基づいているのとは違った仕方で道徳の言葉を用いることである。私たちが見てきたように、この議論がうまくいくためには「すべきである」が普遍化可能で指図的に用いられなければならない。もしBが指図的でないか、もしくは普遍化可能でないやり方でこの言葉を用いるなら、Bはこの議論をかわすことができる。しかしそれには代償があって、いずれの場合にも、Bは、私たちがBと行っていると考えていた議論から手を引くことになる。普遍化可能性と指図性のいずれかの点で違ったふうに言葉を用いるやり方をそれぞれ別個に見ていくことにしよう。二つ目の分類は、Bが私たちと同じやり方で道徳の言葉を用いながらとることができる手段である。このように、二つの分類はさらに三つの種類の手段に区別されるので、それぞれについて検討していくことにしよう。

私が言語上の戦略と呼ぶものを詳しく見ていく前に、一般論を示しておくことが役に立つかもしれない。私たちが誰かと単純な数学的議論を行っていると仮定してみよう。そして、たとえば、この議論の相手が、一つの籠の中に卵が五つあり、もう一つの籠の中には六つあることと認めたうえで、二つの籠を合わせれば卵は一ダースあると主張しているとしてみよう。そして、これはその人が「一ダース」という表現が「十一」を意味すると思って使っているためだとしてみよう。この場合には、その人が使っている意味では、卵は一ダースないということを論理的に納得させることは明らかに不可能である。しかし、これについて私たちが頭を悩ませる必要はないこともまた同じく明らかである。というのも、その人は私たちと異なる意見を持っているように見えても、それは、そう見えるだけだからである。彼の異論は見かけ上のものに過ぎず、その人の言葉が表現している命題は、実際には私たちが導き出したいと思っている結論と不整合ではない。その人は「一ダースの卵がある」と言うのだが、そこでその人が言っているつもりのことは、私たちなら「十一個の卵がある」と言って表現するものであり、この点では私たちの意見は異なっていない。道徳の場合も、言葉が違った仕方で用いられているなら、意見の対立は見かけだけである場合があること、また、ある結論について、相手がその結論が必然的に出て来ないような仕方で言葉を用いている場合には、その結論をその人に対して証明することができないとしても、それは議論の方法に欠陥があるためではないということに留意しておかなければならない。

さらに（よく見られる混乱の原因なので）指摘しておかなければならないのは、道徳の議論においても、数学の議論について言えるように、議論の中身のどの部分であれ、通常の会話における実際の言葉の用い方で変わってしまうということは絶対にないということである。私たちが「ダース」という音を用いてこの言葉で表すことが慣習となっている意味を表現しているということは、先の卵についての議論には無関係である。そして同じことが「すべきである」という音についても言えるだろう。しかしながら「すべきである」という音で表現するのが、少なくとも私にとって慣習となっているものがあり、それは普遍的な指図、もしくは普遍化可能な指図であると言うと、その性格を正しく記述したことになる。私が慣習的に「すべきである」という音で表しているものが、ほとんどの人が慣習的にその音で表しているものと同じではないかと私は期待している。しかし、もしその期待が外れていたとしても、それでも私としては、その音で私が表現しているものについて可能な限り正しい説明を行ってきたつもりである。[42] とはいえ、私の説明に興味を抱いてくれる人々がいるとすれば、それは、おそらく「すべきである」という言葉を私と同じ仕方で理解している人が多いという私の期待が当たっているためだろう。そして、実際に多くの人についてはそうだろうと私は確信しているので、そうした人たちに対しては、この言葉でその人たちが表している概念の論理を明らかにするという点で、私の論述が役に立つのではないかと期待している。

しかし、ここで特に強調しておかなければならないのは、二人の人が「すべきである」という言葉で同じものを表現しているとしても、だからといって、二人が同じ道徳的意見を持つことにはならないという点である。なぜなら、「すべきである」という言葉の形式的で論理的な性質（これはその言葉の意味によって明確に規定されている）は、ある事柄についての人の道徳的意見を決定する（先に挙げた）四つの要素の一つに過ぎないからである。そういう意味で、道徳の言葉の論理的な性質を研究する倫理学は、道徳的に中立である。（つまり、倫理学から導き出される結論は実質的な道徳的判断でもないし、また事実的な諸前提と合わせた場合にも、実質的な判断を必然的にもたらすものでもない。）道徳的な問いにおいて倫理学が果たす役割は、道徳的な指図や他の指図の一定の組み合わせを同時に行うことを論理的に不可能にするという点にある。二人の人間が「すべきである」という言葉を同じような仕方で用いているとしても、その人たちはある状況で何をすべきかについては意見が一致しないこともある。その理由は、事実について二人の認識が異なっているか、あるいはどちらか一方が想像力を欠いているためか、またあるいは二人のそれぞれの（～をしたいという）気持ちが違っていて、一方が受け入れることのできる（単称の）指図をもう一方は斥けるためかもしれない。そうした場合すべてを考えても、なお、倫理学（つまり道徳の言語の論理）は道徳的な合意を生み出すうえで大きな力を発揮する装置である。なぜなら、もし二人の人間が「すべきである」という道徳の言葉を用いるのにやぶさかではなく、しかもそれを同じ仕方で（つまり私が示してきたような仕方で）用いるとしたら、道徳的な意見の不一致の原因として他に考えられるものについては、すべて解消していくことができるからである。人生の重大な事柄のほとんどについては、人々は同じような（～をしたいという）気持ちを持つことが多い。（たとえば、飢えたり、自動車に轢《ひ》かれたりしたいと思う人はまずいない。）また、もし同じ気持ちでないとしても、次の章で示すように、議論を一般化する方法があって、人々がそれぞれ抱く気持ちや欲求が違うことに十分対応することができる。事実については、十分に忍耐強く試みるなら、たいていの場合確定していくことができる。想像力は養っていくことができる。これら三つの要素が整えられるなら、そしてそれは可能なことであるのだから、道徳的合意をもたらすのに必要不可欠なただ一つの残された条件は、少なくとも一般的な事例では、「すべきである」という言葉の用い方について合意できるかどうかだけとなる。そして、私が考え違いをしているのでなければ、用法については、私たちとの議論に加わるような人であれば、誰であっても、対話の中でそれについての合意はもうすでに存在している。必要なことはただ、明確に考えること、そして考えたことをはっきりと示すことである。

以上、方法論について逸脱してきたが、ここで、私が記述してきたのとは違った仕方で「すべきである」を用いると明言する人、つまり指図的でないか、もしくは普遍化可能ではない仕方で用いると明言する人についてはどうしたらよいかを考えることにしよう。いずれの方向をとるにせよ、先に示した理由で、この人はもはや実質的な道徳について私たちと意見を異にすることはない。道徳的な不一致に見えるものは言語上の不一致にすぎない。とはいえ、すぐ後で見るように、実質的な不一致の残滓のようなものが存在する可能性はあるが、それは道徳に関する不一致ではない[43]。

まず、「すべきである」を指図的には用いるが普遍化可能なものとしては用いない人について考えてみよう。こういう用い方をする人は、自分に対する債務者については投獄すべきだが、自分が借金をしている相手が自分を投獄すべきだということには同意する覚悟はない、と言うことだろう。これに対して、私たちのこの語の用い方では、こうした状況で自分が投獄されることを認める覚悟がなければ、自分に借金をしている人を投獄すべきだ、と言うことはできない。そこで、ここには、見かけの上では、実質的な道徳について不一致が存在する。この不一致は極めてはっきりしたものである。というのも、両方とも

「すべきである」という言葉を指図的に用いているので、私たちとその人は、考え方の違いから実際に違った行為をすることになるからである。それぞれが言うことから、(両方とも指図的な判断であるので)何をするかについて違った単称の指図が導き出される。しかし、これだけでは、道徳的な不一致が生じていることにはならない。道徳的な不一致が生じるためには、ある特定の場合に何をするつもりかについて一致しないというだけでなく、ある一定の種類の諸事例において何をするべきかという普遍的な原則についてもまた意見が異なるのでなければならない。そして、(我々が見てきた仮定的な事例では)Bは普遍的な原則を主張しているわけではないので、Bが言っていることの何ひとつとして、道徳的、もしくは評価的に私たちと対立するものではありえない。ただの指図として考えれば、確かに、私たち両者の考え方は実質的に一致しない。しかし、道徳的、もしくは評価的な(つまり普遍的な指図としての)不一致は、ここでは言語上の不一致以上のものではない。なぜなら、Bが自分の考えを表現したものについて、B自身が何を言っているつもりかを理解するなら、それはその行為の道徳性についての意見などではまったくないということは明らかだからである。そこで、Bとしては、こうした戦略をとって、Aを投獄するように自分に指図することは依然としてできるが、私たちが「道徳的」という言葉を理解する意味では、自分はその行為を道徳的に正当化しているのだと主張することはあきらめざるをえない。もちろん、どんな言葉についても、人は自分の好きなように使うことができるが、それには代償が伴う。この場合にBが支払っている代償は、自分の行為について、通常「道徳的正当化」と言われる種類の正当化を行っていると主張できないということである。

Bが「すべきである」という言葉を私たちとは違う仕方で用いるにはもう一つ別のやり方があって、それはこの言葉を指図的なものとして用いないというものであるが、これについては詳しく検討する必要はないだろう。注意しておかなければいけないのは、もしBがそれを指図的ではないものとして用いるとすれば、「債務を理由にCが私を投獄させないようにしよう」という単称の指図に同意しながらも、同時に「債務を理由にCは私を投獄すべきである」という指図性を持たない道徳的判断に同意することができるという点である。すると、債務を理由にCによって投獄されたくないという気持ちを抱いていても、「自分（B）は債務を理由にAを投獄すべきだ」と言っても何の支障もない。このようにして、Bは、一見したところ道徳的な正当化を行いながら、Aを投獄したいという自分の気持ちを実行に移すこともできる。しかしながら、その正当化は見かけだけのものにすぎない。というのも、もしBが「すべきである」という言葉を指図性のないものとして用いているなら、その場合には、「債務を理由に私はAを投獄すべきだ」ということから、「Aを投獄しよう」という単称の指図は導き出されないからである。このように、指図性を欠いた「道徳的」な判断は、何をするかという選択にまったく関わらないものになる。前の事例で着目したのと同じように、ここでもまた実質的な道徳的不一致は存在しない。道徳的な問いに限って言えば、Bは言語上の違いを除けば、私たちと意見が一致しないわけではない。(もっとも両者の間には、私たちの判断の記述的な意味から生じる事実についての不一致がある可能性はある。)両者の間の「道徳的」な不一致に関しては、それは単に言語上のものにすぎないと言えるだろう。なぜなら、私たちとしては、「Bは債務を理由にAを投獄すべきだ」という指図については同意できないだろうが、同じ言葉を用いてはいても、これはBが表現しようとしていることではなく、Bはこうした言葉によって何の指図も表現していないからである。

6

Bが「すべきである」という言葉を私たちとは違った仕方で用いるというやり方で、私たちが立てた議論をすりぬける方法については以上で充分だろう。(もっとも、私が示したリストは不完全かもしれない。)Bが「すべきである」という言葉を私たちと同じように普遍化可能な指図を表現するために用いているとしても、Bには私たちの議論をかわす別の方法が残されている。

残された回避手段のいくつかの分類の中でまず見ていかなければならないのは、Bが私たちと同じ仕方で道徳の言葉を用いてはいるものの、一定の事例については積極的な道徳判断を行うことを一切拒否する点を特徴とする回避のやり方である。この分類に入る戦略には、主要な二つの種類がある。一つ目に、Bは、自分がAを投獄するかどうかは道徳には関係ないことだと言うかもしれない。もう一つは、その事例についていかなる道徳判断を行うことも拒否することである。これはこの事例が道徳とは無関係だという判断も含めて、一切の道徳判断を行わないという手段である。この二つのうちいずれかの手段をとれば、Bは先に示した議論をかわすことができる。というのも、この議論の威力は、「私は債務を理由にAを投獄すべきだ」という道徳判断をBが否定せざるを得ないようにする以上のものではなく、Bに何らかの道徳判断に同意せざるをえないようにするものではないからである。詳しく言えば、この議論を経たうえで、債務を理由にAを投獄するべきではないという判断に同意しようと、あるいは、これは自分がなすべきだとか、なすべきでないというような事例ではない（つまり道徳には関係がない事例だ）という判断に同意しようと、それはBの自由である。そしてまた、Bには「私はこの事例については何の道徳判断も行っているつもりなどない」と言う自由もある。

　しかし、道徳の言葉が普遍化可能性を要請するような仕方で用いられているとすれば、そこから生み出される議論はここで終わりにはならない。というのも、以上のような回避手段は、明らかに、何であれ行為の道徳性が問われている場面では原理的には常に用いられる可能性があるのだが、普遍化可能性の要請から生み出される議論によって私たちはBをジレンマに陥らせることができるからである。Bにできるのは、道徳的決定を迫られるようなすべての状況で常にこの手段をとるか、もしくは時折それを用いることにするかのいずれかである。しかし、最初の選択肢はさらにいくつかに分ける必要があり、「すべての状況」というのは、「自分の行為に関して道徳的決断に直面せざるを得ないような状況のすべて」を意味するかもしれないし、「自分の行為であれ誰か他の人の行為であれ道徳的な問いが自身の中に生じてくるすべての状況」を意味するのかもしれない。そこで、Bがとりうる方向としては次の三つがある。（1）道徳判断を行うことを一切やめる、ないしは道徳に関係ないという判断以外の道徳判断を一切行わない。（これはつまり、道徳について完全に沈黙し続けるか、もしくは「道徳的に問題になることなど何もない」と言うかであり、いずれの立場もある種の無道徳主義と呼んでよいだろう。）（2）Bは他の人々については通常の仕方で道徳判断を下すが、自分が関わってくる場合には、今述べたようないずれかの種類の無道徳主義を採用する。（3）自分自身や他の人たちの行為のうちのあるものについては道徳判断を行わないが、他のことについては通常の仕方で道徳判断を行う。

ここで、（1）については、私たちにはどうすることもできないことは明らかである。この問題で私たちが頭を煩わせる必要はない。これは、どんな手も指してこない人を相手にチェスの試合をすることはできないのとまったく同じである。そして、数学についても、どのような数学的な命題についても考えを示さない人を相手に議論することができないのと同じように、道徳的な判断をまったく行わない人、あるいは、実際問題としては同じことになるが、道徳的な問題がないという判断しか下さない人を相手に道徳的議論を行うことは不可能だろう。そうした人は道徳論争の土俵に上がってくることはない。だから、そういう人と意見を戦わせることは不可能である。またこの点が重要だが、こういう人は道徳というものを維持していくことを自分の利益のために放棄しているのである。

しかしながら、他の二つの場合については、私たちとしてはまだ議論を続けることができる。もしある人が、自分についてはその気はないが、他の人の行為についてなら積極的に道徳判断を行う気があるとしたら、あるいは、自分の判断のいくつかについては議論する気があるが、他の判断についてはその気がないとしたら、その人に対して、いったいどのような原則に基づいて、そうした区別をしているのかと問うことができるだろう。これらの場合には普遍化可能性の要請がこのようなかたちでそれぞれに適用される。とはいえ、普遍化可能性の要請が当てはまるにしても、この人にはそれから逃れる方法がまだ残されているが、それについては後で見ていくことにしよう。しかし、そうした場合を除けば、普遍化可能性の要請を他の場合には免れないがここでは免れるというふうに回避する方法はない。その人は、何らかの原則を編み出して（もしくは少なくともそういう原則が存在することを認めて）、一見同じような事例について異なった道徳的意見を持つのはその原則によるのだと言うか、もしくは自分が行っているのは道徳判断ではないと認めるか、そのいずれかをせざるを得ない。しかし後者の場合であれば、私たちが今行っている道徳論争において、一切の道徳判断を行わないと言った人と同じ立場にあることになる。この人はこの論争の土俵から降りたのである。

私たちが考察してきたこの特定の例では、Bの事例と、B自身が債務者になっているCの事例とは同じだと想定してきた。そのため、普遍化可能性の要請によって、Bはどのような道徳判断を下すにせよ、両方の場合に同じ判断をせざるを得ない。したがって、Bは、自分は道徳的に議論をしているという主張を撤回しないかぎり、自分もCも債務者を投獄する法的権利を行使すべきでないと言うか、あるいは両者ともその権利を行使するべきだと言うか（この可能性については次節で立ち戻ることにする）、そのいずれかをせざるをえない。もしくは、その権利を行使しようとしまいと道徳には無関係だと主張するかである。しかし最後の選択肢では、BもCもこの問題についてそれぞれ好きなようにしてよいことになる。そこで想像されるのは、Bは自分にそうした自由があるとよいと思うが、他方でCにそうした自由があるとよいとは思わないだろうということである。BがCに自分を投獄するように指図することはまずありそうもないが、BがCに自分（B）を投獄する機会をむざむざ与えるということも同じぐらいありそうもない（10.5）。そこで、私たちとしては、先に論じた（1）の手段はこの道徳的な論争を放棄することになるが、（2）と（3）

の手段についても、実際には（1）に何か新しいものを付け加えるようなものではないと言ってよいだろう。

7

次に考察しなければいけないのは、ここまで取り上げてきた回避手段よりもはるかに尊敬に値すると思われる方法である。Bは所有権と契約の不可侵性について固い信念を持っていると仮定してみよう。その場合には、誰が債務者であろうと関係なく、債務者は債権者によって投獄されるべきだときっぱり言うかもしれない。この例に即して言えば、Cは自分（B）を投獄すべきであり、また自分（B）はAを投獄すべきだということになる。先に見てきたような、表面的には似たことを言う人とは違って、この人が「すべきである」ということで言おうとしていることは、私たちが通常意味しているのと同じことである。つまりこの人はその言葉を指図的に用いていて、「Cは自分を投獄すべきである」と言うなら、それはCに自分を投獄するように指図することだと十分分かっているのである。この場合、Bは自分の原則に従って、契約の不可侵性を全うするために投獄される覚悟が本当にある。実際には、この方向の議論がとられるのは、Bが自分が債務者の立場にある状況が現実のものではなく、単に仮定的なものにすぎない場合の方がはるかに多いだろう。

しかし、現実のことか仮定上のことかで議論に違いをきたすことがあってはならない。この点は、先に見たとおりである。

しかしながら、私たちは、まだこうした方向の回避の仕方を検討する段階に至っていない。これはこのまま未解決の問題として後で取り上げることにして、ここでは、なぜ私たちは今の段階でこれを検討することができないか理由を述べることにしよう。Bがもし契約の不可侵性という原則について本心からの信念を持っているとすれば（これは、この原則に限ったことではなく、この特定の事例に同じ影響を及ぼす何か他の普遍的な道徳原則でもよい）、Bがその信念を抱く根拠としては二種類のものが考えられる。Bは功利主義的な根拠から、契約が厳格に履行されなければ、その結果は悲惨なもので、AないしBが契約を不履行にして済ますことでそれぞれがどれほど利益を得るとしても、それを上回る害が生じると考えるためかもしれない。ある状況ではこれは適切な議論かもしれない。しかし、それが適切な議論かどうかを判断するには、本章で提示している議論を一般化して、二人以上の関係者が関わってくるような場合に対応するものにしなければならない。私たちが見てきたように、ここまで考察してきた議論で考慮されているのはAとBの利益だけである。（第三の関係者であるCについては、別個に考慮する必要はない。というのも、Cが議論に登場するのは、Bに対して、それぞれの立場が逆転する状況があることを示すためであり、必要とあれば架空の状況でよいのである。そこで、Cの利益はBの利益の複製に過ぎず、AとBの状況と、それについての道徳的判断が普遍化されてしまえば、消滅してしまう。）しかし、もしここで想定されている種類の功利主義的な根拠を示そうとすれば、その中では、契約の履行をゆるがせにすることによって害を受ける人々すべてが言及されることになるだろう。したがってこの根拠に基づく回避の仕方をとる場合、そこに持ち込まれる観点については、私たちの議論の形式を一般化して、「多元的な」道徳的な状況（7.2以下）に対応するものにするまで、評価することはできない。今の段階で言うことができるのは、もしBが、契約の履行をゆるがせにすると社会全体にもたらされると主張する結果が実際に生じると示すことができるなら、この厳格な方向をとることも正当化できるだろうということだけである。社会に対する影響の考慮という観点をさらに明確にしてくれる例（判事と犯罪者の例）をある程度詳しく検討した後で、これは明らかになるだろう。

　他方、Bにはまったく別の種類の功利主義的ではない理由があって、そのために自分の原則を守っていることも考えられる。Bを動かしているのは、他の人々の利益に対する考慮ではなく、Bは自分が信奉している道徳的理想、もしくは他の理想に一致した行為をするということに突き動かされていて、それにはこの種の契約を履行することが必要不可欠だと考えているのかもしれない。そうした理想には様々な種類のものがありうる。例えば、抽象的な正義という理想、「天は落ちるとも正義は行われよ」（fiat Justitia, ruat caelum）といった類《たぐい》の理想によって動かされているかもしれない。他者の利益を度外視するような正義の理想と、ただ人々の利益の間で公正であろうとする正義の理想とは区別しなければいけない。正義という観点が道徳的議論に持ち込まれるとしたら、それがこの二つのうちどちらの種類の正義なのかを知ることは重要である。二番目の方の正義は、おそらく功利主義と呼んでも間違いではないような道徳的立場に入れてよいだろう（7.4）。しかし、前者の種類の理想は功利主義の立場に入らない。私たちがこれまで考察してきた議論の基礎には普遍化された自己利益があるのだが、この種の非功利主義的な理想が道徳議論に持ち込まれると、普遍化された利益に訴えても効果がなくなってしまう。この点がこの種の理想の特徴である。その種の理想を本心から信奉している人（こういう人のことを「狂信者」と呼ぶことにしよう）は、理想を追求するためには、人々の利益、またその人自身の利益さえも損なわれてもかまわないと考えるのである（8.6, 9.1）。

目下考察しているこの種の回避手段の基礎になるのは、なにも正義という理想でなくともかまわない。他の人々の利益を度外視して追求されるものであれば、どのような道徳的な理想でもよい。例えば、Bが適者生存を信奉しているとして、それを促進するために、自分（と他のすべての人）は他人の利益を度外視して、自分の力の及ぶ範囲でいかなる手段をとっても自分の利益を追求すべきだと考えているとしても同じである。この理想に従えば、目下の事例では、BはAを投獄することになるだろうし、そしてCについてもまた、もし自分がその運命を回避できるほど賢くなければ、自分を投獄すべきだということに同意するだろう。この人は、この原則が普遍的であり、万人がそれに従えば、超人が最大数生み出されることになり、よりよい世界ができると考えているのかもしれない。もしこうしたものが根拠だとしたら、私たちはその人と事実について議論して、その原則が普遍的に守られたとしても、その人が主張するような結果はもたらさないと示すことができるかもしれない。しかし、もしジャングルの法が支配するような世界がよりよい世界だという理想がその人の信奉するものだとしたら、事実をめぐる議論でも私たちは打ち負かされてしまうかもしれない。その場合、その人は、その原則を守った結果がどうなるかという事実についての私たちの主張には同意しながらも、私たちがそうやって描いて見せる世界の状況は現在の状況よりよいものだと主張することもできるだろう。その場合、議論がとる可能性のある筋道は二つある。私たちが、そうした世界で敗者となる弱い者の立場に身を置いた場合をその人に想像させることができるとしてみよう。この原則を信奉するなら、この仮定的な状況でそうしたことが自分に起きるように指図することになるが、真剣に考えればそうした指図はできないとその人に気づかせることができるかもしれない。そうなれば、議論は元の軌道に戻ることになり、私たちがこれまで述べてきたような方向で進んでいくこともできるだろう。しかし、その人は、自分の原則をあくまで固持して、「もし私が弱いとしたら、私は敗者になるべきなのだ」と言うかもしれない。もしこの方向に進んだら、その人は私たちが「黄金律」と呼ぶものや「功利主義的な」議論が及ぶものを超えたところに身を置いて、私たちが「狂信主義者」と呼ぶ存在になるだろう。本書の残りの多くの部分でこの種の方向をとる人々を取り上げるので、現時点でこの事例を追求する必要はないだろう。

8

Bが実際にとろうとするかもしれない回避の戦略の最後のものは、おそらく最もありふれたものである。少なくともこの問題についての哲学的な論争では最も頻繁に持ち出されてきた戦略であるのは確かである。それは事実に改めて訴えるというやり方で、Bの場合と他の人の場合では道徳的に関係のある事実が実際に異なっていると主張するのである。私たちが考察してきた例では、この種の回避手段を取り除くために、不自然ではあるが、意図的に、BとCの場合はAとBの場合と精確に似ていると想定してきた。この想定によると、より強い根拠を持って両者の間に道徳的に関係のある相違はないと言うことができる。BとCの場合はあくまで仮定上の事例なので、精確な類似性という条件は必ず満たすことができる。そこで、事実の違いに訴える戦略をとる人は、この議論の性格をはじめから誤解しているのである。とはいえ、このような事実の違いに基づく反論は極めて一般的に出されるので、現段階でこれについて考察しておくのは有益かもしれない。しかし、それは、ここまで述べてきたことに何かを付け加えるものではない。

どのような二つの事例も精確に似ていることなどありえないという主張がなされることがある。つまり、必ず何らかの違いがあるはずであり、そのいくつかは道徳的に関係があるとBは言い立てるかもしれない。例えば、もしCが自分を投獄したら、自分の家族は飢えてしまうが、もし自分がAを投獄しても、Aの家族は親類に面倒を見てもらえるので、同じことにはならないとBは言い立てるかもしれない。もしこのような違いがあるとしたら、その違いは道徳的に関係があると主張しても論理的におかしくはないし、そうした議論は実際によく持ち出されて、認められることも多い。

しかし問題は、この種の主張のうちで、まともな議論とそうではない議論とをどのように区別するかということである。たとえば、Bの主張が、Aは鉤鼻《かぎばな》をしているとか、黒い肌をしているということから、BはAを投獄することができるが、自分の鼻はまっすぐで肌は白いので、Cは自分に対して同じことをすべきでない、というものだと仮定してみよう。これは前の議論と同じように論理的に尊重すべき議論だろうか。私にはあごの特定の場所にほくろがあるという事実によって、他の人を犠牲にして私の利益を求める権利が私に与えられているが、他の人々は生まれつきの優越性を示すこの印を欠いているという事実から、同じことをするのは禁じられているなどと言うことができるだろうか。

道徳の議論において仮定的な事例が実際の事例と同様の重要性を持つということについ

ては、すでに述べてきたが、そこに、事実の相違を持ち出して議論を回避する戦略に対する答えを見出すことができる。二つの現実の事例は決して同じであることはないというのは事実だが、それはこの問題には影響しない。私たちがするべきなのは、ただ、立場が逆転している同じ事例を想像することだけである。私のほくろが消えてしまい、そして私の隣人のあごの同じ場所にほくろができたと想定してみよう。あるいは、私たちが見てきた例でいうなら、もしBが黒い肌をしていたりするか鉤鼻をしていたりすると想定した場合、そして、AとCはまっすぐな鼻をしていて肌が白いとしたら、この仮定上の場合についてBはどう言うだろうか（9.4, 11.7）。本質的な要素を見れば、それは私たちが最初に見た議論と何ら変わるものではなく、ここで繰り返す必要はない。Bは実際にジレンマに陥っている。B自身が自分自身の場合に道徳に関係があると主張する性質は、普遍的性質と言ってよいもの（つまり、特定の個人や個体に言及することなく記述されうるもの）である場合もあるし、そうでない場合もある。もしそれが普遍的な性質であるとすれば、その場合には、「普遍的」という言葉の意味からして、その性質は、Bがもとの立場とは違う立場にあるような場合にも見られると想定することができる。（もっとも、実際にはそういうことは起きないかもしれない。）そして、Bに対して、目下の事例でBの立場にあるのが自分自身だという事実を度外視するように要求することにしよう。そうすると、Bは、ある性質が他の人に認められる場合にも関係があると認める用意があるものだけを道徳的に関係がある性質だと考えざるをえなくなるだろう。そしてこれによって、特別扱いを求めるのに使えそうなあらゆる種類の口実はすべて排除することができる。他方、もしBが持ち出す性質が十分に普遍的でない場合には、Bは普遍化可能性という要請を満たしていないのであって、道徳的議論を行っていると主張することがそもそもできなくなる。

9

誤解を避けるために、ここまでの議論に二つ説明を加えておく必要がある。「もし～だとしたら、あなたはそうしたいと思いますか」とか「あなたがされたいと思うように行いなさい」といったような一般的な表現がこの種の議論で繰り返し出てくるが、それを解釈するときに字義通りに取りすぎると、誤解が生じてくるためである。もっとも、本書の後半では、ここで論じるような種類の議論を便宜上「黄金律」の議論と呼ぶことになるが、この表現形式に決して惑わされないようにしなければならない。

第一に付け加えておかなければならないことは、Bに対して、自分の行為から不利益を被る犠牲者の立場に身を置いていると想像してみるように要求するとき、私たちの問いかけが、「もしあなたが相手だったらどんなことを言ったり、感じたり、考えたりするだろうか、とか、そうなりたいと思うだろうか」といった仮定法の形ではなく、常に現在形で

「あなたが犠牲者の立場にある仮定的な事例について、あなたは（その当事者として）何と言いますか」といったかたちをとるなら、この議論の性質がより明確になるという点である。このような言葉で問いかけることが大事なのは、もし、前者の表現で問いかけたとしたら、Bは、「そうですね、もちろん誰かが私にそんなことをしたら、私はものすごく恨んで、その行為に対してあらゆる種類の否定的な道徳判断を下すことでしょう。しかし、それは私が今現在表現している道徳的意見の正当性にはまったく関係のないことです」と答えることだろう。この人を矛盾に陥らせるには、仮定的な事例について、実際の事例について持っている意見と整合しない意見を自分が今現に持っていることに気付かせなければならないのである。

二つ目に注意しなければいけないのは、ここまで展開してきた議論においては、何かしたいとかしたくないという人々が抱く気持ちや利益といった事実についての言明からは、いかなる種類の道徳判断、もしくは道徳判断の否定も、必然的な導出といったかたちで出て来ることはないという点である。私たちがBに対して言っているのは、「あなたが仮定的な事例であなたに対してこれがなされるのを嫌っているのは事実であり、この事実から、あなたはそれを他の人に対してなすべきではないということが論理的に導き出される」ということではない。このような必然的な導出はヒュームの法（「すべきである」は「である」から導き出されない）に反するものである。このヒュームの法については、私はこれまで繰り返しそれを支持していることを表明してきた（LM 2.5）。重要なのは、仮定的な事例の中ではBがそれを自分にされたくないという気持ちを抱くので、自分に対してそれをなせという単称の指図を受け入れることができないということである。そしてこの仮定的な状況でその単称の指図を受け入れることができないなら、「すべきである」という言葉の論理によって、この人は実際の場合に他の人に同じことをすべきだという道徳判断を受け入れることができなくなる。これはある人の何かをしたいとかしたくないという気持ちという事実についての言明が、ある道徳判断と整合しないという問題ではない。そうではなくて、この人が抱いている気持ちによってある単称の指図に真剣に同意することができなくなり、そしてもしこれに同意できなければ、一定の普遍的な指図にも同意することはできないのである。その普遍的な指図とその人も同意しているこの状況についての事実的な言明とが合わさると、その人が受け入れることのできないその単称の指図が必然的に導出されてくるからである。このような必然的な導出によって、もしその人が事実に関する言明に同意し、またその普遍的な指図にも同意しながら、その単称の指図に反対する（その人の気持ちがそうである以上反対するに違いないが）とすれば、その人は論理的な整合性を欠くことになる。

もし仮定的な事例で自分は投獄されたくないと思う気持ちと、もし自分がそうした状況にいたら、投獄せよという仮定上の単称の指図を受け入れることができないこととの間にはどのような関係があるのだろうか。こう問われるとしたら、その関係は、猫が絨毯《じゅうたん》の上にいるという確信と、猫は絨毯の上にいないという命題を受け入れることができないこととの間の関係に似ていなくもない。この対応関係に注意してみると、おそらくこの状況がもっと明確になるだろう。誰かが猫は決して絨毯の上に座らないという仮説を主張していて、そして私たちが絨毯の上にいる猫を指さしてその人に反論するとしてみよう。私たちの反論は二つの段階を経て進む。そのうちで二番目の段階は、「ここに絨毯に座っている猫がいる。だから猫は決して絨毯に座らないというのは当てはまらない」というものである。これは論理的に必然的な導出の一端をなしており、道徳の場合にこれに対応するのは、「これを私にするな」から「似た状況で他の人にこれを私はすべきでない」へと進むことである。しかし、両方の場合に、その前にまず第一段階があり、その性質はもっと不明確で、この階段でこれら二つの場合は、類似性はあるとはいえ、違ったものになる。「猫」の場合には、ある人が絨毯の上の猫をしっかり見たうえで、それでも絨毯の上に猫はいないと確信することは論理的に可能である。しかし、もし通常の視力を持ち、心理学的な問題を抱えていないとしたら、私たちに言えるのは、この人は、「猫が絨毯の上にいる」という言葉の意味を理解していないということである。また、その人が通常の視力がないとか、何らかの心理学的な問題（たとえば、猫恐怖症で、猫と相対していることを自分に認めることが*できない*）を抱えているとしても、他の誰にもそこにいる猫が見えているとその人に納得させることができれば、その人はそこに実際に猫がいることを認めざるをえないだろうし、そうでなければ、言葉を間違って用いていると咎められることになるだろう。

これに対して、ある人が「しかし、私はそうした状況にあったら投獄されたいと思っている」と言う場合、実際に私たちにできることは、常軌を逸した願望を抱いているということでその人を非難することだけで、そうした願望を抱く人は他に誰もいないと証明してみせたところで、その人が、他の人と同じように、「私を投獄させるな」と言うように追い込むこともできないし、また、自分が言っていることを理解していないのだと非難することもできない。なぜなら、常軌を逸したことを望むのは言葉を間違って使っているのとはまったく違うことだからである。ユダヤ人だからということで自分がガス室に送られたいと思うことを封じる論理はない。自分が快くないと思う経験については、それ自体を目的として私がしたいと思うことは確かに論理的に不可能である。なぜなら、あることを快く思わないということは、それ自体を目的としてしたいと思うことと論理的に矛盾するからである。そうだとすれば、それは「快く思わない」という言葉が指図的な表現だからである。しかし、「投獄される」とか「ユダヤ人ならガス室に送られる」というのは指図的な表現ではない。だから、（中立的に記述されるものであれば）どんなことであれ、論理に反することなく何かを欲したり、したいと思ったりすることはできるはずである。実際、これが論理的に可能だからこそ、本書の題名に盛り込まれた「自由」が成り立つのである。そして、後で見ていくように、「狂信者」と呼ぶ人々を止められずに進ませていかせるのもまた同じ自由である（9.1以下）。

そこで、猫がそこにいるのに「絨毯の上に猫はいない」と言う人の場合と、他の人がしたいと思わないことをしたいと思う人の場合とは、完全な対応関係にはない。しかし、部分的には対応していて、両者の違いに留意したうえで、対応する点を取り出してみることができる。それは二つの事例における関係性、つまり、両方の事例でこうした人の「心的な状態」とその人たちが言うこととの間の関係である。もし私が絨毯の上に猫がいると確信していれば、猫がいないと真剣に言うことはできない。そして、もし私が投獄されることを他の何よりしたくないと思っているとしたら、私は真剣に「私を投獄せよ」と言うことはできない。私が上記のように「この人が抱いている気持ちによってある単称の指図に真剣に同意することができなくなる」と言うとき、この言明は分析的である。（もっとも、ここでの「できない」は「論理的に」不可能ということではない。）つまり、もしその人が真剣にその指図に同意するとしたら、それはその人の気持ちが変わったということが言葉の定義から必然的に導き出されるということである。これは、前には真剣にそれを否定していたのに、同じ人が猫が絨毯の上にいると真剣に言うようになったら、その人の確信が変わったのだということが分析的に真であるのとまったく同じことである。

しかしながら、上記のように「この人が抱いている気持ちによって、その人は～できない」と書く代わりに、前半の部分を抜かして単に「その人は～できない」と書くとしたら、その言明はもはや分析的ではない。その人の心理について私たちは間違っているかもしれない言明を行っているのである。というのも、気持ちというものが変化することは論理的に可能であり、それゆえ、自分がユダヤ人なら自分もガス室に送られるべきだということを求めるような理想を真剣に抱くようになることも可能である。これは私たちが自由の代償として払わざるをえないものである。このような理想を抱くことによって道徳的議論を回避するというやり方に対しては、論理的な障壁という手段でそれを封じることはできない。しかし、後で見ていくように、それは道徳において理性は何の役割も果たさないということではない。人間と世界が今のようである限り、ほとんどの人は、目をしっかりと目を見開くなら、そのような理想を抱くことはないだろうと確信できるだけで充分である。そして、そうした理想を選択しようとしない大多数の人々を相手に私たちが議論をしているとき、誰か他の人がそうした理想を選ぶかもしれないということは私たちに対する反論として役立つものではない。こういう意味では、すべての道徳的議論は感情に訴えるものである。[44]

第7章　功利主義

1

　前章で概観した種類の議論は、道徳的議論がどのようにして結論に達するかについて、一つの考え方の手始めを示してはいるが、これだけでは、道徳的議論についての満足な理論の基礎付けが終わったという段階には程遠いものだろう。とりわけ、ここでふれておく必要のある問題点がある。この問題は、それ自体として重要であると同時に、先に概観した議論の方法をさらに一般化していくにはどうしたらよいか、その道筋を示してくれるものである。前章の最後では、人はそれぞれ違った～をしたいという気持ち（常軌を逸する場合もある）を抱くことが論理的に可能だという点にふれた。そのため、私たちが見てきたように、私たちが「狂信者」と呼ぶ人々には、代償を伴うとはいえ、ここまで示してきた議論を回避する手段がある。さて、そうした代償を払う用意のない人々に対する場合には、この議論の方法が一般化できて、関係者それぞれの気持ちが異なっている場合にもすべてに対応させることができるかどうか検討していかなければいけない。

ここまで論じてきた例では、私は意図して、BとAが同じ気持ちである、つまり投獄されたくないという気持ちを抱いている場合を取り上げてきた。そして、もちろん、そう述べてはこなかったが、気持ちの対象だけでなく、その強さも同じでなければならない。ここで私たちはより複雑な事例で、二人の関係者の気持ちが同じでない場合を考察していくことにしよう。さして深刻ではないような例（とはいえ、実生活では殴り合いの喧嘩にもなりかねないようなもの）を取り上げるとすれば、Aはクラッシックの室内演奏のレコードを聴くのが好きで、隣の部屋に住んでいるBの方は、ジャズをトランペットで練習しようかどうしようかと考えていると仮定してみよう。[45] さて、クラッシックのレコードを聴いている人の隣の部屋に住んでいる人はトランペットを演奏するようにと普遍的に指図する用意があるかどうかBが自問しても何の役にも立たないことは明らかである。なぜなら、B自身がクラッシックを聴いていると仮定すると（Bにはそれは耐え難いほど退屈である）、もし隣の部屋の誰かがトランペットを吹き始めたら、それはもうありがたいことに決まっているからである。

この問題から抜け出る道は明白であるように見える。Bは、自分自身の好き嫌いを持ったままでAの状況に身を置いた自分を想像するのではなく、Aの好き嫌いを持った者としてAの状況に自分がいるのを想像してみなければいけない。しかし、この状況についてBが行わなければならない道徳判断がB自身の行為についての判断でなければならないことに変わりはない。この議論に影響を与えるものであれば、Bが行うどのような指図的な判断についても同じことが言える（6.9）。そうすると、この議論が自然に進んでいけば、Bは、他人の好き嫌いを度外視するように人に指図すると、それは、自分についてもその好き嫌いを他の人々が度外視するように指図することになるので、普遍的にこれを指図する用意は自分にはないと認めることになる。（10.5）もっとも、ここから、Aが自宅にいるときは絶対にトランペットを吹くべきではないという道徳的な結論にBが達することにはならない。ここから導き出されるのは、Aの利益をまったく考慮すべきではないとBが考えることはなくなるだろうということである。ひとたびBがAの利益を自分自身の利益であるかのような重みを与えて考慮する覚悟ができると、（Aが同じように良き隣人であると仮定すれば）ブレイスウェイト教授が論じたような種類の込み入った問題が生じてくることになる。[46] つまり、トランペットを吹く時間と静かにしている時間とをどのように割り振れば、この関係者それぞれに対して正義をなすことになるかという問題である。ここでの私の関心は、ここから先に生じてくるこうした問題を論じることではなく、こうした問題が生じてくる段階にまで達すること、つまりどのような議論によって完全な利己主義の姿勢をBに捨てさせるかということである。

私は議論が自然に進むとこうなるだろうと述べたが、前の事例と同様に、Bがとりうる回避手段はいろいろある。そのほとんどは「債務者」の例でとられたものと類似しているので、ここでもう一度取り上げる必要はない。しかし、先の例で簡単にふれただけの方法が一つあって、私たちの議論を深めていく上で重要なので、ここで詳しく考察しておかなければいけない。Bが次のように言ったと仮定しよう。「人の好き嫌いを他の人が度外視するように普遍的に指図する覚悟は、実際のところ、私にはない。しかし、一定の明確な条件の下であれば、他人の好き嫌いは度外視するように普遍的に指図する覚悟がある。その条件とは、他の人々の好き嫌いを考慮すると、あの高貴な楽器、トランペットを吹くことが妨げられる場合である。」もしBがこのような方向をとるなら、ここでBが表明しているのは、トランペットを吹きたいという自分の気持ちではなく、それ以上のことである。なぜなら、もしBがただ自分の気持ちを表明しているだけだとしたら、誰か他の人については、その人が抱くトランペットを吹きたいという欲求が満たされようと妨げられようと、Bには関心がないはずだからである。Bがただトランペット吹きたいという気持ちを自分で抱いているだけだとしたら、Bにそういう気持ちがなくなったとする仮定的な場合に、誰か他の人がトランペット吹くことを認めるようにと言う理由はBにはなくなってしまう。Bが抱いているのが、単に何かをしたいという気持ちではなく、私たちが後で理想と呼ぶものだとすれば、先に示した方向をとるしかないだろう。つまり、ただ自分がトランペットを吹きたいという欲求を抱いているというだけでなく、トランペットを吹くことはよいことで、誰が吹くにしてもトランペットが演奏されるのはよいことだから、それを吹く人は誰であれ妨げられないのがよいことだと考えているのでなければならない。たとえB自身が堕落してしまい、その楽器に対する嗜好を失ったとしても、何も変わらないと考えているのでなければならない。このような考え方は私たちが先に棚上げしておいた問題（6.7）を提起しており、これについては第9章で再び論じることにする。

この例は一見深刻ではないが、最も重大な道徳論争のうちのいくつかを理解する上で重要である。なぜなら、本当に危険なのは、人々が自分の利益を利己的に追求する道から外れて、歪んだ理想を広めようとするときだからである。ファシズムと呼ばれる現象や他の似たような政治運動で実際に起きているのはまさしくこれなのだと気づくまで、私たちは決してそうした状況を十分に理解することはできないだろう。極端な種類のファシストは、何かをただ自分のために欲求しているのではない。他の誰かがそれを求めていようといまいと、あるいは自分自身の好みが変われば自分自身でさえそれを欲求しなくなっても、普遍的にその理想が実現されるべきだと考えているのである。そうした人を相手に議論するのは、単なる利己主義者を相手にするよりもはるかに厄介である。

私は「歪んだ理想」という言葉を用いた。しかし厄介なのは、そうした理想を信奉する人々はそれが歪んだものだと自分で認めることはないという点である。そして当人がそれを認めなければ、それが歪んだものであることを証明する議論として出せるものは私たちの手元にまったくないように思われる。理想というものが何であるかをもっと十分に議論した後で、この難題についてもっと深く見ていくことにしよう。現時点では、このトランペット奏者がトランペットを吹きたいという気持ちを持っているだけで、誰であれそれを吹くことが妨げられないようにするという普遍的な理想を抱いているわけではないと仮定することにしよう。すると、隣人の気持ちを度外視しようと自分に提案するのと同じように、自分の気持ちについても度外視するように指図する用意があるのかどうかトランペット奏者に尋ねるなら、「債権者」の種類の議論の土俵にこの人を連れ込むことができる。このように一定の条件を付けてであるが、この点を示すことができただけで、現段階では満足しておくことにしよう。そして、これが達成できたということは、たとえ条件付きのものであっても、軽んじるべきではない。なぜなら、これによって、先に概略を示した議論の方法を大幅に一般化できる道筋が示されるからである。私たちが普通の～をしたいという気持ちやそれ自体のために抱く欲求だけに議論を限って、理想というものを除外するなら、この議論の方法は二人の関係者の気持ちが異なるどんな事例についてもいつでも当てはめることができる。

2

言うまでもなく、これでもまだ私たちの方法は道徳的思考の多くの場合に対応できるほどには一般的でない。なぜなら、これまでのところは、ただ二人の関係者の利害が関わる事例しか扱ってこなかったからである。私たちが直面する道徳的な問題には、たいてい二人だけではなく特定できない多くの人が関わってくる。そして、それによって様々な複雑な問題が持ち込まれることになり、もっと単純な事例について私たちが行ってきたような詳しい考察を行うことが不可能になる。しかし、もし私たちが見てきたかたちの議論を複数の人が関わってくる事例に当てはめていくなら、道徳的議論についてどのような種類の理論が現れてくる可能性が高いだろうか。これについて、ここまで論じてきたほど詳しいかたちではないが、問う価値はある。議論を広げるために、ここまで素描してきた議論に対して出される可能性のある反論を見ていくことにしよう。犯罪者は、私たちがこれまで債権者やトランペット奏者に対して用いてきたのと同じ形式の議論を判事に対して用いることができるという反論が出されるかもしれない。犯罪者は次のように言うかもしれない。「もしあなたが私だったら、あなたは牢獄に行きたくないでしょう。なら、私を牢獄に入れるという指図をどうやって普遍化できるというのですか。そして、それができないのだったら、私を牢獄に入れるべきだとどうやって主張できるのでしょう。」

この機会に指摘しておかなければならないのは、この犯罪者の議論は第6章9節で見た議論とは違って、ヒュームの法に反するものではないという点である。この犯罪者は、仮定的な状況で判事がどのような気持ちになるかという事実についての言明の必然的な帰結として、現実の状況についてのある道徳的な判断が否定されるという主張を導き出しているわけではない。この人が行っている主張は、判事は牢獄に入れられたくないという気持ちを抱いていて、「私が犯罪者の状況にあるなら、私を投獄せよ」という単称の指図を受け入れることができないというものである。そして、その通りだとすれば、「私は犯罪者を牢獄に入れるべきだ」という道徳的判断からはこの指図が必然的に導き出されるので、この判断を判事は受け入れることができないと主張しているのである。そして、ここにはヒュームの法に違反するものはない。

なぜこの犯罪者の議論が妥当性を欠いているかと言えば、この議論ではこの状況が実際よりも単純化されているからである。まず、この仮定的な状況で、牢獄に入れられたくないという判事の欲求が、自分の利益が損なわれるとしても正義が行われてほしいという欲求に比べて弱いこともありうる。もしそうなら、牢獄に入れられたくないという気持ちがあるにしても、自分を投獄するように指図する可能性がある。しかしこのような答えでは、まだこの問題の核心にまで達してはいない。というのも、正義が行われることを望む欲求の源泉になっているのは、第6章7節でふれた二つの根拠のいずれでもありうるからである。そこで私たちが注意しなければならないのは、判事は自分をも含む人々の利益を度外視する理由として何らかの抽象的な正義の理想を持ち出さなくとも、「債権者」の例での人工的な状況とは違い、この状況には二人だけではなく多くの関係者が関わっていると主張できるということである。そのため、判事は自分自身と犯罪者の利益と気持ちだけでなく、判事の決定によって影響を受ける社会の構成員すべての利益や気持ちを考慮しなければならない。判事は法を執行するために社会によって任命された官吏としてその場にいる。もし法を執行しなければ、「抽象的な」正義についてどのように考えるかはともかく、少なくともその社会の大多数の人々の利益が損なわれるのは確かである。このように、単純な「債権者」型の議論をこの事例には直接当てはめることはできない。

ここから明らかなように、多くの関係者が関わっている状況に適用できる程度にまで私たちの議論の方法を一般化しなければ、判事と犯罪者の事例について適切に説明することはできない。そして、そうした一般化を行う一番自然な方法は、もし法廷が非公式な哲学的議論を行う場を与えてくれるとしたらの話であるが、判事が犯罪者に対して実際行う返答が示してくれる。「もし私たち二人だけの問題であったとしたら、私はもちろんあなたを牢獄に入れる義務があるとは感じないでしょう。しかし、私は、もし私があなたを牢獄に入れなければ、あなたが今後も強盗を行う相手の人々や、あなたの例を見てその気になってこれから強盗を行ってしまう人々のことを考慮に入れているのです。そして、盗人は牢獄に行くべきだという格率を普遍化する方が容易だと考えるのです。」もし判事がこのように返答したら、つまるところ判事は二人の関係者がいる議論は多数の関係者がいる事例に対応できるように一般化できると暗に述べているのである。「債権者」の例で、Bが、自分以外に、自分の行為によって影響を受ける一人であるAの利益を考慮しなければならなかったのとまったく同じように、行為者は影響を受けるすべての人の利益を考慮しなければならない。これは私たちが時々議論するやり方と一致しているように思われる。しかし、こうした利害をすべて考慮に入れたとしても、私たちはそうした考慮をどのように組み合わせて道徳問題に対する一つの答えにするのかという問いにはまだ答えてはいない。

　この問いは、トランペット奏者の事例で見たように、関係者が二人の状況においても生じてくることがある。というのも、この場合でさえ、行為者ともう一人という二人の関係者がいて、この二人の利益に注目することが求められるからである。そしてそれぞれの要求にどのような重みをつけて考慮するべきかは自明なことではない。私たちが展開してきた議論によって、トランペット奏者は隣人の利益を自分の利益であるかのように考慮するように仕向けられた。しかし、これで、トランペット奏者がトランペットを吹く時間と静かにしている時間をどのように割り振るかが決定できるわけではない。そして、まったく同じ難題が複数の関係者がいる場合にも生じてくるだろう。私たちは影響を受ける関係者すべての利益を考慮しなければいけない。しかしそのような考慮からどのようにして道徳的な結論が導き出されてくるのだろうか。

3

この問いに対する一つの答えは、普遍化可能性という要請をさらに進めて適用していくことで明らかになってくる。そしてその答えによって、私たちは伝統的な功利主義といくつかの点で合致する立場に立つことになる。功利主義者は多くの場合、「すべての人を一人として数え、誰も一人以上に数えてはならない」という原則を受け入れるが[47]、これは普遍化可能性の要請に訴えることで正当化することができると同時に、この原則を用いて私たちの現在の問いに対する答えを出すこともできる。というのも、この原則が意味しているのは、すべての人が等しく考慮されるのが当然であるということであり、また二人の人が違った扱いを受けるべきだと言うのなら、この二人について異なった道徳判断を行う根拠として、二人の間の何らかの相違が挙げられなければならないということである。そして、これは、普遍化可能性という要請から直接導き出される結論である。強調しておかなければいけないことは、普遍化可能性の原則そのものと同じように、これもまた純粋に形式的な原則であって、道徳の言葉の論理的な性格から導き出される。つまり、私たちが示してきたような議論に見られるように、中身が挿入されなければ、どのような実質的な道徳判断もこの原則から導き出されることはない。そして、中身を挿入するためには、論理以外に、私たちが見てきたような他の要素（6.3-4）が必要になる。功利主義者の道徳判断に中身を提供するのは、人々が実際に抱く基本的な気持ちや利益に対する考慮であり、それがそうした気持ちや利益が促す指図が普遍化可能でなければならないという形式的な要請と組み合わされて、そこで初めて道徳判断が形作られるのである。

判事は、きわめて複雑に絡み合った利益に向き合い、その間で正義をなさなければならないが、この問題に立ち戻る前に、はるかに単純な、三人の関係者が関わる事例を考えてみることにしよう。三人が板チョコレートを分けていると想定してみよう。そして、三人とも同じ程度にチョコレートが好物だとしてみよう。また、年齢だとか性別、チョコレートの所有権といったような他の事情に対する考慮は無関係だとしてみよう。チョコレートを均等に分けるのが正しいやり方だというのは明白だと思われる。そして、普遍化可能性の原則はこの結論に至る論理を示してくれる。なぜなら、もし三人のうちの一人が三等分以上の分け前をもらうべきだと主張するとなると、この違いをもたらす何かの事情がその人になければならない。さもなければ、似た事例について違った道徳判断を下していることになる。しかしここでは道徳的に関係のある違いはないとそもそも想定されており、そこから先の結論が導き出されている。前と同じように、道徳判断を一切行わないと主張することによって、この結論を回避することは可能である。例えば、関係者の一人が「私はこの板チョコを丸ごととってしまうつもりだが、あなたたちは力ずくで私を止められるほど強くない」と言うかもしれない。しかし、この三人がチョコレートの分け方について道徳的な判断を行おうとするなら、ここで示した状況では均等に分けるべきだと言わなければならないだろう。

その一方で、このうちの一人はチョコレートが嫌いだとしてみよう。その場合には、（そのチョコレートを何かと取り換えるためにもらったとか、代わりに他のものをもらうという可能性について考慮しなくてよいとすれば）三人はチョコレートが嫌いな人の取り分はなくてよいと十分に納得して普遍的に指図することだろう。そして、目の前のチョコレートは一対一対ゼロの割合で分けるべきだと全員一致で合意することができるだろう。本書の目的は功利主義の道徳体系を詳しく展開することではない。功利主義は道徳において重要ではあるが、次章で見るように、原理的には、道徳全体に対応するものではない。そこで、この種の論証をもっと複雑な事例が含まれるように広げていく様々な可能性について検討していくのではなく、私としては、功利主義の体系が克服しなければならない主要な問題のいくつかを簡単に検討することで十分だと考えている。

4

まず見ていくのは、様々な欲求や～をしたいという気持ちといったものを相互に通約可能なものにして、計測し比較可能なものにするという問題である。これは、主として、それらを計測する仕組みが考案できるものかどうかという経験的な調査を必要とする問題であり、そうした仕組みは、入念に規定された状況での人々の振る舞いに基づいて作り出され、そうして計測された結果が相互に整合しており、また「欲求」と言ったときに私たちが意味している通常の観念とも整合するものでなければならない。[48]この種の経験的な調査が求められるからといって、概念についてはそれほど明確にする必要がないというわけではない。私たちの持つ概念が明確で精密になるとすれば、それもまた精確な経験的調査を行う過程において以外にはない。そうしたやり方で、同じ人の様々な欲求についてだけでなく、はるかに難しいのだが、様々な人の欲求についても、それらの強さを比較するという問題に取り組んでいかなければならない。しかし、実際問題としては、私たちはみな、大雑把で手軽な方法ではあるが、こうした比較を実際に行って自分の道徳判断に達している。

しかし、様々な人の欲求の強さを比較することができると仮定しても、周知のとおり多くの問題が生じてくることは否定できない。よく知られた例を一つ取り上げておこう。最後の一杯の水をAに与えるかBに与えるかという問題で、Aはその水をBほど強く欲しがっていないが、Bは実際ひどくその水を欲しがっている。しかしAは死にかけており、Bはおそらく先が長い。私たちが自分をAとBの立場に身を置いてみて、それぞれを一人として数え、一人以上としては数えないとして、この思考実験からどのような結論が表れてくるだろうか。

いかなる場合にも、私たちはすべての人を一人として数えて等しく扱うべきなのか、それともある人のある欲求を別の人の同じ強さを持つ同じ欲求と等しい重みを持つものとして扱うべきなのだろうか。この二つの方法から違った結論が出てくる可能性がある。というのも、二人の人がいると仮定して、そのうちAは全体として非常に穏やかな欲求しか持っていないのに対して、Bの方は多くの欲求をしかも強く抱いている。その結果、何かをAとBのどちらに与えるかを選択する場合を考えてみると、次のような場合もありうる。与えられるものに対するAの欲求はAが抱いている様々な欲求を強さで比べてみると、その中では最上位に位置づけられるが、Bにおいては、それに対する欲求は中程度にしか強くない。しかし、それでもなお、Bのそれに対する欲求はAの同じものに対する欲求より強い。この記述に意味が与えられるとすると、もしすべての人を一人として数えて扱うなら、おそらく私たちはそれをAに与えるべきである。しかし、もし欲求そのものを強さで比較し、誰がその欲求を抱いているかを度外視するとすれば、私たちはそれをBに与えるべきだということになるだろう。

別の難題が、次のような選択に際して生じてくる。多くの人が等しく満足させられるが、その程度は不完全だという場合と、そのうちの多数の欲求はもっと完全なかたちで満たすが、その代わりに少数の人の欲求は完全に封じられるという場合に、いずれかを選択するという問題である。たとえば、私たちがジョーンズを合唱団に入れなければ、他の全員を満足させることができるが、ジョーンズにとってそれは自殺したくなるほど不幸なことである。これは、功利主義者を悩ませてきた問題、つまり、両方同時にはできないとき、私たちは幸福を最大化すべきか、それとも均等に配分するべきかという問題に対応していることに気付かれるだろう。現在の功利主義の理論からすれば、均等に配分するという主張の方が優勢であるように見える。

次に、高級な欲求と低級な欲求という難しい問題がある。これは、功利主義の支持者にとってはおなじみの上位の快と下位の快という問題に対応している。私たちは同じ強さを持った欲求にすべて同じ重みを置くべきだろうか。それとも、ある意味で道徳的によりよい欲求により大きな重みを置いて考えるべきだろうか。この問題をめぐってこれまでの議論が混乱していたのは、ある程度は、功利主義理論では対応できない、その範囲外の考察をそこに持ち込もうとしてしまったことによる。私が主張しているように、功利主義によって道徳の全体に対応することは何としてもできないとすれば、私たちが扱っているのが厳密に功利主義的な性質の議論である場合には、ベンサムに倣《なら》って、欲求の対象が何であるかに関係なく、同じ強さの欲求にはすべて同じ重みを置く方がよいだろう。そして、ミルが行った反論については、私たちの説明の非功利主義的な部分で、理想をめぐって行う議論で答えればよいだろう。ミルが間違っていたのは、おそらく、理想を功利主義理論に組み込もうとしたことで、実際には功利主義理論に理想を吸収することはできない。

さらに、様々な欲求や～したいという気持ちと利益との間の関係という問題もある。ここまで、私は特に区別することなく、こうした種類の言葉のいずれを用いても道徳的な議論を行うことができるかのように語ってきた。しかし、この両者は、確かに区別すべきものである。利益があるということは、大雑把に言うなら、人が欲するものが何か、あるいは将来欲するようになりそうなものが存在しているということか、もしくは人が欲する（もしくは将来欲するだろう）何かを手に入れるために必要、ないし十分な手段となる（あるいは手段になりそうな）ものが存在しているということである。そこから、もし私たちがある問題を利益という言葉で述べるなら、私たちは将来持つ可能性のある欲求についても考慮に入れなければならず、また将来の欲求に比べると弱いかもしれない現在の欲求とそうした将来の欲求の比較も考慮に入れて考えなければならないだろう。

これでもまだ生じてくる問題が尽きたわけではない。功利主義者は通常自分の理論を快とか幸福という言葉で表現する。幸福についてはまだ論じていないが、これについては後でふれることにしよう。欲求や利益という言葉で表された説明を快や幸福という言葉を用いた説明に転換していくことは容易なことではない。一つだけその難しさを挙げておくことにしよう。ある人があるもの（たとえばテレビ）に対して何の欲求もないし、私が何かの働きかけ(例えば、その人が読んでいる新聞でテレビの広告をするといったような)をしなければ、今後もそれに対する欲求を持つことは決してないという場合である。私の関心が、ただその人が今持っている欲求、ないし今後私の働きかけがなくとも持つだろう欲求を充足させることだけだとするなら、私はその人をそのままにしておくべきだと結論するかもしれない。しかし、もし私がその人の快や幸福を増大させることに関心があるのだとしたら、私はまずその人が一定の欲求を抱くようにさせて、そしてそれからその欲求を満足させる手段を提供することで、快や幸福を増大させるべきだという論証を行うかもしれない。

私がこうした問題を挙げてきたのは、今私がそれらを解決できると思っているからではなく、私がこれらの諸問題や似た問題を意識していないと読者が誤解しないようにするためである。私の関心は、功利主義理論を発展させることではなく、私がここまで示してきた道徳的議論の性質についての説明と功利主義との接点を明確にすることにすぎない。私が素描してきた議論の方法が多くの人が関わる状況を含むまでに発展させられるものであれば、どのような種類の功利主義が現れてくるだろうか。これについては、功利主義理論には以上のような諸問題が内在するために、正確なかたちで明確に述べることはできないが、私が指摘したいのは、そうした理論の土台となるのは、私が主張してきたような道徳の言葉の論理的な性格だということだけである。ある状況で普遍的に指図できる行為の方向を見出そうとする営みにおいてこそ、私たちはすべての関係者の欲求に等しい重みを置くように義務づけられている（これが配分的正義の基礎となる）ことに気付くのである。そして、ここから次に私たちは満足を最大化させることを目指すべきだという立場に導かれていく。なぜなら、私の行為が多くの人の利益に影響を及ぼす場合、私はどのような方向の行為であれば、精確に自分と同じ状況にいる人々に対して普遍的に指図できるかを自問し、そして、この問いに答えるために、想像の中で他の関係者の立場に身を置いてみて（もしくは関係者が多い場合には、代表的な人の立場に置いてみて）、債権者の例で言えば、債務者の状況にあると想像して問うように求めたのと同じ問いかけをするからである。そして、この探求において私にとって重要なのは、ただ、「（順番にそれぞれの人の立場に身を置いて想像してみたとき）私はどれほどこれを望むだろうか、もしくはこれを避けたいと思うだろうか」という考慮だけである。しかし、私が関係者すべてを一巡りし終わって、自分自身に立ち戻り、すべての関係者の利益に等しい重みを置いて公平な道徳判断を行うときには、自分が持っていると想像してみた欲求をすべて合わせてみた場合に、そうした欲求が満たされないことが最も少ない方向を主張する以外の可能性があるだろうか。結局のところ、これは、（このように続けても妥当だと思われるが）満足を最大化することである。

確かに、私たちには先に示した「最大化対平等化」の問題と取り組むという仕事が残っている。しかし、これは、普遍化可能性と功利主義的な考え方とが結びつくことが倫理学理論にもたらす利益を損なうものではない。これは、これまで対立すると考えられてきた倫理学における二つの立場（ミルは両者に親和性があると考えたが[49]）の統合を指し示している可能性もある。この二つとは功利主義とカントの立場である。カントは通常厳格な義務論者であり反功利主義者だと考えられている。私が別のところで――違う言葉ではあるが――論じたように（LM 4.1）、義務論と目的論的な諸理論との区別はまやかしである。行為の結果を根拠として下される道徳判断と行為そのものの性格を根拠としてなされる判断とを区別することなどできるものではない。区別できるのは、意図した結果の種類の違いだけである。私がここで述べていることが正しければ、おそらく、普遍化可能性の原則によって、私たちが考察してきたような議論を経て、そして他の必要な諸条件が与えられるとしたら、カントと功利主義者の両者が認めることができる道徳体系をどのようにして生み出すことができるかを示すことが可能だろう。その体系は、形式においてはカントであり、内容においては功利主義である。

いずれにしても、判事が先に述べたような抗議を受けたときに、どのような方向で理性的に答えることができるかを示すには、ここまで述べてきたことで十分である。判事の答えは二つの部分に分かれている。（1）初めの部分は司法というものを持ち出すだけである。判事は、判事としての自分の仕事は公平に法を執行することであると言うだろう。そしてその仕事を行うには二つの条件を満たさなければならない。一つは、法が命じることを行うことである。二つ目は異なる点のない事例を区別しないことである。ここで判事は普遍化可能性の原則を用いている。判事は自己矛盾に陥ることなく「XとYの事例について、私はこの二つの事例の諸事実が同じであるにもかかわらず、違った扱いをすべきである」と言うことはできない。ここで問題になっているのは道徳的な「すべきである」なので、法それ自体は十分に普遍的でなくともかまわない（3.3）。判事の答えのこの部分で念頭に置かれている正義には二つの側面がある。法に従うことと、似た事例を等しく扱うことである。この二つのうちで後者は純粋に形式的なもので、その根拠は論理的な原則にある。内容は前者によって挿入される。犯罪者が法それ自体に対して不満があるとしたら、それを言う相手は立法者である。（2）しかしながら、判事はここで終わりにすることはできない。なぜなら、もし判事が自分の執行している法が完全に有害なものだと確信しているとしたら、道徳的に忌まわしい政府に仕える他の官吏と同じように、自分の仕事を辞するべきである。私が言いたいのは、判事は自分が執行する法のすべてに同意できなくてはならないということではない。ある段階までは、判事はよい法律と同時に悪い法律も執行することによって、個々の法律が合わさって編み上げられている法律の体系を維持しているのであり、判事としては、自分たちが誠実にその仕事を遂行していれば、公衆の方もそれに促されて、代表者を通して悪い法律をよい法律に入れ替えるようとするだろうと主張することができる。しかし、立法機関が悪者の支配下に入り、事態を改善する望みがない時点に至るなら、判事としては、そうした政府の一角を支え続けることは間違ったことだと判断するのが正しいことだろう。[50] そこで、原理的には、体制内で要職についている誰に対してもと同じように、判事に対して、政権そのものとそれが作った法律を道徳的に正当化するように求めることができる。そしてこの点で判事はその答えの二つ目の部分に向かうことになる。ここでは、疑いもなく、判事は私がすでに判事に語らせたことを主張するだろう。それは、各人を一人として数えながら多くの人々の利益を等しく公平に配慮することは立法者の仕事であり、判事と犯罪者もその多くの人々のうちの二人だということである。そして、犯罪者に刑を言い渡す際のよりどころとなっている特定の法を作るに当たって、立法者たちがそうした配慮を行ったことを判事は示さなければならない。判事の答えのこの二つ目の部分では、実質的には、応報的正義に代わって配分的正義が打ち出されている。

5

本章を終える前に、二つのことを述べておきたい。それはここまでの議論と直接関係はないが、功利主義と結びついているからで、ここが述べておくのが最もふさわしい場所だろう。最初のものは幸福という概念に関するものであり、この概念が多くの功利主義理論において重要な役割を果たしているからである。私は自分の解釈をこの概念を用いて定式化しようとしたことはない。その理由はただ、この概念が明確な定義をはなはだしく欠いており、功利主義者にとって問題を解決するより、より多くの問題を生み出してきたからである。ここでもう一度強調しておくが、本章や前の章で示してきた私自身の道徳的議論の理論について、他の功利主義理論とは違って、これがすべての道徳的な問いに対応できるものだと主張するつもりはない。多くの問いが私の理論で対応できる範囲から外れており、そのため、私の理論が「最大多数の最大幸福」といった類《たぐい》の理論の定式化に達することが可能だとしても、倫理学において、幸福とは関係のない問いが道徳から排除されるという帰結をもたらすことはない。私の理論がそうしたものではないことはこれまで主張してきた通りである。

手短に言えば、誰かが他の人を幸せだというとき、そこでは非常に複雑な評価の過程が進行している。というのも、ここでは二人の人の判定が関わっており、しかもそれぞれ違った仕方で関わっているからである。ある人が幸福かどうかの判断を行っている人は、他の人の生活を判定しているわけだが、それは完全に話し手の観点からの判定というわけではない。[51] 例えば、私が狩猟、射撃、釣りにあけくれる地方の名士の典型的な生活は（自分にとっては）耐え難いと考えているにしても、もし当人がそういう生き方を好むとしたら、その人は幸せだと言うことができる。誰か他の人について幸せだと言えるかどうかを決定することは、想像力を働かせることである。先に考察してきた道徳的な議論において想像力が不可欠だということを見てきたが、それと同じ種類の想像力である。（とはいえ、幸福かどうかについての問いはそれ自体としては道徳的な問いではない。）ある人が幸せかどうかを問うとき、それに答える前に、私たちはその人の立場に身を置いて想像してみなければならない。しかし、ここで難問が次々と現れる。私があなたの立場に自分を置いて想像するとき、私は現在の自分の好き嫌いを持ったまま単にあなたの状況に身を置いた自分を想像してみるのだろうか。それとも自分があなたの好き嫌いを持っていると想像するのだろうか。好き嫌いと言うのは相手の立場の一部なのだろうか。そうだという場合が多いように思われるだろう。（そして私たちのこれまでの解釈では、好き嫌いをそういうものとして取り扱ってきた。）これは今の例で示されている通りである。私がその名士が幸せだと言えるのは、私はそういう生活は好きではないが、その人はその種の生活が好きだからである。そして、そのために、私がその人の状況に身を置いて想像してみるとき、そこにはその人の好き嫌いも含まれていて、私は自分がしていることを好んでいて、他のことをするのは好きではないのだと想像する。そこで私はその人を幸せだと言うのである。

しかしながら、そうはいかない事例もある。ある精神的な欠陥が幸福かどうか尋ねているとしてみよう。たとえば、ある人が食べ物以外何も楽しむことができず、身体的な痛み、寒さ、飢えといったもの以外の何も嫌っていないとしよう。その人が自分の好きなものは実際にすべて手に入れていて、嫌いなものは身の回りにないとしてみよう。私たちはその人を幸せだと言う気になるだろうか。前の例と同じように自分をその人の好き嫌いを持ったものとして想像してみると、そうした好き嫌いがすべて満たされているので、その人は幸せだと言うべきなのだろうか。私たちはその人はある意味では幸せだと認めるだろうが、おそらく、それでも「この人が失っているものを考えてもみてほしい」と言うことだろう。そして自分の立場に戻ってみて、チェスをするといったような、その人が決して味わうことのないあらゆる種類のものを私たちがどれほど楽しんでいるか考えるに違いない。そして、そのため、「この人は本当は幸福ではない」とか「この人は幸福という言葉の完全な意味では幸せではない」と言うだろう。この人を幸せだと言いたくない気持ちがどこから生まれてくるのかを私たちは追求しなければならない。

それは単に想像力が足りないだけのことで、それ以外の理由はないといった場合もあるかもしれない。今考察しているこの人の好き嫌いは私たちのものとかけはなれているので、私たちはその人の立場に身を置くことができないだけかもしれない。同じ理由で、想像力の乏しい人は、想像力が豊かな人なら幸せだと言う人について、幸せだと言わないこともあるだろう。しかし、少なくとも、精神的な疾患の場合には、これですべて説明がつくわけではない。この人が本当に幸せだと私たちが言う気にならないのは、想像力が足りないからではない。私たちが別の人の好き嫌いを持ったものとしてその人の立場に身を置いて想像してみることができるとしても、そうした想像はしたくないという場合がときにある。

そしてこれは、幸福かどうかの判断についての別の事実と結びついていて、そこから簡単に混乱が生じてくるのである。私たちが誰か他の人を幸福だと言うとき、その判断は私たちの判断であり、私たちの人格における判断である。この点を理解するには、誰かについて、その人の欲求が実際に満たされていて、好きなものは手に入れていて、嫌いなものは身近にないという事実に関する言明と、その人は幸せだという判断とを対照させてみるとよい。二つ目の判断を「その人は満足している」というふうに短くしておこう。ある人が欲求や好き嫌いを持っているが、それらは私が自分では決して持ちたくないと思うものだと想定してみよう。その人が自分の欲しいものを手に入れたとき、その人は満足していると言うことに私は問題を感じないが、しかし、その人は幸せだと言うことには強い抵抗を感じることだろう。

　ムーアは「よい」を「私たちが欲したいと思うものを欲すること」と定義する人々を批判したが[52]、確かにそうした人々は間違っている。しかし、この考え方は、不正確だとはいえ、幸福という概念を明確にするには役に立つ。「幸福」とは、私が欲したいと思うものを欲することと同じものではないが、私たちが他の人について幸せだと言うためには、その人の欲求が満たされていることだけではなく、その人が抱く欲求のすべてについて、私たちとしても自分でも抱くのが嫌だと思うものでないことをまず確信している必要がある。これによって、たとえば、麻薬中毒者が常に麻薬を手に入れているとしても、その人を幸せだ（本当に幸せだ）と言う人はおそらくいないのはなぜかが説明できる。私たちが他の人の立場に身を置こうとしても、そこには限界があって、その限界は、幸福について判断を行うとき、私たちは完全に意のままに自分自身から自分を抜け出させることができないというものである。（幸福についての判断はこの点で道徳判断と似ていない。）そして、幸福かどうかの判断では、私たちがしなければいけないことは判定を行うことであって、事実についての言明を行うことではない。そのために、私たちはある人がその人自身の観点から自分の生活をどの程度に判定しているかを記録するだけで済ますことはできない。幸福かどうかの判定は私たちが自分で行うものであって、誰か他の人が行っている評価を単に報告するだけのことではないのである。

とはいえ、当人が自分について下す判定についての報告も、私たちが言う判定の一部をなしてはいる。私たちがどれほど高くある人の生活のあり方を評価していたとしても、もしその人自身が自分の人生のすべての瞬間を嫌っていたとしたら、私たちはその人を幸せだとは言えない。[53] 幸福に関する言明については、それはある人の心の状態についての報告は含まないと考えることも、そうした報告にすぎないと考えることも間違いである。こうした言明は非常に複雑で、そのために、人々が幸福だと呼ぶ気になる生活のありようがこれほど多様なのである。ある人を幸せだと言うことはその人の心の状態について報告しているだけだと考えている人は、少しばかり詩を読み、人々が幸せだと言われる状況がどれほど多様なものか集めてみるとよい。[54] 幸福についてのこうした様々な考え方から分かるのは、幸せだと言われる人々の心の状態は多様だということだけではない。私たちが見てきたように、そうした心の状態も関係してくるとはいえ、話し手の様々な考え方もそこには映し出されている。このことから、功利主義者が幸福の概念に基づいて経験論的な倫理学理論を基礎づけようとしてもほとんどうまくいかなかったのはなぜかが分かる。その理由は、幸福というのが経験論的な概念とは程遠いものだからである。私としては、ここまでの二章で概観してきた議論を基礎にして功利主義を再定式化するという試みを細部にまで徹底して行ってはこなかったので、それを成し遂げる上で幸福の概念を用いることが実りの多いものかどうかについて、はっきりと断言することはできない。しかし、私としては、すべての関係者の幸福を合わせて最大化するというのはどういうことかを説明していくのではなく、様々な関係者の利益の間で正義を厳密になすというのはどういうことかを説明していく方が面倒がないという考えに傾いている。そのような仕方で再定式化したとして、それがある種の功利主義と呼ばれるものかどうかは言葉の上の問題であって、本当に重要なことではない。

6

二つ目に述べておきたいことは、近年哲学者たちが盛んに取り組んできた論争に関わるものである。これは行為功利主義と規則功利主義という二つの功利主義の間にあると言われる根本的な対立をめぐるものである。「満足の最大化」というかたちでの功利主義の定式化を用いて示すと、この二つのタイプの功利主義は次のようなものである。もっとも、私としては、こうした定式化を避けるなら、この問題はかなり解消されるとすぐ後で指摘するつもりである。行為功利主義とは、いわゆる「功利性の原理」を直接個々の行為に適用しなければならないという立場であり、私たちがしなければならないのは、問題となっている個々の行為と他の選択肢がそれぞれ満足の総計に及ぼす影響を見積もり、それに従って判断することである。規則功利主義は、これに対して、こうした検討を行うのは個々の行為についてではなく行為の種類についてであるべきだとする立場である。そこで、規則功利主義においては、ある行為の道徳性の評価は、二段階の過程を経ることになる。行為について、まず、それが一定の道徳規則や原則が禁じているものか、それとも命じているものかどうかが問われ、それによって評価される。功利主義的な検討が行われるのは、行為を評価する際にどのような規則や原則を採用すべきかを問う段階に限られる。ある規則を守ると一般的に見て満足の最大化をもたらすのに役立つなら、私たちはその規則を採用しなければならない。行為功利主義に比べて規則功利主義の優れている点は、それが私たちの一般的な道徳的確信に合っていることだと言われている。というのも、たとえば、私たちは、約束を守ることがある場合に満足を最大化することにならなくとも、約束は守るべきだと考えている。その根拠になっているのは、約束は守るべきだという規則に従うと、個々の場合には必ずしもそうでないが、一般的に見れば満足を最大化するということである。

私としては、「すべきである」の判断が普遍化可能なものであるなら、この二つの理論の間には見かけほど大きな違いはないと主張するつもりである。どちらの理論でも同じようにうまく扱うことができる事例を幾つか見ていこう。ある人がxとyという二つの行為のうち一つを選択しなければならないとしてみよう。私たちがこれまで見てきたように、もしその人がxをなすべきだと決定するとしたら、「すべきである」が要請する普遍化可能性によって、この種の状況においては常にyのような行為ではなくxのような行為をなすべきだという立場に拘束されることになる。この規則はそれが当てはめられる条件がきわめて限定されたもので、言葉で事細かに定式化するのは難しいかもしれないが（3.4）、それでも規則であることに変わりはない。したがって、本書の議論が完全に間違っているのでなければ、行為功利主義者が求めるように、個々の行為の道徳性をその帰結に照らして決定するとき、私たちは、同時に、一定の種類の行為のすべてに適用できる規則を受け入れるか拒否するかを決定している。そして、これは規則功利主義者が私たちに行うように命じていることである。

行為功利主義には合致するが規則行為主義とは相容れない事例として考えられるのは一種類だけである。それは、どのような従属的な原則も介さずに功利性の原則をある行為に直接適用することができる場合である。しかしそれは不可能だと示すことができる。なぜなら、ある行為が何がしかの種類のものだという理由から、その行為が満足を最大化するものだと分かるのでなければ、どうやってそれが満足を最大化させる行為だと分かるのだろうか。試しにそういう事例を組み立ててみることにしよう。私が三人の男と部屋にいるとしてみよう。そして、この三人の男の最大の欲求は、一分間だけ、できるだけ何回もできるだけ強く顔を叩かれることだとしてみよう。これは論理的には成り立つことである。満足を最大化するという原則によって、もし顔を叩き続ける行為に対する私の嫌悪感がこの人たちの欲求に匹敵するほど強いものでないとしたら、満足を最大化させるという原則は、この人たちの顔をできるだけ強く叩くように私に命じることになる。

この場合には、いかなる規則も介在することなく、功利性の原則に直接照らしてこの行為が正当化されていると主張されるかもしれない。なぜなら、人の顔を叩こうとすべきだという規則を受け入れることは誰にもできないと言われるだろうし、すると私のこの行為はどのような規則に照らしても正当化できないものとなるからである。しかし、この議論は間違っている。なぜなら、今述べた規則は誰も受け入れないだろうが、この場合に関わっているのはその規則ではないからである。この行為の正当化の基礎となっている規則は、それが人々の最大の欲求である場合には、他の事情が等しければ、人々の顔を叩くべきだという規則なのである。この規則は、確かに功利性の原則を非常に単純に適用したものである。もし私たちが「それが人々の最大の欲求である場合には、他の事情が等しければ、人々の顔を叩くべきだ」という代わりに、これを一般化して「他の事情が等しければ、人々の最大の欲求を満たすことをするべきだ」と言うとしたら、先ほどの規則は解体されて功利性の原則そのものとかなり似たものに吸収されるだろう。もし、「他の事情が等しければ」という条件を拡大して、関係のある他のすべての人々の利益について必要な考慮が含まれるようにするなら、「満足を最大化することを行うべきだ」という原則に当たるものを手に入れることになるだろう。しかし、これは規則功利主義と相容れないものではない。というのも、これによって従属的な諸規則を持つことができなくなることはないからである。従属的な規則もこのように一般化していくと、功利性の原則そのものに転換される。規則功利主義と相容れない事例を見出すためには、私たちは功利性の原則が適用されるが、どのような従属的な規則も適用されない事例を見つけなければならない。そして、それはある行為が満足を最大化するが、それが特定の種類の行為であるために満足を最大するわけではない、といった事例である。どのような種類の行為がこれに当たるのか理解するのは難しい。

このように、行為功利主義とは整合するが、規則功利主義とは不整合をきたす事例はありえない。逆のこと、つまり規則功利主義とは整合するが、行為功利主義とは不整合となる事例はありうるだろうか。つまり、ある規則が守られると一般的には満足を最大化するため、その規則に適った特定の行為が満足を最大化しない場合があるにもかかわらず、それでも規則が求める一定の仕方で行為すべきだということがあるだろうか。私たちはある約束が約束であるからということで、それを守ることが満足を最大化しない場合にも、それを守るべきだろうか。いくつもの例がよく出されていて周知のものなので、私はそのうちの一つだけをごく簡略化して取り上げることにする。死の床についているある人のところで、周りに他に誰もいない場面で、私がその人の残すお金を一定の仕方で使うことを約束したとする。後になって、もし私がその金を違うことに使ったら、全体的な満足は、わずかな程度増大することが分かったとする。たいていの人は、私は約束を守るべきだと言うだろう。ここでは、約束を守るという社会の規範がこれによって崩れていくという考慮は関わってこない。なぜなら、私がどんなことを約束したかは誰も知らないからである。

私自身の道徳的な性格に及ぼす影響についての考慮も無視することができる。（なぜなら、道徳的によい性格というのは、すべきことを常にする性質をもっているということであり、約束は守るべきでよいことだということを前提すると、循環論法に陥ってしまうからである。この場合に私がすべきなのは約束を破ることだとしたら、約束を破ることで私の道徳的性格は強められるかもしれない。）このように、これは行為功利主義では扱うのが非常に難しい例である。

しかしこの難しさは、私たちが行ってきたような仕方で功利主義を理解するなら、ある程度解消される。他方、認識可能な感情の状態としての快という言葉を用いて定式化される功利主義の立場をとる場合には、これは最も厄介な問題になる。もし私たちが個々の行為について、快を最大化し苦痛を最小化するものを何であれ常に行うべきだとするなら、死の床についた人との約束はまったく考慮されない。なぜなら、死んだ人は何も感じないからである。満足という言葉を用いて功利主義を定式化する場合にも、この言葉で認識可能な感情の状態を指すと考えるなら、同じことが言える。しかし、この理論についてここまで述べてきたことからすると、「満足」という言葉が意味しているのはそうした感情の状態ではない。私たちが見てきた意味での満足という言葉に基づいて、明確なかたちで矛盾なく曖昧さを排して功利主義を定式化できるものかどうか、この大胆な試みを私は追求してこなかった。しかし、私としては、満足という言葉について、人々の持つ欲求や〜したいという気持ちなどというかたちで、つまり人々の利益というかたちで解釈するなら、そうした定式化も可能ではないかという考えに傾いている。そうだとすれば、満足というとらえにくい概念を避けて利益というものに直接向かうことにしよう。

そこで、目下の問題を解明していく最善の方法は、快とか、あるいは満足という言葉ではなく、すべてを欲求と気持ちという言葉で述べることかもしれない。さて、死者は確かに欲求も気持ちも抱くことはないが、私たちは実際に、ほとんど全員と言ってよいだろうが、自分たちの死後の状況を対象とする欲求を数多く、また非常に強く抱くことも多い。この点は重要で注目しなければならない。「後は野となれ山となれ」というのはあまり一般的に見られない感情である。たとえば、自分の死後に妻が後追い自殺をするとして、それはどうでもよいと思うかどうかと平均的な英国人に尋ねるなら、強い反発が返ってくるのは確かであり、もし妻がそんなことを望んでいる兆候があったら、何としてでも思いとどまらせようとするだろう。その時点では、あなたはもう死んでいるのだから、何の問題もないはずだと議論しても気持ちが変わることはないだろう。

このように考えると、私たちは約束を破ろうかと考えている人についても、私たちが債権者に尋ねたのと同じ種類の問いを向けて難しい立場に追い込むことができる。それは、人々に対して同じように行為するよう普遍的に指図する用意がその人自身にあるか、という問いである。ここで私が問うているのは、約束を破るように普遍的に指図する用意があるかということではない。それほど一般的な問いは必要ではない。私が問うているのは、これと精確に似ている状況で、その人自身が約束をしてもらう方の立場にあると仮定しても、この約束は破るようにと普遍的に指図する用意があるかということである。私としては、その人は当然このような普遍的な指図を拒否すると考えている。その理由は、先に描いたのと同じ状況で、死の床についているのが自分だと想像するようにその人に求めるとはっきりするだろう。（先ほど述べた普遍的な指図から導き出される）単称の指図、つまり、そうした状況で死の床にある人に対して、その人をただ「幸せ」にするためだけに、守るつもりのない約束をせよという指図を受け入れる用意がその人にあるだろうか。私たちのほとんどがこのような仕方で欺かれることを非常に嫌うことだろう。そうすると、こうしたことを求めてくる普遍的な指図を私たちが受け入れることはまずありそうもない。こうして、このようなやり方で、一見扱いにくい事例も、先に私たちが考察してきた形式の議論の領域に持ち込むことができる。そこで、この議論の形式がある意味で功利主義的だと言えるとすれば、この事例が提起する難題を克服できるような種類の功利主義があるということになる。

では、これは行為功利主義の一形態なのだろうか、それとも規則功利主義の一形態なのだろうか。この問いにどう答えるかを考えていくと、この二つの種類の功利主義の間の区別はさらに疑わしくなる。これはどちらとも整合する。なぜなら、私たちがここまで行ってきたことは、この場合の一回の（死の床についた人との）約束を守る行為が私たちの理論が提供する議論の形式によって正当化されることを示すことだったが、この議論の形式は規則を問うことを求めるからである。個々の行為についての道徳判断は普遍化可能なものでなければならないということを認めるなら、この約束をめぐる事例でも、他のほとんどすべての事例と同様に、二つの理論は解体されお互いのうちに吸収される。

規則功利主義には整合するが行為功利主義とは不整合をきたす事例を立てるためには、約束を守るという特定の一回の行為について、精確にそれに似た事例に対して普遍的に指図されるという要請に直接訴えることでは正当化できず、何かもっと一般的な規則（例えばすべての約束は守るべきであるといったような）に訴えることでしか正当化できない事例を見つけなければならない。そして、その規則自体についても、それを正当化するには、「もっと一般的なこの規則を普遍的に順守することを指図する用意があるか」と改めて問わなければならない。しかし、もし私たちがこの一般的な規則から導き出される単称の指図に従う気になれないとしたら、当然、私たちはこの問いに対してその覚悟はないと答えるだろう。ここでは、私たちは逆に進んで、この一般的な規則が指図する特定の行為の一つ一つについてそれを本当に指図できるかどうか問うことになる、どちらに進むにせよ、特定の行為こそが最終的に私たちが考察しなければならないものなのである。

もし誰かが「個々の事例でどのような帰結が生じようとも、私は一般的な規則を受け入れる」と言うとしたら、その人は道徳というものをその根幹から切り離してしまっている。何であれ一つの規則を受け入れるということは、世界が今ある通りであるかぎり、それは個々の具体的な事例について下される数知れない特定の指図を受け入れるということである。規則を受け入れるなら、その規則に従うことで人生で生じる帰結に対する責任から逃れることはできない。そこで、約束は常に守られるべきだと言うことは、約束はC_1、C_2、C_3の状況等々、その他どのような状況であれ、そしてそれぞれどのようなことを結果としてもたらすにしても、約束は守るべきだという立場に拘束されることである。しかし、問題となっているそうした様々な状況を検討する前に、私たちはその立場に拘束されることをよしとできるわけがあるだろうか[55]。

こうしたことを言う人は「特定の実験で何が起きようと関係なく、私は自然界の法則としてpを受け入れる」と言う科学者と同じようなものである。両者ともに、世界が今ある通りであるかぎり、ある普遍的な命題から導き出される特定の命題を自分が受け入れることができるかどうか納得する前に、その普遍的な命題を信奉すると宣言してしまっている。一方では特定の命題が記述的であり、もう一方では指図的だというのは確かだが、どちらも同じ程度に馬鹿げていることに変わりはない。

そこで、もし規則功利主義者になるということが、個々の事例での結果を考慮せずに一まとまりの一般的な規則を守るべきだと言うように拘束されることだとしたら（そしてそうした事例を検討さえもしないうちにそう言うように拘束されるとしたら）、私にとって、規則功利主義は魅力的な説ではなくなってしまう。しかし、規則功利主義とは、必ずしも私たちをそんなふうに拘束するものではない。なぜなら、行為功利主義と整合する種類の規則功利主義があるのはここまで見てきたとおりだからである。それは、規則が普遍的であることを主張しながらも、その規則が単純で一般的なものだとは主張せず、特定の事例に照らして条件を付けていくことによって、規則というものは複雑で特殊なものになることができると主張するものである。私はこの種の規則（行為）功利主義に大いに賛同している。

第8章　理想

1

前の二章で私たちが考察してきたような道徳的議論についてよく考えてみると、これについて読者はみな自分が多くの問いを抱いていることに気づくはずである。すべての道徳的議論が、このような形式、あるいはこれに似た形式に還元できるのだろうか。それともまったく違った形式の道徳的な議論というものが存在するのだろうか。また、議論というものがどのような種類のものであれいっさい場違いであるような道徳的な問いというものがおそらくあるのではないか。道徳的な問いは二つの種類、つまり議論というものが存在しうる種類の問いとそれが存在しえないものとに分かれるのだろうか。

私が論じてきたのとはまったく異なる妥当性を持った道徳的議論の形式が存在するかどうかについては、非常に一般的な問いであり、これに答えようと試みるつもりはない。そうした議論は存在するかもしれない。倫理学の文献にはもちろんあらゆる種類の道徳的議論が山のようにあって、その中には妥当なものもあれば、誤ったものもある。そして、将来別の形式の議論が提起されることはないという確信もない。私としては、妥当性があると思われる道徳的議論のすべては、その本質的な要素に還元してみると、私が論じてきたものと似ていることが示されるという考えに傾いている。そして、主要な種類の議論のうちで私が論じてきたものと似ていないものはすべて誤っているか、隠れた前提を含んでいるように思われる。「似ている」と私が考える議論は、「道徳判断の論理的な性格（指図性と普遍化可能性）に同じように基づいている」ものである。[56] しかし、もっと詳しく考察する前に、このように主張するのはきわめて無分別なことだろう。その代わりに、私は、前の二章で論じたような種類の議論の領域に入らない道徳的な問いがあるのかどうかという、もっと限定された問題を検討していくつもりである。

　この限定された問題に取り組む上で分かりやすい方法は、ここまで論じてきた議論で本質的な要素となっていたものについて、何らかの道徳的な問いの場合にはそれらが欠けているのかどうかを見ていくことである。ここで思い出してほしいのは、私たちが考察してきた議論の妥当性は、第6章3節と4節で挙げたものすべて（事実、論理、利益、想像力）を含む諸要素が組み合わさってはじめて生まれるということである。また、そのため、こうした諸要素の一つでも欠けることがあれば、この種の議論の全体が破綻してしまうということである。この点を意識しておくと、間違いを犯さないようにすることができる。もし私たちがこの種の議論が適用できないような道徳的、もしくは評価的な問いを発見するなら、そこにはこれらの本質的に重要な要素のうち少なくとも一つが欠けているはずである。しかし、どの要素が欠けているかついて結論に安易に飛びついてはならない。一つ例を挙げるなら、すぐ後で詳しく述べていくが、ある重要な種類の道徳的問いにおいては、普遍化可能性という要素が欠けていると指摘されてきた。そしてそれが理由でこうした問いに対しては、その種の議論（「黄金律」型の議論と短く呼ぶことにしよう）が適用できないのだと言われてきた。このような主張は一見もっともらしく思われる。実際には、この種類の問いにおいては別の要素も欠けており、そして、普遍化可能性という論理的要請がその問いでは成り立たないのもその別の要素が欠けているためだと言ってよいだろう。そして、その結果、妥当性を持った議論を生み出すことができなくなる。そのため、そうした問いには普遍化可能性それ自体が欠けていると考えられやすいのかもしれない。このもう一つの欠けている要素とは、その問いが他の人の利益にも関わってくるということである。もしこの要素が欠けているなら（つまり、もし他の人の利益が関係していないとしたら）、普遍化可能性だけでは黄金律型の議論を生み出すことはできない。とはいえ、問題となっている判断は、黄金律型の議論が適用できる判断と同じように、普遍化可能だと言うことができるかもしれない。というのも、そうした問いにこの一つの要素が欠けているとすれば、つまり他の人の利益が関わってくるという要素が欠けているとすれば、黄金律型の議論はそもそも適用されないからである。

これとの関係で美学的な判断の位置づけを考えると、そこから多くのことを学ぶことができる。美学的な評価の判断は、私がこの言葉を用いている意味では、道徳的な判断と同じく普遍化可能であるが、その理由を示していくことにしよう。もっとも、普遍化可能という言葉が違う意味で用いられる場合もありうるし、その場合にはこれは当てはまらない。いずれにせよ、美学においては黄金律型の議論を用いることができないことはきわめて明白だろう。こうして、普遍化可能ではあるが私たちが論じてきたような種類の議論には従わない価値判断の種類が少なくとも一つはあることが分かる。そこで、私たちが行ってきたような仕方で論じることができない道徳判断がもし存在するとしたら、美学的な判断はこの点でそれに対応するものであり、その種の道徳的な判断を位置づける上で非常に役立つだろう。美学的な判断もまた普遍化可能だということが分かると、黄金律型の議論が成り立たない道徳判断についても、その普遍化可能性を否定するのが難しくなるだろう。

2

美学的な判断が普遍化可能であるという考えを否定したがる人も多いことだろうから、この点をまず論じておかなければならない。そうした反論は、大体において「普遍化可能」ということが何を意味しているかを誤解していることから生じている。そこで、繰り返しておきたいのは、ある判断が普遍化可能だと言うときに私が意味しているのは、話し手はこれによってもとの判断の主語に精確に似たもの、もしくは関係する点で似たものであれば、何についても同じ判断を行うように拘束されるということだけである。ここで関係する点というのは、主語についてのもとの判断の根拠となった特質である(2.2)。誤解を避けるために、もう一つ頭に入れておかなければいけないのは、関係する点ということで、その事物についての一定の単純な形で特定できる特質だけしか含まれない場合にも、何らかの価値判断が行われうるということである。(すべての価値判断がそういう単純なものであると考えるにせよ、逆に価値判断は決してそういう単純なものではないと考えるにせよ、普遍化可能性という命題はいずれの場合にも成り立つが、どちらの考え方も私には馬鹿げたものに思われる。)他方で、そうした関係する重要な特質が、簡単に、もしくは単純なかたちで明確に規定できない場合もある。それは、その事例が複雑だったり微妙なものだったりするためか、もしくは私たちがその判断の根拠についてはっきり分かっていないためかである。さらには、その事物が持つすべての特質が関係すると考えられる場合もありうる。もしそういう場合があるとしても、美学的な判断が私が使っている意味で普遍化可能であることに何ら変わりはない(3.4以下)。

この点を明確にするために以前にも用いたことのある例を使うことにしよう(LM 5.2)。「よい」という言葉を含む美学的な判断は普遍化可能だということを示すことができれば、さらに強い根拠をもって、この言葉ほど一般性のない称賛を示す言葉を含む判断もやはり普遍化可能だということが示されるだろう。この点については私は断定してかかることにする。なぜなら、こうした言葉（たとえば「調和的」）には、「よい」という言葉と比べるともっと強く固定された記述的な意味があるからである。そのため、私たちが見てきたように、記述的な意味を持つすべての言葉には普遍化可能性という性質が備わっているので、称賛を示す他の言葉について普遍化可能性を否定するのは、よいという言葉についてそれを否定するよりさらに不可能だと思われるからである（2.2）。

そこで、お互いに非常によく似た絵画が二つあるとしてみよう。一つをよいと言って、もう一方をよくないと言う場合、話し手はよいという点で両者の違いを生む何らかの相違がなければならないと言うように拘束される。そして、もし一方はよくて一方はよくないという場合、その二つの絵画に相違がなければならないということを認めるなら、ある絵をよいという人は、精確に似ている他のどの絵もよいと言うように拘束されることになる。ある絵のすべての特質が美学的な評価に関わってくると考える人は誰でも、ここで終わりにすることができる。しかし、いくつかの特質は関係がない可能性もあると考える人なら、最初の絵と精確に似ていなくとも、関係する点で似ている、つまり最初の絵をよいと言った根拠となっている点で似ている絵をよい絵だと言うように自分は拘束されていると認めるに違いない。この二つの考え方の間の論争は当面の問題には関係がないのだが、私がこれを持ち出しているのは、ただ誤解を防ぐためである。

同じリトグラフで刷られた二つの版画の例を考えてみよう。リトグラフ（石版印刷）がきちんとなされていれば、二つの版画の間には目に見えるような違いはないだろう。そして、絵というもののよさの違いには何らかの目に見える違いしか根拠になりえないので、よさという点でも違いはありえない。疑いもなく、何らかの他の価値の点で違いがあることはありうる。例えば、一つの版画は画家自身の手で刷られたがもう一つは助手によって刷られたものだとすれば、オークションでは前者の方が高く売れるだろう。しかし、それはその版画の絵としてのよさ（美学的な価値）には関係がないことで、今論じているのはそれについてだけである。

美学的な判断は普遍化可能ではないと主張したがる人たちは、芸術作品は一つ一つが「唯一無二の個体」だと言うことが多い。このリトグラフの例はこの人たちが何を言いたいのかを明らかにするのに役に立つかもしれない。確かに唯一無二の個体であるという言明は、美学的な判断は普遍化可能だという立場と相容れないように見える。しかし、それはそう見えるだけのことである。シャムネコは一匹一匹が唯一無二の個体であり、一匹が他の一匹と精確に似ていることは決してない。しかし、だからと言って、シャムネコとして優れている点について、キャットショーで行われる判断が普遍化可能ではないということにはならない。ショーに一匹のシャムネコしか出ていなくとも、その猫をよいと言う審査員は、もし最初の猫とすべての点で、もしくは重要な点で似ている他の猫がいたとしたら、その猫もよいと認めなければならないだろう。

3

とはいえ、芸術作品はそれぞれが唯一無二の個体だと言われるとき、それが一体どういうことを意味しているのかについては、さらに追求する意味がある。私たちはこれが分析的な言明を意図するものなのか、経験的な言明を意図するものなのかを決定しなければならない。リトグラフの例をもとにして、この主張に対して持ち出される反論にどのような答えが返ってくるかを見ていくと、どちらが意図されているのかが分かるだろう。もし、リトグラフの例が示していると思われるように、二つの質的には似ているが数的には異なる芸術作品があるとするなら、その場合、芸術作品は必ずしも唯一無二の存在ではないということになる。こう反論した場合に返ってくる答えとして予想されるのは、一つには、芸術作品とはリトグラフから刷られた石版画一枚一枚ではなくて、何かもっと曖昧な実体、その作品であって、それが何らかのかたちでそうして刷られたもののすべてに「現れて」いたり、「具現されて」いたりしている、というものである。それは、交響曲が演奏されるたびごとに現れてくるというのと幾分同じようなことである。この方向で答える人は、自分の立場を分析的に真としている。つまり、「同じ作品」という表現について、質的には区別できないが数的には異なる二つの作品があるということが論理的に不可能となるような仕方でこの表現を用いているのである。「作品」という言葉をこのように用いることは、それがあたかもある普遍的な性質や型の名称であるかのように用いることである。この意味では、「水上の音楽」が水上の音楽という作品として特定され、それとして見分けられるのは、その総譜の中に現れている音符によってだけである。水上の音楽の演奏であるという性質は、一定の順番で演奏される一定の音符からなる性質として定義される。もし誰か他の人が、まったく別個に、同じ音符からなる作品を書いたとしたら、その人もまた水上の音楽を書いたことになる。その人はヘンデルと同じ作品を生み出したことになるだろう。

私たちは実際には「作品」という言葉をこんな風に普通は使わない。もっとも「テーマ」とか「主題」とか「モチーフ」、「メロディー」とか「旋律」といった表現はそんな風に用いられる。二人の作曲家がそれぞれ別個に互いにそれと知らずに、同じ主題でフーガを書くということはありうる。私たちが突拍子もなく空想的な想定をする用意があるとするなら、「フーガ」という表現それ自体や、「交響曲」とか「作品」といった表現でさえ、このような仕方で使いたくなるような事例を想像することは可能である。たとえば、J・S・バッハが二人の息子に対して、それぞれの部屋に行ってBACHの音符を用いてフーガを書くように指示したとして、二人が数時間それぞれ一人で部屋に閉じこもった後で、全く同じ譜表を持って戻ってきて、父の教えをいかによく吸収しているかを見せたとしてみよう。私たちがこの二人は同じ主題でフーガを書いたと間違いなく言うだろうが、この通常ではない状況では、私たちは二人が同じフーガを書いたと言うかもしれない。そして、同じように、私たちは二人が同じ作品を書いたと言うこともできるだろう。フーガは作品であり、二人は同じフーガを書いたのである。

このようなことを私たちが口にする機会がまずないのは、芸術作品がどのように生み出されているかという経験的な事実のためである。違う芸術家が通常は質的に同一の作品を生み出すことがどうしてないのかは言うまでもないことである。ここでもっと重要なのは、このように解釈すると、芸術作品が唯一無二の個体であるという主張は自明の命題であり、その主張に基づいて議論しようとしても、その基礎としては不十分だということである。この点を逆説的に言うなら、作品は普遍的なものに転換される場合に限って、唯一無二の個体となるのである。普遍的なものは必ず唯一無二でなければならない。なぜなら、たとえば、質的には精確に似ているが、数的には異なる二つの普遍的性質というものは存在しえないからである。普遍的なものについては、質的な違いの基準とは区別される数的な違いの基準はない。しかし、この解釈に基づくと、芸術作品は唯一無二の個体だという主張が述べているのは、ただ、ある作品は普遍的な型、形態であり、何であれ普遍的な型は唯一無二であるはずで、それ以上に唯一無二であることは不可能であるから、論理的必然として、作品は、それが持つことのできるすべての唯一無二性を持っているということしか述べていない。これは込み入ったかたちで述べられてはいるが、自明の理であることに変わりはない。より分かりやすく言えば、バッハの息子たち二人が書いたフーガが、二人の人が書いたという事実にもかかわらず、二人が生み出した総譜は精確に似ているという根拠から、一つのフーガだと言うとすると、そして、もしこれだけがこのフーガが唯一無二の個体であるということの意味なのだとしたら、その場合、この前提は、美学的な判断は普遍化可能ではないという結論を裏付けるどころか、まさしくその正反対の結論を裏付けるものである。この解釈によれば、ウィルヘルム・フリードマンの作曲に誤りがあるとすれば、カール・フィリップ・エマニュエルの作曲にも誤りがあるに違いない。なぜなら、それらはまったく同じ作品だからである。そしてもし一方が称賛されるなら、もう一方も称賛されなければならない。というのも二つの間には何の違いもないからである。このように解釈する場合、芸術作品は唯一無二のものだという主張は、私が確立しようとしている点を暗に認めるものである。

　他方で、この主張が分析的に真ではないような仕方で解釈されるとすれば、私にはそれは誤りだと思われる。この立場をとる人が、二つのリトグラフや二つのフーガの例を突き付けられたとき、私たちが考察してきたような手段をとることを拒否するとしてみよう。

つまり、その二つの作品は質的に似ているので、同じ作品の型の「現れである」とか「具現化」であると主張して、自分の言明を分析的なものにすることを拒否するとしてみよう。そうすると、作品はそれぞれが唯一無二であるという前提は、それぞれの作品についての判断は普遍化可能ではないという結論を支持するものになるとしても（これはシャムネコの例を見る通り、実際にはその結論を支持するものではないが）、「リトグラフ」や「フーガ」の例が示すように、その前提自体が成り立たなくなってしまう。この解釈に立てば、この二つの事例のそれぞれで、美学的な判断を行う二つの作品があることになるが、それらは質的に精確に似ているのである。そこで、私たちとしてはこう問うことができるだろう。論理的な不条理に陥ることなく、それらの精確に似た二つの作品について違う判断を下すことが可能だろうか。そしてこの問いに対する答えは、明らかに、そんなことはできないというものである。[57]

私の結論は、美学的な判断は、私たちがこの言葉を用いてきた意味においては、普遍化可能だということである。こう言ったからといって、それは、単純な一般的規則があって、それに従えばよい芸術作品を生み出すことが保証されるというわけではない。これについてはこの場でわざわざ言い立てる必要もないことだろう。とはいえ、規則というものは芸術家にとって、時には考えられているよりも役立つものでありうる。これはトーマス・モーリィーの『実践音楽入門』を少し読めば十分すぎるほど明らかである。しかし、私たちは芸術作品に独創性を求めるし、独創的であるための規則というものはあり得ない。（もっとも、独創性を高めるような過程はありうる。）しかしながら、芸術作品に独創性を求めることと美学的判断に普遍化可能性を求めることの間には何ら不整合なところはない。

4

さて、美学的判断が普遍化可能だということを証明したところで、この事実にもかかわらず、なぜ黄金律型の規則がこの分野には適用されないのかと問うことにしよう。その理由は、美学的な問いは他の人々の利益に関わらないからである。もしくは、美学的な問いについての他の人々の利益には関わらないと付け加えておいた方がよいかもしれない。ある人Aが、ある村の他の民家から離れた一画にコッツウォルド様式で、細部まで本格的に仕上がるように注意とお金をふんだんに費やして、自分のための家を建てたとしよう。また、その後で、別の人Bがその通りにもう一つだけある敷地を購入したとしよう。それはAの家の真向かいにあり、Bはバウハウス様式で家を建てる計画を立てているとしよう。さて、明らかにこの計画については、賛成するにせよ反対するにせよあらゆる種類の美学的根拠が挙げられる可能性がある。しかし、そのいずれも黄金律型の規則に基づく議論とはならない。それは、ここでは他の人の利益が関わっていないためではない。というのも、それは実際関わっているからである。だが、この計画についての議論が黄金律型の議論にならない理由は、美学的な議論は他の人の利益に対する考慮に基礎づけられることが決してないからである。Aがそれほど重視してきた美学的な設計に対して、それを完璧に損なうと考えられることを自分がしてもまったくかまわないとBは主張できないと言われるかもしれない。なぜなら、BがAの好みを持った人としてその状況にあったら、同じことを誰かが自分にしても構わないとはBには思えないからである。しかし、そうなると、これは明らかに道徳的な議論であって、美学的な議論ではない。

この点をはっきりさせるには、道徳的な議論が出てくる可能性をなくすように、この事例の美学的な側面はすべてそのままにして、条件を変えてみるとよい。これは非常に簡単なことである。私たちは、ただ、Bがその通りの両側のすべての敷地の所有者で、初めの家もBが建てたと仮定すればよい。そのあとBはバウハウス様式に宗旨替えをして、最初の家を人に（ことを単純にするために、目の見えない隠遁者にということにしておこう）貸して、自分でもう一つ新しい趣味にかなう家を建てることに決めたとしよう。この二つ目の事例についても、最初の例について出された美学的な考慮と同じものがすべて出されるだろう。というのも、この計画での二つの家の配置、コッツウォルド様式の家の向かいにバウハウス様式の家を建てるという計画に変わりはなく、その美学的な利点に影響を与えるような違いは何も生じていないからである。前の場合でもこの場合でも、この二つの様式のそれぞれの美点と、それらが向き合って配置されることの美学的な影響をめぐって美学的な論争が生じうるだろう。しかし、美学的な考慮については、前の場合とこの場合のどちらかにだけ重要で、もう一つの場合には関係がないということはありえない。なぜなら、美学的な考慮はすべて二つの建物の外観に関わるだけであり、そうした外観は両方の場合で同じだからである。他方で、黄金律型の規則はというと、これは二つ目の場合には適用することができない。というのも他の誰の利益も影響を受けないからである。このように、道徳的な議論は美学的な問いには無関係なのである。

私たちは道徳的な問いは他者の利益が関わってくる場合にだけ生じてくるのだと言って、「道徳」という語をそのように定義したくなるが、ここまで考察してくると、そう決めつける誘惑がどれほど大きいかはっきりする。もしその通りだとしたら、道徳的問いを美学的な問いやその他の評価的な問いから区別して、その領域を限定するという問題にすっきりした答えを与えることもできるだろう。残念ながら、この問題はそうした単純な解答を受け付けるようなものとは思われない。確かに、ある部類の道徳的問いは、黄金律型の議論が成り立つ問いだと定義することができる。もし「道徳的」という言葉をこの種類のものに勝手に限定することが許されるなら、その場合にはすべての「道徳的」問い（黄金律型の議論が成り立つという意味での問い）は、前の二章で概観してきた形式の論証によって答えることができるだろう。そしてそれは多くの人にとって安心できる解決策である。しかし、そうすると、道徳哲学者としての私たちは、別の部類の問いについて何も言わないことになるが、普通の人はその部類の問いについても通常「道徳的」という言葉を用いている。私としては、曖昧なことで悪名の高いこの道徳的という言葉について、規則を作ってその用い方を定めようとはせずに（というのも、そうするとこれは単に言葉の使い方についての問題にすぎないことになるが、定義の仕方によっては重大な誤解を生みやすいからである）、こうした他の問いも道徳哲学の中で扱うべきものであり無視すべきではないと主張したいと考えている。

ラジオで最近議論されていた問いを考えてみよう。それはきれいな女の子が中年のビジネスマンを観客として喜ばせるために「ストリップ・クラブ」で服を脱いでお金を稼ぐことが間違ったことかどうかという問いである。もしこれが、この言葉に広く認められている意味での道徳的な問いでないとしたら、何が道徳的な問いと言えるのだろうか。先進的な人たちにとっては、これはたいした問題ではないかもしれない。しかし、多くの人がこれは重大な問題だと考えている。とはいえ、こうしたショーを不道徳だと言う人は、他の人々の利益に及ぼす影響を考えてそう言っているわけではない。というのも、誰もが自分が欲しいものを手に入れていて、誰も害を受けていないからである。これを不道徳だと言う人たちは、代わりに「自己の尊厳を損なう」というような言葉を用いることも多いだろう。これが、私たちがここで向き合っているのがどのような種類の道徳的な問いなのかを知る手掛かりとなる。それは利益についての問いではなく、理想についての問いなのである。ストリップ・ショーのような行為は、多くの人が抱いている人間の卓越性という理想を損なうものである。だから人々はこれを非難する。こうした非難を「利益」という言葉を用いて表現する人たちもいるが、それはただ、その人たちが、プラトンのように、誰かを低級な人間にすることはその人に対して最大の害をなすことだと考えているためである。[58]しかし、プラトンのような語り口に惑わされて見落としてはならないのは、私たちが行為を称賛したり非難したりする根拠には二つあって、それぞれ違うものだということである。一つは他の人々の利益に結び付いた根拠であり、もう一つは人間の卓越性という理想に結び付いている。「道徳的問い」という言葉の使い方を決定して、それを私たちの行為が他の人々の利益に及ぼす影響に関するものだけに限定するのは間違いだが、その理由の一つは、そんなふうに限定すると、道徳哲学は理想について何も言えないことになり、その領域は大幅に狭まってしまうからである。

別の例を見つけることも難しくない。誰かが証券業者として自分のキャリアを築くか軍人として築くか決めようとしているとしてみよう。この人は、自分がどちらを選ぼうと、他の人々の利益に予想できるような違いを生むことはないと考えているだろう。もし証券業者になれば、一部の人に金を儲けさせるが、間接的に同じだけの金を他の人から奪うことになる。それは、活発な株と証券市場の存続に一役買うことになり、それがひいては産業面、商業面での社会の繁栄に貢献することになると言われている。もしこの人が軍人になれば、多くの人を殺すことになるだろうし、また多くの人を守ることにもなる。そして、もし政府の政策が賢いものであれば、おそらく国際秩序の安定化に多少なりとも貢献することになるだろう。どちらの場合にも、予想できる限りでは、この人の客、または同国人には直接利益をもたらすが、それ以外の人々には直接的また間接的な利益や損失がともどもに生じることになり、利益と損失は大体において釣り合うものになるだろう。しかし、多かれ少なかれ計測不可能なこうした要素は、どちらの人生を選ぶべきか決めようとする際にこの人が一番気に掛けることではないだろう。この人を動かすのは、証券業者というのは座っていることが多いあさましい職業で、軍隊生活は活動的で勇気と自己犠牲を求めるものだという考え（これはおそらく公平な考えではないが）かもしれない。もしそうした根拠からこの人が軍人としてのキャリアを選ぶとしたら、この人は道徳的な考慮から決心したと私たちは言うのではないだろうか。

前にも述べたように、これは単に言葉の使い方についての問いにすぎないかもしれない。しかし、この人が決心した根拠を道徳的ではないと言うなら、この人を仕事の選択に導いた理想を他にどのような言葉で表現したらよいのか途方に暮れるだろう。そして、だからこそ、「道徳的」という言葉をこんなふうに使うことが実際必要とされているのだと考えてもよいだろう。しかし、その一方で、この場合のこの言葉の用い方は、債権者の例に登場した人物が債務者を投獄するのは道徳的になすべきことだという考えを斥けるに至ったと言う場合と同じではない。言葉の使い方の問題からいったん離れれば、事実はもっとはっきり見えてくる。人がこれこれのことをするのが最善のことだと言う場合、少なくとも二種類の根拠がある。一つは利益に関するもので、もう一つは理想に関するものである。後になってみると両者は何らかのかたちで関係し合っていることが分かる場合もあるが、それでも両者は区別しておかなければならない。いずれにしても、私たちの通常の話し方では、「道徳的」という言葉は両方の場合に用いられている。

5

混乱を避けるために、こうした二つの根拠の一方を「功利主義的な」根拠と呼び、もう一方を「理想主義的な」根拠と呼ぶことにしよう。功利主義者によっては、両者の間には論理的な（そして単に歴史的なだけではない）結びつきがあると主張することもあるだろう。その理由として言われるのは、道徳的な理想というものは、人々の利益の推進、もしくは社会一般の利益の推進に資するような気質の発達を促すように形作られている、もしくはそういうふうに形作られなければならないからというものである。しかしこれはあまりにも大雑把な主張である。ドッグ・ショーでは、レトリーバーと呼ばれる犬が本来の狩猟犬としての犬の振る舞いとは無関係な気質を評価されて賞を与えられているが、多くの人が人間の卓越性について抱く理想についても同じことで、なかには功利主義的な根拠が弱いものが多くある。いわゆる「身体的な」勇敢さという道徳的気質が全体として人間の福利に資すると言うのは少なくとも現代社会においては危険な主張だろう。にもかかわらず、私たちはこの資質を称賛し、若い人たちにこれを身に付けるように促している。大半の人々、少なくとも男性市民がこの美徳を身に付けるべきだと言われる理由は、ただ、この資質がある時代には社会の存続に欠かせないものであったということにすぎないのかもしれない。そしておそらく、これが軍事学の現状には当てはまらないとすれば、この理想を捨ててもよいだろうし、あるいはそれほど重視しなくてよいだろう。しかし、このことは当面の議論には関係がない。私たちが抱く理想というものは、過去の社会の功利主義的な要請に合うように形作られたものだというのは、実際その通りかもしれない。しかし、いずれにしても、そうした理想は、論理的にはそうした社会の要請とは独立したものであり、そうした要請がなくなっても生き残ることがありうる。ヒンドゥー教徒が日に五回手を洗うのはただ衛生上の理由からだと人類学者が言うなら、その人類学者は間違っていて、それに似た誤りを私たちは犯してはならない。この人たちが手を洗うのは、それが宗教的義務だからであり、この慣習はそもそもは衛生面での漠然とした考えから生まれてきたものかもしれないが、それで病気を防止するよりはかえって広めているという証拠があるにもかかわらず、いまなお生き続けているのである。

道徳的な理想は美学的な理想といくつかの点で非常によく似ている。論理的に見ると、道徳的理想と美学的理想は互いに似通っており、いずれも私が功利主義的と呼ぶ道徳判断の根拠とはそれほど似ていない。道徳的な理想の間で選択するという黄金律型の議論が場違いであるような例をもう一つ考えてみよう。ヒマラヤ登山隊のリーダーが、山頂までの最後の行程を自分が先導していくか、最後のキャンプ地にとどまり、自分の隊の別のメンバーにその機会を譲るかについて選択しているとする。ここでは明らかに違う理想が衝突し合っている。しかし、容易に想像がつくように、この登山隊の利益に関するどのような議論を持ち出しても、この問いには答えられない。というのも、利益はきわめて精確に釣り合っているからである。ここで生じてくる問いは、登山隊の利益ではなく、一人の人間がどうあろうとするかという理想に関わるものだろう。大きな障害と危険に向き合いながら世界で幾番目かに高い山の頂上をきわめるような種類の人間になる方がよいのか、それとも自分の立場に備わった権限を用いて、それを自分の手柄とするのではなく、友にその機会を与える種類の人間である方がよいのか。こうした問いは美学的な問いに非常に似ている。それはあたかも一人の人間が自分の人生と性格とを芸術作品と考えて、それはどのようにしたら完成されるのかと問うているようなものである。

ここで、次のように問うことができる。黄金律型の議論がここでは場違いだとすれば、こうした問いに関係するものとして持ち込むことができる何か他の議論があるだろうか。

さて、これは、私たちが議論というものをどのようなものと考えるかにかかっているだろう。しかしながら、これは単なる言葉の使い方の問題ではない。もしこの登山隊がすでに人間の卓越性についての何らかの理想を受け入れているとしたら、こうした場合に妥当性を持った議論は確かに存在する。事実が提示されて、これこれの方向の振る舞いがその理想にかなっているとか、かなっていないということが示されうるだろう。ここでは、理想についてはすでに了解されているものとみなされる。また、ある人が抱いていると主張する二つの道徳的意見の間の矛盾を示そうとする議論もある。そうした議論では、普遍化可能性の要請が役に立つだろう。もしある人が同じような状況で他の人について下すのとまったく違う判断を自分について下すようなことをしていたら、私たちは、その人にどちらかの判断を捨てざるを得ないことを論理的に示すことができるし、あるいはそれらの状況の違いを示すように迫ることができる。さらには、二組の道徳判断の間の不整合ではなく、道徳判断とその人が同意する他の指図との間の不整合を示そうとすることもできる。たとえば、もしある特定の指図（その人の欲求の表れであるもの）を受け入れる結果、その人が自分で明言している理想と衝突するような仕方で習慣的に行為しているとすれば、ある程度まで来ると、その人が理想を唱えても説得力がなくなってしまうときがくる。

しかしながら、違った理想を抱く人々の間の論争を決定的におさめる議論の方法を見つることは不可能であり、それは道徳哲学者が企てるべきことではない。たとえば、一人の人が禁欲主義的な一つの理想を抱いていて、もう一人は美食家の理想を抱いているとしてみよう。どちらの人も自分の理想を追求することで何らかのかたちで相手の利益に影響を及ぼすことがないと仮定すれば、その二人の間で道徳的議論が生じて、そのうちの一人にもう一人が自分の見方を採用するように迫るようなことが起きうるだろうか。道徳哲学者がこうした問題を解決する論理を提供しないことで公衆を失望させていると考えるなら、そもそもそうした問いが解決されることを期待しているかどうか、一般社会の誰にでも尋ねてみるとよい。

6

私たちはさらに議論を進めてもよいだろう。ストローソン氏は説得力のある論文の中で、私が道徳性と呼ぶものの領域を二つの部分に分けるように主張している。[59] 一つは道徳規則に関するもので、その目的は社会の他の構成員に影響を与える振る舞いの習慣に統一性をもたらすことで、もう一つはストローソン氏が用いている狭い意味での道徳性ではなく、個人的な理想に関するもので、そこでは多様性がよいことだとされる。私はこの論文を貫く考え方には同感しているが、二つだけ付け加えておきたい。一つは言葉の使い方に関するもので、すでに明確にしてきたように、「道徳的」という言葉をそこまで狭く限定するのは得策ではないと私は考えている。二つ目は、中身に関するもので、理想というものは多様でありうるし、またそうあるべきだと言っても、それは理想を表現する判断が私が用いてきたような意味で普遍化可能ではないことを意味するものではないという点である。これは、美学的判断と対応させて示してきたことですでに明らかになっているものと思う。

この点は、おそらく、道徳判断を行う際の「すべきである」と「よい」という言葉のそれぞれがどのように違った仕方で用いられているかを考えるともっとはっきりするだろう。両者の違いを考える時に私たちがつい誘われてしまうやり方は、まず、これら二つの言葉の用い方の違いを極端なかたちで示し、両者の違いを過度に緊密に「理想主義」と「功利主義」の違いと結び付けるというものである。そうしておいてから、他者の利益に対する考慮を根拠として、またそこから出てくる道徳原則を根拠として道徳判断を行う場面では、道徳判断は「すべきである」という言葉を用いて表現されるが、人間の卓越性についての私たちの理想から出てくる道徳判断を行うときには、「よい」という言葉を用いて表現されるのだと言うのである。しかし、これは事実とは一致しない。禁欲主義的な人が人間の卓越性についての自分の理想という点だけから考えて、すべての人が（少なくとも十四歳から四十歳までの男性は）、その人自身がしているように、朝食前にランニングするべきだと言うことは完全にありうることである。このように、「すべきである」という言葉は理想について話すときにも用いることができる。もっとも、それは理想というものに対する一定の態度を表している。これについてはすぐ後で考察する。「よい」もまた、他の人々の利益の考慮に動機づけられた行為について用いることができる。ただし、前の著作で指摘しておいたように（LM 12.3）、行為がよいと言われるのはその行為がよい人に見られるような種類の行為だからだと考えられる場合も十分ある。そして、そうなるとその判断はつまるところ理想に関わるものである。

理想を表現するには「すべきである」という語ではなく「よい」という言葉の方を用いる方が確かに自然ではあるが（9.1）、私たちとしては、次の二つのまったく違った区別を混同しないように注意しなければいけない。（1）責務や義務といったものについての判断とよさや完璧さなどについての判断との区別と（2）他者の利益を持ち出すことで支持される道徳判断とそうしたもので支持することはできない道徳判断との区別である。私が「功利主義的」と「理想主義的」という言葉を用いて示してきたのは後者の区別である。本書の残りで行う「狂信的な」理想についての議論は、主として他者の利益を度外視して完璧を求める人々に当てはめられるものであるが、同じ議論は、人間の完璧さではなく、何らかの「絶対的」と考えられた義務を追求して他者の利益を度外視する人々にも当てはめられるだろう（6.7）。私はアメリカ先住民の一部の部族の間では、部族間の戦争において拷問と捕虜を殺すことを儀式として行うことが絶対的な義務の一つと考えられており、その犠牲となる人たち自身もそれを受け入れているというのを聞いたことがある。

『道徳の言語』（LM 10.1, 12.3）で展開した「すべきである」と「正しい」と「よい」の間の論理的な相違は、それぞれがどんなふうに違った仕方で用いられるかを知る手掛かりとなる。「よい」には「よりよい」という比較級があるが、「すべきである」と、それに密接に結びついた形容詞である「正しい」と「間違っている」には通常比較級はない。さらに、「よい」はその比較級を用いるとおそらく一番うまく定義することができる（もっとも、LM 12.3で行った定義は正しいものではないかもしれない）。こうした言葉の論理的な性質とすべての価値判断の普遍化可能性から導き出されるのは、一定の状況で一定のことをするべきだという判断は、精確に似た状況で似たような人はこれと同じことをしないということがあるべきではないという立場に私を拘束するが、他方、「よい」という言葉で組み立てられた判断については、これは当てはまらないということである。なぜなら、自分は朝食前にランニングをするのでよい行いをしているが、隣人はベッドでフィナンシャル・タイムズを念入りに読んでいるからと言って間違った行為をしているわけはない。ランニングをしている人がこう言ったとしても何ら整合性を欠いてはいない。違った生き方がありえて、どちらもよいと認めることには何の矛盾もない。アスリートの生活も、大黒柱として一心不乱に稼ぐ人の生活も、どちらもよいと言うことができる。もし、そのいずれも他方よりもよいと言うとすれば、それは不整合である。だがもちろんそんなことは言っていない。もし禁欲主義者が他の人々もまた禁欲的になるように法律を定めようとする種類の禁欲主義者であるなら、その場合に限っては、その人は「すべきである」という言葉で自分の理想を表現するだろうし、ベッドにいる人について否定的な判断を下すように拘束されることになる。

理想と結びつけて「すべきである」を用いるもう一つの用法があるが、それはもっと無害なものに思われる。身体的な健康の理想を採用する人がいて、そのために朝食前にランニングすることが必要で、自分自身に向かってもうベッドから出るべきだと口にすることもあるだろう。また、もしその人の意志が弱いとしたら、もう三十分前にベッドから出るべきだったと言うこともあるだろう。しかしこれは仮定的な「すべきである」にすぎない。その人が言っているのはただ、自分の理想に適った生き方をしたいのならそうすべきだということに過ぎない。こう言っても、そうした理想を持たない人たちについて何らかの道徳的判断を行っていることにはならない。

このように、私たちが今持っている通りの道徳の言語は普遍化可能性やその他すべてを備えていて、ストローソン氏のような人々がとる寛容で多様性を愛する立場を表現するのにまさにあつらえ向きのものである。多くの種類のよい人がいて、よい人生があると私たちは整合性をもって言うことができる。私たちに禁じられているのは、二つの同一の人生や人について、一方はよくて、もう一方はよくないと言うことである。二つの違った人生や二人の違った人について、両方ともよいということは完全に理に適っている。同時に、私たちの言葉はもっと厳格な考え方を表現するのに用いることもできる。もし誰かが十四歳から四十歳までの人はみな朝食前に一マイル走るべきだという意見を表現したいとすれば、それに必要な言語的な手段もまた手元にある。というのも、私たちの道徳の言語は様々な理想の間に立って中立であり、それゆえ、またその解釈を行おうとする哲学も中立なのである。

7

「すべきである」と「よい」のこうした区別は、最近アームソン氏によって書かれた印象的な論文が論じている「義務以上の仕事」という問題にも光を投げかけてくれるだろう。[60] もしある兵士が仲間たちを助けようとして爆発する手榴《しゆりゆう》弾の上に身を投じてわが身を犠牲にしたとすると、その人はよいことをしたが、それはその状況にある誰もがするべきことではない。もしそうしなかったとしても、その人は悪い人だと言われることもない。とはいえ、その場合、その人はその点でよい人ではないことになるだろう。したがって、他の人たちについても、そういうことをしなかったからといって悪い人たちであることにはならない。しかしながら、その人はそうした行為をするという点で、他の人たちよりもよい人だということを示したことにはなる。しかし、それ以外の点では、（たとえば正直さという点では）その人より他の人たちの方がよい人かもしれない。その人がもし他に恐ろしい性格上の欠点を持っていたとしたら、他の人たちは全体としては、その人よりよい人だということもありうる。

誰もがよりよい人になろうとするべきだということもできるだろう。しかし、よい人にもいろいろなかたちがある。そのため、AはBよりもよい人だという事実から（Aはある点でBよりもよいという事実は言うまでもなく）、BはもっとAのようになろうとするべきだという結論は導き出されない。AがBよりよい点を取り出しても、BがAのようになるべきだという結論は導き出されない。なぜなら、Bは違った種類のよい人になろうとしているのかもしれず、そのためには、AがBよりもよいとされるその点についてさえ、もっとAのようになろうとすることは必要ないか、あるいはその妨げになるかもしれない。先の例で取り上げた勇気は、ほとんどの種類のよい性格の要素だと考えられているので、私たちのほぼ全員が先に記述した兵士のような仕方でもっと英雄的になろうとすべきだと言われるかもしれない。しかし、どれほど私たちが努力するかは、おそらく自分がそういう状況に置かれる可能性がどれほどありそうかによることだろう。しかし、おそらく人は、どうにも変えようがないと確信しているのでない限り、完全な臆病者であることに甘んじるべきではない。そこで、一般的には、最も美徳に優れた人々の行いを引き合いに出すのだが、それにも条件があって、その人たちが体現している性格の特徴が私たち自身が追求できると感じている一貫した理想に適合する場合に限られる。この点では、『道徳の言語』第9章7節における聖フランシスコについての言葉（原書p.142）は誇張であった。

そこで、理想についてのここまでの議論の結論は次のようになると思われる。利益が関係していない場面では、理想の間の衝突については、議論という方法ではたいして影響を与えることはできない。他方、利益の衝突は、理想の衝突が関わっていないなら、道徳の言葉の論理が生み出す議論の形式を手段として仲裁することが可能である。残されているのは、利益が理想と衝突するときどうなるかという大きな問題である。これが次章の主題である。

第9章　寛容と狂信

1

第6章と第7章では、道徳というものを対立する利益を調停する方法として示してきた。できるだけ短く言えば、道徳的に考えるということは、少なくとも他者の利益と自分の利益が衝突する場面で、誰であれ似た状況にある人が従う振る舞いの原則として受け入れることのできる原則に自分の利益を従わせることである。しかし、道徳はこれに尽きるものではない。広い意味では、道徳には利益の仲裁だけでなく、理想の追求も含まれている。そして、議論というものになじまない仕方で理想と理想が対立する場合があって、それは何も大きな問題ではなく、不面目なことではないこともここまで見てきたとおりである。しかし、ある人が自分自身の理想を追求するうえで、他の人々の利益（すべての人にそれぞれ違った理想を追求する自由があるという利益も含めて）を容赦なく踏みにじるような場合、この人に反対して何の議論も提示することができないとしたら、それは大きな問題であり、全く不面目なことである。そこで、私たちはそういう人に提示できる議論を探していかなければならない。そのためには、理想と利益の間の違いと両者の関係をもっと丹念に検討することが役立つだろう。

先に指摘しておいたように(7.4)、次のように言ってよいだろう。利益があるということは、人が欲するものが何か(あるいは将来欲するようになりそうなものが)存在しているということか、もしくは人が欲する(あるいは将来欲するだろう)何かを手に入れるうえで、必要、ないし十分な手段(もしくは手段になりそうなもの)が何か存在しているということである。さて、このような欲求が普遍化可能でないということは、前に見てきたように(5.4)、欲求というものの特徴である。普遍的な欲求(ある種の状況においてはある種のことが常に生じてほしいという欲求)を抱くということは完全に可能であるとはいえ、欲求というものは普遍的である必要はない。ある人が何かを手に入れたいと思うことによって、同じような状況にある他の人々にもそれを手に入れてもらいたいと思うようにその人が拘束されるわけではない。ある程度利己的な人なら、他の誰もが、あるいは似た状況にある誰もが十分食べられるようであってほしいと思わなくとも、自分には十分食べるものが欲しいと思うかもしれない。すると、利益というものも欲求と同じく、普遍的ではないことになる。ある人にとっては手に入れることが利益になるものであっても、それを他の誰かが手に入れても、必ずしもその人の利益になるわけではない。

利益というものは、それ自体は普遍化可能ではないので、道徳が求める普遍化可能性の要請に従わせることが容易である。そのため、原理的には、利益の対立を解決するために道徳的思考を用いるのは比較的容易である。（とはいえ、第5章4節で叙述したように、実際問題としては、自分の利益を追求する人々は利己心から道徳的に思考するのをやめてしまうことが多い。）他方、理想がこうした対立に関わってくる場面になると、状況ははるかに難しくなる。なぜなら、理想というものは、私たちが見てきた通り、独自の普遍化可能性を備えたものであり、そのため、異なる理想の間に立って道徳が仲裁しようとしても、これに抵抗するからである。これが非常に顕著にみられるのが国際政治である。もし二つの国家、もしくは政府の利益が対立する場合、この対立は二つの方法のいずれかによって多かれ少なかれ容易に解決することができる。一つは、完全に道徳とは無関係な取引という方法である。この方法では、両国ともに、自国の利益の一部が保証されることを条件として別の利益をあきらめ、また、それによって紛争の回避という最大の利益が保証される。もう一つの方法は、道徳的な考察を導入することであり、それによって、両国がそれぞれ自国の利益を追求するにあたって、どの国でも似た状況にある場合に受け入れることができる程度までそれを限定することになる。もし国際関係が最初の方法で処理できるとしたら、各国政府がある程度の国力をもち明晰な思考を行うと仮定した場合ではあるが、戦争の危険は今ではほとんどないはずである。そして、二つ目の方法を国際的な対立に用いることができれば、永続的な平和が望めるはずである。しかし、国際政治に理想が持ち込まれてくる場面では、この二つの方法のいずれも適用することは難しく、紛争をおさめることは容易ではない。第二次世界大戦の主たる原因は、ナチズムと民主主義というそれぞれ異なった理想の衝突だった。そして次の世界大戦が起きるとすれば、その主な原因は共産主義と欧米の自由主義という理想の間の対立だろう。そこで、こうした国際的な緊張関係を理解しようとするなら、理想と理想の間の対立、あるいは理想と他の利益との対立というものに何が関わっているのか、そして二人の関係者の間でただ利益が対立する場合とどこに違いがあるのか、その論理的骨組みを露《あらわ》にして見ていくことがきわめて重要である。中心的な違いは、そしてそれが他のすべての違いのもととなっているのだが、理想というものが持つ普遍化可能性にある。

理想を抱くということは（きわめて大雑把に言えば、また第8章6節で行ったばかりの条件を念頭に置くなら）、ある種類の事物がそれを含むより大きな部類の中で傑出してよいものだと考えることである。したがって、理想的なスポーツカーという概念が私にあるとしたら、それは、たとえば、「理想的なスポーツカーは、確実にハンドルで制御できて、加速力が目覚ましく、パワフルで、信頼できるブレーキが備わっている等々」といったような、スポーツカーについてのある特定の記述がスポーツカーという部類の中で傑出してよいものだと考えているということである。道徳的な理想を抱くということは、あるタイプの人間が人間として傑出してよいと考えるとか、またおそらくあるタイプの社会が傑出してよい社会だと考えるということである。ナチスと少なくとも欧米の敵対者の間の対立が解消不可能だったのは、ナチ党員の抱く人間と社会の理想が、たとえばリベラルなイギリス人や米国人が抱く理想とまったく異なったものだったという事実のためである。もしこれが単なる国益の対立という問題だったら、忍耐強くあれば、双方がそれぞれにとっての「主要な利益である平和のために、自分たちの利益のうちのどれを犠牲にしなければならないか」（取引）と自問するか、あるいは「私たちの国益のうちで、似た状況にあるどの国もが追求することを原則として受け入れることができるものはどれだろうか」（道徳）と問うことによって合意に達することができたかもしれない。しかし、ナチズムとその敵対者は原則そのものをめぐって対立していたのである。ナチ党員はある種類の社会とある種類の人が傑出してよいと考えており、違った理想を持った自由主義者にとっては、それは決して受け入れることのできない種類の人間や社会だったのである。

さて、私はここまで、理想の対立それ自体は黄金律型の議論の主題になることはできないし、おそらくあらゆる場合に解決をもたらすような他のどのような種類の議論の主題となることもできないと主張してきた。これは他の関係者の利益が関わらない場面ではその通りだった。しかしナチズムの場合はこの点で異なる。なぜなら、彼らはある理想を追求するだけではなく、その理想の性質上、それを追求することが他の人々の利益と理想を蔑み、それらに挑戦することだったからである。ナチ党員と自由主義者のそれぞれの理想が互いに干渉することなく追求されるようなものであったら、議論は不可能であるし、また必要でもなかっただろう(L.M 9.2)。しかし、理想を抱くということは、それ自体、理想を追求することが阻止されないという利益を持つことである。そこで、ある人やある国家の理想が、他の人がそれぞれの理想や利益を追求することを妨害するように求めるものだとしたら、自ら生きるとともに他を生かさせよという本質的な条件が欠けており、こうした対立が生じる場合には、議論には再び果たすべき役割がある。そこに理性的な議論が存在しなければ、まず間違いなく暴力が避けられない。

自由主義者とナチ党員の間での議論において、どのようなことを持ち出して言うことができるだろうか。これをできるだけ短く考察してみよう。まず自由主義者がすることは、ナチ党員の行為が、ナチズムの理想を共有しない多数の人(たとえばユダヤ人)にもたらす帰結に注意を向けさせようとすることだろう。そして、人々に(あるいはユダヤ人の特徴を持った人々に)このような苦しみをもたらすように命ずる普遍的な原則に同意する用意があるかと尋ねるだろう。さて、もし利益だけが考慮されるとしたら、自由主義者の主張は強力なものとなるだろう。なぜなら、ナチ党員は、自分がユダヤ人だとしたら、あるいはユダヤ人の特徴を持っているとしたら、自分をそんな目に遭わせる判断に同意するはずがないからである。もし理想というものを考慮から外したら、ナチ党員がこの判断に同意する理由は絶対にないし、逆にそれを拒否する理由はいくらでもある。そんな目に遭うのはユダヤ人の利益にも他の誰の利益にも反することを認めるに違いない。こうして、第6章の議論を適用することによって、自由主義者は、ナチ党員に対してユダヤ人をこのような仕方で扱うのは正しいという道徳判断を斥けるようにさせるだろう。ところが、ナチ党員には自分自身の普遍的な原則があって、それによって自由主義者の議論は阻まれてしまう。ナチ党員は、ユダヤ人が持っている特徴は、理想的な人間、もしくは傑出してよい人間の理想とは相容れないものであり、こうした特徴を持った人々が根絶されない限り、理想的な社会どころか我慢できる程度によい社会さえ実現できないという原則を受け入れている。それゆえ、この人に自分がユダヤ人の特徴を持っていると想像して、その場合に何が自分の利益になるかを考えるように求めても明らかに無駄である。なぜなら、その人は、（自分自身の利益も含めて）他の人々の利益がたとえ犠牲になっても、理想に合わない人間たちを根絶して理想的な人間を生み出すことで理想的な社会の状態を追求するべきだと考えているからである。

自分の利益についての考慮によって動かされ、自己利益に基づく判断を普遍化する用意はあるが、この種の狂信的な理想を持たない人であれば、こんなふうに考えることはできない。そして、こんなことを公言する人は真剣にものを言っているのではないとか、想像力を欠いているのだと言われるだろうが、それももっともである。なぜなら、全体としてみればこのような狂信主義は稀にしか存在しないからである。だが存在はしている。ここで記述したような種類の理想を抱く人は必ずしもそうした想像力とか真面目さを欠いているわけではない。その人の理想は、見たところ、自己利益とも、また自己利益を普遍化することによって生み出される道徳とも一切関係がない。むしろ、前章で論じてきたような美学的な評価にはるかに似ているように思われる。ナチズムの大罪は、美学的な種類の評価を拡大し、美学的な評価が他の人々の利益より下に置かれるべきだと人類の大多数が考える領域にまで広げたことにある。ナチ党員はヘリオガバルス皇帝のようなもので、伝えられたところによると、この皇帝は緑の草に流れる赤い血が美しいと考えて、人々を殺させたという[61]。

理想主義者の立場の圧倒的な強さを示すには別の方法もある。第6章6節で見たように、黄金律型の議論を回避するために誰でもとれるやり方がある。それは、道徳判断を行わないという方法である。しかし、このような回避手段をとることは、道徳的と考えられる議論から撤退することを意味している。そして、倫理学者にとっては、道徳という同じ土俵で試合をしない人との議論で勝つことができないことは決して敗北だとは思われない、それは、数学者が、数学的な判断を一切行おうとしない人に対して六つの卵と五つの卵を合わせれば十一個になると証明できなくとも気分を悪くする必要はないのと同じである。しかし、今論じているナチ党員は、これと非常によく似た手段を用いながらも、自分は道徳の土俵に上って勝負しているのだと主張する。というのも、この人もまた指図的な普遍的判断を行っているからであり、この人とその敵対者との唯一の違いは、ナチ党員は仮定的な事例で（たとえば本人がユダヤ人の特徴を持っていると想定する事例で）、この判断が自分の利益と衝突する場合にも指図的な判断を変えない点にある。むしろこの点を持ち出して、ナチ党員は相手よりも自分の方が道徳的に優れていると言い立てるかもしれない。相手の方は仮定的な事例で自分の利益と衝突する場合には自分の原則を捨てるが、ナチ党員は、利益の問題を度外視して人は自分の原則を守るべきだと言ってのけるからである。

2

この時点で、ナチ党員の事例に安易な方法で対応したくなる哲学者もいるだろうと私は確信している。それは、ナチ党員は、本当は道徳の土俵から降りて試合から身を引いているのだとするやり方である。この哲学者たちの考えでは、そのナチ党員が普遍的な指図的判断をしていることは確かであるが、それだけでは道徳的な判断を行っていると言うには十分な条件ではない。これまで見てきた通り、美学的な判断は普遍的に指図的であり、また他の種類の価値判断もそうである。そこで、この価値判断という「類」に属する判断の中で道徳判断という「種」を区別するには何か他の違いが必要である。この違いこそ、議論でナチ党員を打ち負かすために必要とされる要素に他ならない。そこで、ナチ党員に対しては、ただ次のように言いさえすればよい（とこの哲学者たちは主張するだろう）。ある原則が非常に多くの人々の最も差し迫った利益と衝突する場合に、その原則を放棄する用意がないとするなら、その人は道徳判断を下しているのではないことをおのずと露呈している。さて、「道徳的」という言葉の用い方をこのように制限すると、ある種の功利主義をその言葉の定義に書き込むことになる。では、どのようにしてその定義を精確に定式化するのか、そして自然主義に陥ることなくそんなことができるものだろうか。幸いにも、私たちはここでこうしたことを追求していく必要はない。私たちとしては、この仕事を省くことができる。なぜなら、どのように試みても、こうしたやり方は致命的な反論を受けるものであるし、また、そればかりでなく、これから見ていくように、もっと問題のない方法で、私たちが達成すべきことを果たすことができるからである。

　こうした安易なやり方をとると、次のような致命的な反論を突き付けられる。もし私たちがこの種の定義によって、自由主義者がナチ党員を負かしたと言うとしても、その勝利は本質的にきわめて不毛な勝利である。ナチ党員も自由主義者も、ともに、前と変わらず、違った生き方を普遍的に指図していくことだろう。そして、それゆえ、人々の間で意見が異なる問題の中で最も根本的な問題についても、意見が違うままだろう。多くの人に倣って、私たちが両者の間の相違を道徳的な相違と呼ぶかどうか、また、先ほどの提案に従うとすれば、この種の違いを表す他の言葉を考え出さなければならないかどうか、こうしたことは最終的な問題ではない。こうした問いは純粋に言葉の上の問題であり、これについては後で立ち戻ることにしよう（10.7）。本当に重要なのは、人々の間にこのような意見の違いが存在することを認識しなければならないことであり、道徳哲学者としての私たちは、それについて明確な思考を進めていくようにできるだけのことをすべきだということである。問題を明確にしてもこの問題を解決する方法を見出すことはできないとまだ予測してかかることはできない。方法は何もないかもしれない。しかし、私たちとしては、それがないことを十分に納得する必要がある。もし、ナチ党員と自由主義者がそれぞれ違う土俵に上って、それぞれ別の試合をするにまかせておくとしたら、私たちは道徳哲学者としての義務を全うしていないことになるだろう。なぜなら、両者が同じ土俵で向き合っている試合が一つあって、そこでの戦いは苛烈で、血が流れているからである。

これは、第6章5節で考察したような事例とは違うものである。そこで取り上げた事例ではいくつかの方法を用いたが、ここでは私はそのいずれも斥ける。思い出していただけると思うが、そこで考察したのは、指図的でないか、あるいは普遍化可能でないかのいずれかによって、ある人の下す判断が道徳的な判断にならない（もしくは、私たちが使っている意味での評価的判断にならない）事例だった。そこでは、いずれの場合も、関係者の間に道徳的な論争が存在しないことが明らかになったという根拠から、私たちは最後には議論を継続するのを拒否した。これと対応するものとして、通常は「十一」という言葉で意味するものを表現するのに「一ダース」という言葉を用いる人との数学的な議論を持ち出した。言葉の用い方についての合意に達しなければ、議論を続けることはできない。そして、その点で合意に達するなら、つまり、この場合では「すべきである」が意味するものを表す何らかの言葉が選ばれさえすれば、議論はこの概念の性質が決定する方向に進んでいくことができる。では、ナチ党員との議論で同じ方法をとるという提案にはどうして反対するのか、と問われるかもしれない。この方法をとるなら、「道徳的にすべきである」という概念の性質を一定のものと設定して、その概念からすると、他者の利益についての考慮を持ち出してもナチ党員が考えを変えようとしない場合、その人はもはや道徳的に議論していないと言って済ませてしまい、後は、ナチ党員には勝手にさせておけばよいことになる。

これはただ、通常の用い方ではどのように「道徳的」という言葉が使われているかという問題なのだろうか。ナチ党員の立場を道徳的な立場と呼ぶべきか、呼ぶべきではないのかといった問題にすぎないのだろうか。私たちを煩わせているのはその種の問題ではない。この点はいくら強調してもしすぎることはない。これは数学の場合と変わらない。数学においては、言葉の実際の用い方によって何一つ変わることはない。そして道徳も同じである(65)。私たちはこの議論に関わる概念のすべてを人工的なシンボルを用いて表しても、同じように議論を進めていくことができる。私たちが考察しなければならない決定的に重要な問いはそれでも生じてくるのである。

「道徳的」という言葉はあまりにもつかみどころがないとして、いったんこれを用いるのを控えて、関係してくる概念をもっと完全なかたちで提示することにしよう。私たちの手元には、制約が減っていく順番で次のような三つの概念がある。まず、「すべきである－1」という概念で、これには、人は他の人々の利益を完全に度外視して、あることをするべきだと考えることはできないという制限が課されている。またこの後に出てくる他の「すべきである」という概念にも課せられている制限がすべて課されている。二つ目に、ナチ党員と自由主義者が共有する概念、「すべきである－2」があり、これには最初の概念に課されている制限はなく、ただ指図的で普遍化可能でなければならないという制限がある。三番目に「すべきである－3」があって、これは指図的だが普遍化可能ではない。私は、実際には「すべきである」という言葉が「すべきである－3」の意味で用いられることがあるとは考えないので、この概念を表すのに何か他の言葉（たとえば、「欲する」というかたちで定義される言葉か、あるいは（～せよという）単純な単称の命令文）を用いたいと思うが、論点を先取りしているように思われないために「すべきである－3」という言葉を用いることにする。さて、「すべきである－3」を用いる人については、私は、言葉に定められた用法を持ち出して、問題外だとして簡単に議論の外に追いやってしまう。では、「すべきである－2」を用いる人については、「すべきである－1」に課されている制限に従おうとしないからということで、この人たちを議論の外に追いやることをどうして私は認められないのか、と問われることだろう。

この問いに対する答えは、私たちがここで試みていることは、言葉の用法を定めることではないということである。「すべきである－3」を用いて尋ねられる問いであっても、完全に適切な議論の対象とすることができる。しかし、少なくとも、それは「すべきである－2」を用いて尋ねられる問いとはっきり区別されるものである。「すべきである－3」は普遍化されていない自己利益や、私の家族とか私の国といったふうに、個人に言及して定義されるような集団の利益についての問いに関わるものである。しかし、私たちにはそうした問いを表すのにふさわしい完璧な言葉があって、道徳哲学者には興味のあるものだが、他の二つの種類の問いを尋ねたり議論したりする際に使われる言葉とは容易に区別しておくことができる。もっと分かりやすく言えば、もしある人の関心が、自分の家族の利益をどうすれば最大限促進できるかということだけだとすれば、その人はこの問題をあらゆる方法で心行くまで議論することができる。しかし、この人は、この種の問いと、「人（どの人であれ）はこのような状況に直面したとき何をするべきか」と問うている人を煩わせている問いを混同してはならない。第6章5節で、私たちが行ったのは、言葉の用い方を決定するというやり方で実質的な問題を解決するということではなかった。私たちがそこで行っていたのは、二つの問いの中身を明確に区別することだった。そしてここでもまた、私たちは同じことをしているのである。「すべきである－2」を用いて表現されている問いは、「すべきである－1」で表現されている問いとは違うものである。後者は確かに重要である。しかし、私たちは前者も重要だと主張しなければならない。そして、「すべきである－2」を用いることが許されないとなると、私たちにはナチ党員と自由主義者の違いを表現するすべがないことになる。だからこそ、「すべきである－2」がたとえ存在しないとしても、その概念は非常に重要であり、それを表す言葉がないとしたら、それを作り出して、そしてその言葉で提起されている問いを論じなければならない。

そこで私たちは誰でもそうしたい人には「すべきである－1」の定義を試みてもらおう。（難しいがおそらくやりがいのある仕事である。）その試みがうまくいったとしても、私たちが目の前にしているまったく別の重要な問題を問う場がはっきりするだけだということだけは言っておかなければならない。問いというものは、それを尋ねることができないように言葉とその用い方を作り上げることで、問うことができなくなることはない。

3

そこで、現在の議論の目的に沿って、「すべきである－1」については忘れて、「すべきである－2」という言葉を用いると、自由主義者とナチ党員との間で生じている問題をどのように明確に示すことができるかを問うことにしよう。別の言葉で言えば、両者がそれぞれ実質的に異なる普遍的な指図を支持しているとすれば、この二人の間で何らかの議論が可能だろうか。思い出してほしいのは、美学的な不一致の場合には、私はそれ以上の議論が不可能だという考えに傾いていると言ったことである。そして、ナチズムの理想はいくつかの点で美学的な好みに似たものである。それでは、ある種類の音楽がただ好きだという人と議論することができないのと同じように、私たちはナチ党員ともこれ以上議論することはできないのだろうか。私の見る限り、この望ましくない結論から救い出してくれるものが一つだけある。それは、ナチ党員の立場と美学的に特殊な好みをもつ人の立場の間にはなお重要な違いがあるということであり、それはすでに着目してきたものである。つまり、他の人々の利益についての考慮は美学的な問いそれ自体には影響を及ぼさないが、ナチ党員は他の人々の利益が深く関わる領域で活動しているという違いである。私が先ほど斥けた提案はこの点を突いて議論を終わりにしようとするものだったが、それとは違って、同じ反論が出てこないような仕方で利益という要素を用いることができるかもしれない。私たちは自分たちの議論を「すべきである - 2」に限って、より強い制限が課される「すべきである - 1」を持ち出さなくても、ナチズムの理想が他の人々の利益に及ぼす影響に基づいた議論を突き付けて、少なくとも一部のナチ党員を困惑させる方法を見出すことができる。

私たちは美学的な議論の場合でさえ二つのことを区別しなければならない。一つ目は、ある対象や事態についての人の美学的な意見である。二つ目は、その意見に基づいて行為しようとすることで、その対象を確実に手に入れようとするか（あるいは取り除こうとするか）、またはある事態を生じさせようとするか（あるいはそれを阻止しようとするか）しようとすることである。たとえば、私がある絵を好んでいるということと、その絵を自宅で楽しむために画廊から盗むということは違うことである。また、私がある音楽を嫌悪していることと、それが演奏されているコンサートを妨害しようとすることとはまったく別のことである。そこで、同じようにナチ党員がユダヤ人は人類の劣等種だと考えることと、組織的にユダヤ人を根絶しようとすることはまったく別のことである。自由主義者とナチ党員とが違うのは、そうした活動の道徳的性質によるものであり、単にそうした意見を抱いているということの道徳性ではない。つまるところ私たちが忌まわしく思うのは、ヘリオガバルス皇帝の色彩についての好みではなく、それを満足させるために皇帝が選んだ手段なのである。

ここで私たちは具体的にはつかみにくい概念に訴えなければならない。二つの評価、もしくは（一般的に言うなら）指図はときに衝突するが（両者が矛盾するという意味ではなく、現実の状況では、両方を行うことはできないという意味で）、そういう場合、私たちはその一方を他方に優先させる。私の解釈では、この優先させるという言葉が意味しているのは、実際にそのうちの一つに基づいて行為し、もう一方に基づいて行為しないということだけではなく、その一つに基づいて行動すればもう一方を度外視することになるにもかかわらず、そのように行為するべきだと考えているということである。例えば、大学の私の部屋に緋色のソファがあるとしてみよう。私の誕生日祝いに、それと合わせて置くように濃いピンクのクッションを妻が贈ってくれたとしてみよう。美学的に言うなら、緋色と濃いピンクは並べるべきではないというのが私の確固とした意見である。しかし、私はそのクッションをソファに置いておくべきだと考えるだろう。道徳的にみて、人は自分の妻の気持ちを傷つけるべきではないし、また妻に対して嘘をつくべきではないと私は考えるだろう。

注意してほしいのは、そのソファにそのクッションを置いておくべきだという意見を持つとしても、そのために私は自分の美学的な意見を何ひとつ捨てる必要はないし、修正する必要はないという点である。すると、この事例は、自分が支持するある道徳原則について、それが自分の支持する何か他の道徳原則と衝突するのを防ぐために、それを修正したり追加条件を加えたりするような場合とはまったく異なることが分かる。ある人がこれまでは決して虚偽の言明をすべきでないと考えてきたとしてみよう。しかし戦時下において、自分が抱いている別の道徳原則、つまり戦時下では見知らぬ人に重要な秘密の情報を漏らすべきではないという原則を守ろうとすれば、虚偽の言明をすることも時に必要だと気づくようになったとしよう。そこで、その人は虚偽の言明についての原則を修正して、

「戦時下において敵を欺くための場合を除いて、人は決して偽りを口にすべきでない」というものに変更することだろう（LM 3.6）。しかし「クッション」の場合に私がしているのは、これとはまったく違うことである。私は自分の美学的な意見を修正して、「妻の気持ちを傷つけないようにするためにそうする必要がある場合を除いて、人は決して緋色と濃いピンクを並べるべきではない」と変更しているわけではない。こうした原則は道徳的であると同時に美学的でもあり、またそのどちらでもないという雑種の怪物である。私が行っているのは、自分の美学的な原則はそのままにしておきながら、それに対して（やはり修正されていない）道徳原則を優先させるということなのである。

「道徳的」という言葉の意味の一つは（おそらく一番重要な意味だろうが）、道徳原則の特徴として、こんなふうに他の原則が道徳原則より優先されることはできず、修正したり、いくつかの例外を許すように条件が加えられたりすることができるだけだということである。道徳原則のこの特徴は、それが他のどのような種類の原則より上位にある、あるいはより権限があるという事実と結びついている。（どうしてそうなるのかは説明が必要であるが。）こうした意味で、ある人の持つ道徳原則とは、美学や作法といった下位の原則に反することになったとしても、その人が自分の人生を導いていくものとして最終的に受け入れる原則である。さて、私たちのほとんどは、ヘリオガバルス皇帝と同じ色の好みを持っていたとしても、そうした目的のために人々を殺すことを禁じる道徳原則をこの美学的な好みに対して優先させるだろう。ヘリオガバルス皇帝はこの原則を認めていなかったのである。そして、この点で、ナチ党員は皇帝に似ている。私たちのほとんどは、たとえユダヤ人のいない社会を理想としているとしても、その理想に対して、ナチスが自分たちの理想を実現するために用いている手段を禁じる通常の道徳的な諸原則の方を優先させるだろう。しかし、ナチスはこうした通常の道徳的な諸原則を認めず、自分たちの理想を追求するうえで、そうした諸原則を修正して、その適用範囲からユダヤ人に対する行為を除外したのである。そこで、ナチ党員との議論において私たちが何を言うかを考える上で、ヘリオガバルス皇帝に対してどのような議論を持ち出せるかを考えることから始めるのが有益だろう。

4

まず注目すべき点は、美学的な好みも道徳的な理想も、それが指図的でなければ、実際に私たちの行為に影響することはないということである。ここで再び私たちの議論に決定的に重要になってくるのが価値判断の持つ指図性である。この指図性は、広い意味で用いる場合には、〜したいと思うとか欲求を抱くという言葉で実質的に表現することができる。美学的な好みや理想を抱くということは、少なくとも何かを欲する（例えば、濃いピンクの隣に朱色があるのを見たくないと思うとか、ユダヤ人のいない社会になってほしいと思う）ことである。私たちが先ほど見た通り、理想や美学的な判断は欲求とまったく同じというわけではない（9.1）。欲求の場合には普遍化可能性は要請されないが、美学的な判断と理想の場合には普遍化可能性の要請があるからである。しかし、これは、理想と美学的な判断（この点でも、他の価値判断と同じことであるが）と欲求には、行為に向かう傾向を持つという特徴が共通して見られることを否定するものではない（5.3）。そして実際に、もし私たちが「欲求」という言葉を広い意味で用いるなら、どのような評価においても、評価というものがまさしく指図的であるという理由で、他の何かよりもあるものを手に入れたいとか行いたいという欲求が要素として組み込まれている。ここで私たちが用いているような広い意味で「欲求」を用いるなら、行為に向かう傾向として感じられるものは何であれ「欲求」である。もっと狭い通常の意味で欲求と言うときには、行為に向かう他の傾向、たとえば責務の感情と対比され、それらとは違うものとされている。（「欲求」を広い意味で用いれば、責務の感情は、自分のすべきことをしたいと思う欲求と呼ぶことができるだろう。[62]）

私たちの当面の議論にとって重要なのは、この広い意味では、ナチ党員はユダヤ人が根絶されることを欲しているということであり、そして、この欲求がある理想に対応する普遍的な欲求であるために、この人は、ユダヤ人を根絶したいと思う理由となったユダヤ人の特徴を持つ人は誰であれ同じように根絶されることを欲している。そしてここから、必然的に、もしこの人が真剣で、明断な理解力があれば、自分がユダヤ人の特徴を持つようになったとしたら、自分もまた虐殺されることを欲するということになる。そして、ヘリオガバルス皇帝もまた、自己矛盾に陥らないためには、誰であれ（それが自分である場合でも）、もしそれが赤と緑が並ぶのを見るのを好む人の嗜好を満足させるために必要とあれば、虐殺されることを欲していなければならない。少なくとも、ナチ党員のように、本当に理想を追求して自分のすることを行っているのだとしたら、ヘリオガバルス皇帝はこれを欲しなければならない。

指摘するまでもないことだろうが、ヘリオガバルス皇帝の行為についてはもっと妥当な解釈がある。それは、皇帝が抱いていたのはそのような理想ではなく、単なる利己的な欲求に過ぎないというものである。皇帝が欲していたのは、誰であろうと人の色彩の嗜好を満足させるためなら、誰であろうと（自分も含めて）虐殺することではない。皇帝が抱いている欲求はただ、自分自身の色の好みを満足させるために人々を虐殺することである。皇帝の行為をこのように解釈するなら、皇帝に対しては、私たちが第6章と第7章で概略を示した議論が突き付けられることになる。そして、ナチ党員が自己利益のためにだけ行為しているなら、やはり同じ議論が突き付けられる。しかしながら、私たちはこうした人たちのことは無視して、もしそういう人が存在するとしたらであるが、ナチズムの強固な信奉者たちに絞って考察しなければいけない。そして、そういう人たちの場合にどのように対応するかを示そうとするなら、ヘリオガバルス皇帝については、前の段落で述べた極めて常軌を逸した欲求、つまり誰かの美学的な好みを満足させるために必要とあれば、自分さえも虐殺させることを求める欲求を抱いていることにしなければいけない。ナチズムに対応する例を探そうとすれば、これほどに現実離れした話になってしまう。それが明確になっただけでも、ナチ党員との議論で扱わなければならない問題が相当狭められたことが見て取れるだろう。というのも、本当に強固なナチ党員はおそらく考えられているよりもずっと少ないことがここから分かるからである。

本当に狂信的なナチ党員がもつ欲求がどれほど常軌を逸した性質のものかをはっきりさせるために、次のようなトリックをその人に仕掛けてみることができると想像してみよう。それは本書の後の方で人種主義者という、違う種類の人々に対して仕掛けるトリックと似たものである（11.7）。私たちはナチ党員に対して次のように言うとしてみよう。「あなたはご存知ないと思いますが、あなたは、ご自分の両親だと思っている人たちの息子ではなくて、二人の純粋なユダヤ人の子供だということが判明しました。あなたの奥さんも同じです。」そしてこの主張を裏付ける一見覆しようのない証拠を突き付ける。これに対して相手が次のように答える可能性が（論理的にはそう答えることは可能であるが）どれほどあるだろうか。「分かりました。それなら私と私の家族を全員ブーヘンワルトに送ってください。」その後で私たちがこう言うと想像してみよう。「これは嘘でした。私たちが示した証拠は捏造したものです。しかし、そういう可能性に直面してみて、それでもあなたはユダヤ人を根絶するという考えを変えないのですか。」

こうした仕掛けを行う目的は、最終的に、この人に今現在自分が本当に信じている普遍化可能な原則を指図させることにある。この議論の最初の段階は、それ自体としては私たちの役に立たない。つまり、ユダヤ人、もしくは自分がユダヤ人だと信じている人なら、一定の判断を行うだろうということをこの人に納得させても、何の役にも立たない。なぜなら、ナチ党員は常に、「ユダヤ人がどう考えようと勝手だが、私たちの意見はまた別だ」と言うことができるからである(6.9)。しかし、本当に自分がユダヤ人だと想像してみたことで、ナチ党員が同じように言うことはありそうもない。これは論理的に不可能だということではない。もし「ユダヤ人というものは忌まわしいものだから、私と私の家族全員がもしユダヤ人なら、ガス室送りになるべきだ」と言っても、それでこの人が自己矛盾に陥ることにはならないからである。私たちが展開しようとしている議論は、論理だけに基づくものではない。もっとも、論理がなければこの時点までこの人を連れてくることはできない。しかし、論理と同時に、この議論の基礎には、ありがたいことに経験的な事実がある。それは、本当に他の人の立場に身を置いた自分を想像してみた後では、論理的には可能でも、そんなふうに考える人はきわめて稀だという事実である。

しかしながら、明確なかたちで示されると、あまりにも常軌を逸していて、気が狂った人以外には誰も信じないと思われる立場でも、国民全体に受け入れられたり、社会で影響力のある人たちに受け入れられることがありうる。それは、それが他の考えと混ぜ合わされて、それぞれ別個に考えればいくつかの点で反論できるものであるのに、それらが合わさると、何かしら納得できる合成物を生み出してしまう場合である。道徳哲学が貢献するのは、こうした合成物を諸部分に解体して、論理的に不適当な部分を取り去って、その正体として、論理的な議論では反論できない残りのものを示すことである。そうなると、きわめて少数の人しか受け入れることはないものになるだろう。もし、単に鉤鼻の人々の子孫だという根拠で自分と自分の家族全員をガス室送りにしたいと思う人がいるとしたら、そういう相手と議論ができるような道徳哲学が存在するだろうか。そんなことができる道徳哲学がはたしてありうるだろうか。だがそこでの相手とは、道徳が求める通りに、仮定的な事例をあたかも現実であるかのように扱ったうえで、それでもなおそうしたことを欲する人なのである。

自分も含めてすべての人を本当に殺したいと思っている人の例と比べてみよう。その人の欲求がそれほど激しく揺らがないものであったとしたら、どのような議論をもってしてもこの人がそうしたいと思うのを止めることはできない。私たちは、道徳哲学者としてこれについて思い煩うだろうか。私たちはむしろ、「ありがたいことに少なくとも多くの人はそんなことは思っていない」と言うのではないだろうか。これは道徳的な結論を証明しようとして、全世界の判断に誤りなしという原則に訴えるものではない。そうしたものに訴えることは危険だと私は先にくぎを刺しておいた(3.9)。これはむしろ、ほとんどの人が生きたいと思っているというありがたい事実に安堵を見出しているのである。私たちが言っているのは、「ほとんどすべての人がこれこれの道徳的意見を持っているので、それは正しいに違いない」ということではない。道徳の議論においては、ある意見が非常に一般的だからという理由で相手がその意見を支持しているに違いないと前提して、論点を先取りして問いを回避することは決して許されない。しかし、相手の〜したいという欲求が(たとえ利己的なものでも)世間一般でよく見られるものと仮定して、それで議論がどうなるかを考察していくことは役に立つ。とはいえ、もしその相手の欲求が十分に奇妙なものであれば、そのせいでその人は奇妙な道徳的意見を持つことになるだろうし、それに反対する議論を立てることは不可能である。

5

ここまでの議論に対しては、疑いもなくもう一つ別の反論が出されることだろう。ヘリオガバルス皇帝とナチ党員は非常に極端な例であり、そうしたものを持ち出すことで、私は自分の都合の良いように議論をごまかしているという反論である。私に求められていたのは、ある種類の道徳的立場のどこが間違っているかを、その形式だけを考察して示すことだったと言われるかもしれない。結局のところヘリオガバルス皇帝や非常に狂信的なナチ党員のような人はごく少数しかいないと言うことで、これらの特定の事例については、私はおそらくいくばくかの安堵をもたらしたかもしれない。しかし、形式においてはこれらと同一で、内容においてはそれほど極端ではない道徳的立場が他にありうるだろう。こう反論されるかもしれない。そして、そうした立場は極端な例と同じように議論では打ち負かすことはできないが、もっと一般にも支持されている立場で、世間で評価の高い人たちでさえ支持しているようなものがあると言われることだろう。それが事実だとすると、この問題について私がここまで展開してきた解釈にとっては難題となるだろう。そして少なくともそれはその通りだと思われる。この反論に答えようとして、狂信主義者の議論の形式だけに着目してその立場が否定できると示そうとしても、それは確かに不可能である。しかし、これから見ていくように、議論の形式だけではなく、そこに世界とその住人の現在のありようを合わせて考えるなら、実際問題としては、私たちに求められていることを果たすことはできる。

このような反論を検討するために、同じ形式的な性質を示すように思われるもっと単純な事例をいくつか考察してみよう。まず、トランペット奏者の例に立ち戻ることにしよう(7.1)。狂信的なトランペット奏者は、先に見たように、たとえ自分自身がこの楽器に対する激しい嫌悪を抱くようになったとしても、トランペットを吹くことを妨げないようにとためらわずに普遍的に指図するかもしれない。二つ目に、非常に多くの人が同性愛のような通常と違う性的志向についてどのように感じているか考えてみよう。この人たちは性的な逸脱行為を非常に恐れていて、たとえ自分にそうした志向があったとしても、こういう倒錯行為に陥る人は、行動を制限するか罰するかせよとためらうことなく普遍的に指図しようとするかもしれない。三つ目に、公正を期すために、私たちの非常に多くが麻薬中毒者に対してとっている態度を見てみるべきである。ド・クインシーやコールリッジのように、自分たち自身が麻薬に依存するようになったとしたら、麻薬を取り上げられて、それに対する渇望を抱くことがなくなるまで拘束されるべきだと考えているのではないだろうか。私たちが難題から抜け出る道を見出すことができるとすれば、その望みは、これらのうちで最初の事例と三つ目の事例の間の形式的な違いを見出せるかどうかにかかっている。その過程で、二番目の事例もある程度明らかになるだろう。

三番目の事例と一つ目の事例には違いがある。実際のところ、私たちは、麻薬中毒者が何らかの制約のもとに置かれる（特に医療的な指導の下で一定の量を徐々に減らしていく以外には、麻薬を取り上げられるといった制約下に置かれる）ことは正当なことだと考えている。しかしこれが正当だと考えられるのは、これが麻薬中毒者の利益になるからである。本人の利益のために中毒患者の行動が制限されるべきだと考えるだけでは、この事例がトランペット奏者とナチ党員の事例と本当に対応したものにはならない。(というのもナチ党員は、ユダヤ人はユダヤ人自身の利益のために根絶されるべきだと考えているわけではないし、トランペット奏者は、トランペットの音を聴かされることがトランペットを好まない人の利益になるから聴かされるべきだと考えているわけではない。) 本当に対応したものとするためには、私たちが麻薬中毒者の行動が制限されるべきだと考える理由は、中毒患者があたりにいないという普遍的で準美学的な理想を私たちが追求していることでなければならないはずである。そして、こうなると、麻薬中毒者の行動を制限することを正当と考えている多くの人の意見に合ったものかどうかは大いに疑問である。麻薬中毒者を狂信的に迫害する人は、狂信的なナチ党員と同じぐらい稀にしかいない。過半数の人の意見だということだけでは、道徳的な問いについて何も証明したことにはならないが、これは私たちの意見とナチ党員の意見との形式における重要な相違を突き止める手掛かりになるかもしれない。

私たちのほとんどは、本人たちの利益とは無関係にユダヤ人や麻薬中毒者は根絶されたり自由を奪われたりするべきだと普遍的に指図することはできないと感じるが、それはどうしてだろうか。前者の場合、一つの理由は、ユダヤ人をこのように扱うことで促進されるような理想を私たちは抱いていないからである。しかし後者の場合はそれだけが理由ではない。なぜなら、よい人間というものについて、麻薬中毒の人が実現することができないような理想や、よい社会について、中毒者のいる社会では実現できないような理想を私たちは実際に抱いているからである。しかし、私たちはナチ党員と違って、他の人の利益と衝突する場面では私たちの理想に制限を設けている。これは論理的に正当化できることだろうか。思い出していただきたいのは、先にナチ党員に口にさせた自慢である。それは、ナチ党員は、自分自身の利益や他の誰の利益も度外視して自分の理想を追求するので、自由主義者よりも道徳的に優れているという自慢である。ナチ党員や狂信的なトランペット奏者の理想を決定的に特徴づけているのは、その理想を抱く人自身の実際の場合や、また仮定的な場合までも含めて、人々の利益に対するすべての考慮に対して理想が優先されると本人たちが考えている点である。まさしくそれが理由で、そうした理想を断固として持つ人に対しては黄金律型の議論が無力に思われるのである。私たちは自分に何かその種の理想があるかどうか問うてみることにしよう。

私が自問してみると、そういう理想は私にはないと答える方に考えは傾いている。しかし非常に高い評価を受けている人の中にはそうした理想を抱く人がいることも私は知っている。通常と違う性的志向に対する一部の人々の態度についてはすでにふれたが、一般に自由主義者は、もしそういう性行為が誰の利益も損なわないとしたら、法はそれに干渉すべきではないという考えをとるだろう。もっとも、自由主義者が法についてはこの立場をとるからと言って、もしその人が考えるよい生活の理想がそうした行為を排除するものだとすれば、そうした性行為を非難しないというわけではない。そういう人は、論争の的になっている区別を用いれば、そうした行為は罪だ（もしくは少なくとも道徳的な過ちだ）と考えているのだが、それを法によって犯罪とするべきではないと考えているのだろう。しかし、はるかに厳格な態度をとる人々もいて、そうした行為は忌むべきもので、当事者たちは満足しており、間違ったことだとは考えておらず、他の誰にも害を及ぼしていないとしても、阻止されるか処罰されるべきだと考えている。私たちが見てきたように、こういう立場をとる人は、たとえ本人自身がそうした行為に惹かれてやまないにしても、他の違反者と同様に、自分の行為であっても阻止されるか処罰されるべきだと主張することだろう。

他の態度を考えることもできるが、その多くは世間で評価のきわめて高い人々も抱いているものである。すでに述べたように、こうした態度とナチ党員や狂信的なトランペット奏者の態度には、一つの形式的な特徴が共通している。その特徴とは、問題となっている理想が、それを抱く人自身の現実の利益や、仮定的な事例における利益も含めて、人々の利益に対する考慮のいっさいに対して優先されると考えられているということである。さらには、よい生活について何らかの理想を抱くなら、そのこと自体によってその理想を実現することがその人にとっての利益となるので、自分の理想を他の人々の利益に優先されるものとすることは、他の人々の理想に対して自分の理想を優先させるということである。というのも、もし私が誰か他の人の利益を度外視して自分の理想を追求するとすれば、私は、とりわけ自分の理想を実現することでその人が得られる利益を度外視して、自分の理想を追求していることになるからである。第6章7節では、狂信的な理想の一例として、契約はそれを履行することが誰かの利益に資するかどうかを度外視して厳格に履行せよと考える人を取り上げた。応報刑理論の信奉者たちがとっているのも同じ態度である。似たような理想を私的所有権の不可侵性に認める人もいる。こうした態度を考察するときには、第6章7節で見たように、そうした態度をとるには二つの異なった根拠がありうるので、それら二つの根拠を常に非常に注意深く区別しなければならない。もしそうした態度をとる人の理由が功利主義的な種類ものだとしたら、たとえば、その人が刑法を緩やかに執行すると、厳格に執行する場合に比べて、より多くの人の利益がより深刻に損なわれると考えるような場合、この人は狂信主義者には当たらないし、ここでは論じる必要はない。その人の態度が目下考察しているような部類に入るのは、利益の問題と無関係に法の執行を主張する場合に限られる。それは今までにふれた他の態度についても同じである。そこで、功利主義的ではない根拠からこうした態度をとる人に対しては、この人たちが自分たちの議論の加勢に功利主義的な考察を持ち込ませないことが大事である。そういう人たちは自分たちの主張の基礎にはあるのはただ理想それ自体の他にはないということを認めなければならず、理想を追求したりあきらめたりすることから生じてくる利益や不利益を考慮することは許されない。そして、常に念頭に置かなければならないのは、自由主義者は私的所有権を信奉する狂信主義者の態度を拒否しながらも、なお功利主義的な根拠から私的所有権が執行されるべきだと主張することもできるということである。ここから先での私たちの関心は、理想から功利主義的な根拠という補助的な要素を取り除いた後（功利主義的な根拠が何かあるとすればの話だが）、そうした理想に何が残されているかということである。

6

狂信主義者と自由主義者の間の問題を理解するうえで、ここで描いてきたような自由主義者について、そもそも理想を抱いていると言うことができるものかどうか問うてみるのがよいだろう。自由主義者には理想がないと時に非難される。しかしそれは事実ではない。自由主義者を特徴づけるものは、自分の理想の一環として寛容という理想を認めているということである。寛容とは、他の人の抱く理想をあたかも自分の理想であるかのように尊重する用意があるということである。この言い方は誤解を免れないので、もっと展開しておく必要がある。先に私たちが見てきたように、道徳的思考一般の特徴は、すべての人の利益に等しい重みを与えて考慮することである。言い換えれば、利益があるのが私であろうとあなたであろうと違いがないということである。自由主義者は理想についても利益についてと同じ種類のことを行う。しかし、それは実際にどういうことなのかを明確にすることが重要である。なぜなら、利益の場合、等しく考慮しなければ、道徳的に、もしくは評価的に思考していないと言われる罰則があるが、理想については、等しく考慮することを強制されているわけではなく、そうしなければ道徳的、もしくは評価的に思考していないと言われることはない。狂信主義者にとっても、ある理想を抱いているのが誰であっても変わりはない。(なぜなら、狂信主義者は、自分がその理想を捨てることになったとしても、依然としてその理想を抱いている他の人々については、その理想が命じるように自分を扱うべきだと考えているからである。)これはつまり、狂信主義者は、誰がその理想を抱いているかということに関係なく、理想の内容を最後まで固持するということである。そして、この点で狂信主義者の立場は、自由主義者の立場が評価的であるのと同様に、私たちが用いている意味での「評価的」という名前に値する。この機会についでに述べておくのがよいだろうが、道徳の言葉について論理的な解釈を行うことを通じて、私たちは自由主義に都合のいいようにこの問題をあらかじめ決めてかかっているという非難を受けるかもしれないが、狂信主義のこの解釈に示されている通り、こうした避難は斥けられる。自由主義者が狂信主義者に転じることがあっても、その人の判断が評価的なものでなくなるわけではないのである。

自由主義者の特徴は、自分自身の理想のように他者の理想を尊重するということである。これは、自由主義者がそうした理想に同意するということではない。他者の理想が自分の理想と違うものであったら、それに同意することは論理的に不可能である（3.9）。またこれは自由主義者が自分の理想に確信が持てないということを意味するわけでもない。例えば、ある自由主義者がポップ・ミュージックをラジオの番組のすべてで禁止させようとしないとからといって、クラッシック音楽の方を好むという自分の嗜好に確信がないわけではない。自由主義者が他者の理想を尊重すると言うとき、私たちが言いたいのは、自由主義者の考えでは、他の人の理想が自分の理想と違うからというだけで、他の人がその人の理想を追求するのを妨げるのは間違っているということである。また自分の理想がある利益を追求することを禁じているからというだけで、他の人の理想ではその追求が許されているとしたら、それを妨げることは間違ったことだと考えるのである。自由主義者は、他の人の理想や利益の追求を妨げるものでない限り、誰でも自分の理想と利益を追求することと許されるという立場をとる。他の人の理想や利益と衝突する時点に至った場合には、自由主義者は、どの人の理想や利益にも同じ重みを与えて考慮して、その間に立って仲裁し妥協点を見出すことになるだろう、その際に、自分の理想や利益が自分のものだからということで優先させることはない。こうした仲裁が必要になるのは、誰か他の人の理想や利益の追求が他の人々の追求を妨げる場合である。そして、それが寛容というものの限界である。

この寛容という原則によって、自由主義者は自分の理想を広めることを禁じられるわけではない。しかし、その手段については限定されている。自分が用いることのできる手段のすべてを用いて自分の理想に他の人の注目を集めようとするのは自由である。（しかし、違う理想を持つ人が同じことをするのを妨げる自由はない。）自分の理想がもっと広く受け入れられることを期待しながら、自分の理想の追求を自ら実践し模範を示すことで、他の人々にもそうするように促すことができる。禁じられているのは、法的な手段やその他の強制でもって、また限られた領域であっても情報を独占してプロパガンダ工作を行い、他の人々に無理やり自分の理想を受け入れさせることである。こうした原則については、ここで本書の紙幅が許すよりもっと詳しいかたちで、またもっと説得力のあるかたちで、他の人たちによって議論され擁護されている。[63] 私としては、本書で素描してきた道徳的議論の理論によって、自由主義者と狂信主義者の間での議論がどのような筋道をたどるかを描くことで、狂信主義者の問題全体がここまでの議論の中でどのように位置づけられるかを示すことができると期待している。

7

私たちが見てきたように、狂信主義者の立場には一見したところではもっともに思われるところがある。もし人がある道徳的な理想を抱いているとすれば（つまりある種の人間、もしくは社会の状態が最善であるということを信じているとすれば）、違う理想や利益に対する考慮がそれに対して優先されることを認めるなら、その人は自分の理想を裏切っていることにならないだろうか。他のものが優先されることを認めたうえで、自分の理想を信じていると真剣に明言することができるものだろうか。これは狂信主義者の側からよく出される議論である。これに対して自由主義者は、狂信主義者の議論は狂信主義者にとってだけもっともらしく響くだけだと答えるだろう。狂信主義者は自由主義者の抱く理想の本質を理解していないのである。自由主義者の考えるよい社会とは、他の点ではどうであれ、すべての人の理想や利益が等しく考慮される社会である。カントの言葉を使えば、それはすべての人が少なくとも潜在的には立法者であるような目的の王国なのである。よい社会についてこのような理想を抱いているので、自由主義者はよい人間についての自分の理想とよい社会についての自分の理想はそれぞれ別のものだと考えている。よい人間についての自分が抱く理想については、自分で実現しようとするし、またそれがもっと一般に受け入れられるように努めもする。しかし、それを受け入れない他の人々をそれに従うように強制することはしないし、他の人の理想や利益を踏みにじるという代償を払ってその実現を確保しようとはしない。自由主義者はまた、人々が人間の卓越性の理想について積極的に考えていくなら社会はもっとよいものになると考えていると言ってもよいだろう。それは、様々な人々が人間の卓越性の様々な理想を抱いて実験的な試みを行ったり、自発的に追求したりする社会である。自由主義者は自分の理想がこれまで自分が発見した限りでは最善のものだと確信しているだろうが、それが究極のものだと主張することはない。

自由主義者はまた、理想の多様性それ自体がよいものだと考えることもありうる。それは、人々はそれぞれ違っていて、それぞれうまく達成できそうなことも違うからというだけではない。(天才的な芸術家になりうる人が平凡な公務員になるとすれば、まったくの無駄というものであるし、その逆もまた真であろう。) それはまた、「一つの世界を作るにはあらゆる種類のものが必要」だからでもある(8.6)。もし自由主義者がこうしたもののいずれかを理想とするとしたら、他の人々の理想の追求を寛容に受け入れることは、自分の理想を裏切っているのではなく、それに従っているのである。一つの条件は、ある人の理想の追求が他の人の追求を妨げる場合には、先に論じた利益の衝突の場合のように利益と不利益の正義にかなった配分がなされるということである。この最後の条件のために、自由主義者は、狂信主義者が自分の理想を追求するのを無条件に許すことができないのである。しかし、自由主義者の抱く理想は、不寛容な姿勢を寛容に許すことを求めるものではない。寛容をめぐるこの問題については非常に多く議論されてきたが、自由主義者がとる寛容の立場にどのような論理的な根拠があるのかは、ここまでの議論でかなりはっきりしてきたことと思う。

8

狂信主義者との戦いにおいて、自由主義者がとる最善の戦略は根気強い消耗戦である。これまで見てきたように、道徳的思考の性質のうちに自由主義者が使うことのできる武器はいくつかあり、戦い続けてやる気を失うことがなければ、ごく少数の強固な狂信主義者を除けば、すべての人を降参させることになるだろう。その目的は、そうした強固な狂信主義者の数をできるだけ減らすことである。まず、一般社会の普通の構成員に私たちが記述してきたような道徳の言葉の論理的な性質についてはっきり理解してもらい、次にどのような問いが争点になっているにせよ、それについて諸事実を知ってもらい、そして第三に想像力を働かせてもらうように促すことができれば、この目的はうまく達成されるだろう。この最初の条件は哲学者の領域である。そして本書の全体がそれに関わるものだったので、私たちは少しの間そこから離れて、他の二つについて考えてみよう。人々に事実を正しく知ってもらうのは、社会科学者や歴史家、そしてまたやり方は違うが、ジャーナリストといった人々の仕事である。人々に想像力を行使してもらうのは、何よりも芸術家、特に作家や劇作家の仕事である。言うまでもないが、そうした人々には、自分がもつ技術にそれ以外にも求めていることがある。つまり、芸術的な完成それ自体を追求することから生じてくる要求がある。それは道徳的思考とは何の関係もないし、道徳的な思考に貢献しても、それでより優れた芸術家になるわけではない。しかし道徳的思考との関連で言えば、人々に想像力を行使させるようにするのが芸術家の主な役割である。現代の多くの作品がその例として心に浮かんでくる。そのうち一つだけ挙げておくことにするが、それはすぐに思い当たるようなものではないかもしれない。なぜなら、その作品は第二次世界大戦の前にその目的を果たし終えていたからである。そのため、今ではほとんどの人に忘られている。アラン・ハーバート氏は離婚法の自由化を求めて長く運動する過程で、『聖なる行き詰まり』という小説を書いた。これは離婚法に拘束された不幸せな人々の苦難を共感のこもった筆致で描いたものである。この小説は離婚法についての自由主義の立場を擁護する議論だったが、小説としての力によって読者の中に共感をもった想像力を目覚めさせたのである。

対照的に、狂信主義者はこうした武器をうまく手に入れることができない。確かに、哲学の研究それ自体では狂信主義的な信念に傷を負わせることはできないかもしれない。とはいえ、それは自由主義の議論の形式を示すという点で、自由主義にとって役立つ助手、あるいは不可欠ともいえる助手である (6.4, 11.9)。他の武器については、狂信主義者の手の内に見出される場合もあるかもしれない。しかし狂信主義に反対する人々が用いるときほど効果はないだろう。狂信主義者は実際に社会科学者や歴史家、ジャーナリストといった人たちを使って、その大義を広めるようなことを言わせるだろう。しかし、それは自分たちに都合のよい事実を注意深く選別し、事実の隠蔽、ないしもっと悪いことをするだけのことである。こうしたことからも（狂信的な軍隊に兵役した経験のある歴史哲学者たちもいるとはいえ）、公に確認できる歴史的事実といったものがあるという自由主義者の主張はきわめて重要である。小説家と劇作家にも同じような危険が待ち受けている。なぜなら、架空の状況の一定の側面に注目し、他の側面を無視することは、うまい物語を作るには不可欠だからである。そしてそのため、小説家は、狂信主義の原則を守ることから生じる人間の苦しみについては、読者が想像できないように隠し、代わりに、例えば典型的な狂信主義者の英雄的行為を強調することができる。しかし、狂信主義的な団体が言論統制やその他の情報統制の手段を用いることができないと仮定すれば、情報戦では不利な立場に置かれるだろう。公衆の中には、真剣に十二分にこうした物事を考える人たちもいて、誰に助けられずとも、自主的に見聞きしたことに基づいて、一定の種類の状況では何が起きそうか（たとえば、どんなものが奪われていきそうか）について十分通じていて、ジャーナリズムや歴史や社会科学や物語がプロパガンダに代わってしまったときにもそれと気づくからである。そして、だからこそ、狂信主義者はできるときには常に何らかの種類の検閲に頼り、また真剣に十二分に考えない人々を主たる対象として訴えていくのである。

事実について書かれるものだけでなく、想像文学もまたある意味で真理の諸条件に従っている。共感をもった想像力が道徳的思考において重要な役割を果たすと私は主張してきた。そこで、想像力を行使する場合でさえ、真偽の区別が関わってくることははっきりさせておかなければならない。実生活では、文学とは違って、本当に苦しんでいる人の苦しみを想像することと、実際には苦しんでいないときに、ある人が苦しんでいると想像することが違うのは明らかである。子どもが果樹の剪定《せんてい》をしている人が樹木に恐ろしい苦痛を与えていると想像しているとしてみよう。そしてその人が邪悪で残酷な人だと想像しているとしてみよう。また、次にその子どもが樹木の仕組みを説明されて、樹木は苦痛を感じないことに納得したとしてみよう。（子どもの考えが変わったことを正当化するのは、哲学的に難しいのだが、これについては今立ち入る必要はない。）（11.2）すると、庭師に対して前には否定的な道徳判断を下していたが、それを裏付ける事実がなくなったので、この子どもは疑いもなくそれを撤回することになるだろう。子どもは今では樹木が何の痛みも感じていないことには納得しているのだが、それでもなお、樹木に神経があり痛みを感じることができるとすればどんなふうかを想像することはできる。この例が示しているのは、感覚を持った別の存在の本物の苦痛を想像することは事実に向き合うことであり、その事実が本当に事実かどうかは常に大きな違いをもたらすということである。

　必要な限定を付けてではあるが、これと同じことは、想像的な文学が道徳的思考の助けとして用いられる場合には、そこで描きだされる状況についても当てはまる。確かに文学に出てくる状況は本当に起きているものとして描かれているわけではないが、実際に起きる状況に似たものだとされている。そうでないとしたら、道徳的思考にたいして関係はなくなるだろう。そこで、もし読者がその叙述にもっともらしさが欠けているとか、実際の状況では道徳的に重要な要素がその話から排除されているとか感じたら、その物語が道徳的思考に与える影響は弱まってしまうだろう。そこで、若い人たちや保護された生活を送ってきた人によく見られることだが、道徳的に思考する際には、すべての例を架空の物語から取り出して済ましてはいけない。というのも、物語は私たちの想像力を刺激するのに役に立つとはいえ、それ自体としては、実際に起きそうなことと起きそうもないこととを区別したり、何かが起きる頻度を見積もったりする役には立たないからである。実際に道徳的な困惑を経験したり、現実に道徳的選択をしたときの帰結を経験したりすることが必要不可欠である。ビルマ鉄道を建設する苦力として二～三か月ばかり過ごしてみるとよい。それは、おびただしい数の小説を読んだり、また途上国の現実についての報道に目を通したりするより、道徳的思考にとってはるかに価値のあることである。

こうした考察から、一定の条件が満たされれば、自由主義が狂信主義に対して、全体としては（後退する局面があるにしても）優勢となるのはなぜかが理解されるだろう。その条件とは、報道や言論の自由があり、一般社会の中の影響力のある人たちが道徳的な問いについて真剣に考え、その性質を理解し真理を尊重することである。そこで、自由主義者は何よりもまずこうした条件を維持するように懸命に努めなければならない。また、そのために、道徳哲学者は、そうした条件（特に二つ目の条件）を維持することに職業として関わっているので、自分の仕事をしっかりと行うことが大事である。狂信主義者は私たちの中にこれからも常に存在するだろう。心底狂信的な理想に傾倒している人は、迫害される人々の苦しみをまざまざと想像することができて、また自分自身がそのように苦しむ立場になったとしても、なおその理想に従い迫害が続けられるべきだと普遍的に指図できる。そういう人は、私がここまでで見出すことのできた議論で揺らぐことはないだろう。そして、常にそうした人々は存在するだろうと思われる。ナチスや他の宗教的迫害者が行ったほどの行為に及ぶ者はおそらく稀であろう。しかし、それほど暴力的でない集団的な種類の迫害については、形式的に見ればこの人たちと似た態度をとる人は多いだろう。しかし、想像力を行使しなかったために、あるいは真実を見出そうと骨を折らなかったためにそうした態度をとる人々を狂信主義者のうちに数えないとすれば、狂信主義者の数は小さいことが明らかだろう。本物の狂信主義者とは、その理想が想像力と事実の試練に実際に耐えてしまう人なのである。自由主義者がとるべき戦術は、そうした本物の狂信主義者から、単に考えが至らず、感性が欠けているためにそうした狂信主義者を支持してしまう人々を引き離すことである。

強固な狂信主義者はそれでも残るだろう。そうした人が存在するということで、道徳的な論証についての私たちの解釈全体が疑わしいものになるのだろうか。これは私たちがどこまでを求めているかによる。もし私たちの目的が純粋に理論的なもので、世界とそこに生きる人々の実際のありようがどのようであるかに関係なく、水も漏らさぬ議論の方法を生み出して、有無を言わせず人々を同じ結論に向かわせることだとしたら、その場合には私たちは失敗したと認めざるを得ないだろう。しかし、おそらく私たちが目指すべきなのはもう少し控えめな目的だろう。何か先立つ道徳的な前提を立てなくとも、人々が今ある通りで、そして世界も今ある通りであるのなら、利益の衝突を正義に適った仕方で仲裁する道徳原則に人々が合意するように導く議論の形式は存在している。それを示すことができれば、私たちは必要なことをすべてなし終えたことになるだろう。（人々が道徳的に思考し、想像力を働かせて、事実に向き合い、自分が言っていることを理解する努力を惜しまないことが前提となる。）これからも常に狂信主義者はいるだろうということは認めなければならない。しかし同時に、本物の狂信主義者は比較的少数であり、その人たちに他の人々を誤った方向に導く能力がなく、自分自身は狂信主義者ではない非常に多くの人の支持を得ることがなければ、狂信主義者に害をなすだけの力はないことも確かである。狂信主義者は事実を隠し虚偽を広めて、激情を煽って共感的な想像力を曇らせるというやり方、つまり短く言えばプロパガンダを用いて、人々を誤った方向に導こうとする。こうした方法は、それが成功するために欠かせない条件が満たされなければ、つまり混乱した思考が取り除かれてしまうなら、人々に対して大きな力を発揮することはない。もし人が道徳的な問いを尋ねたりそれに答えたりする際に、自分が何をしているのかを明晰に理解するなら、そして事実がどのように道徳的な議論に入ってくるかを理解するなら、つまり本当の意味での事実と、実際には隠れた評価に他ならない「事実」を区別することができるなら、短く言えば、自分が尋ねているのが道徳的な問いであるということをたがえずに理解し、そして道徳的な問いの性質に従ったかたちで答えようとすることをゆるがせにしない程度に明晰であれば、その時にはプロパガンダを広める人々に左右されることはまずありえない。プロパガンダに対して人々をこのように武装させることが道徳哲学の務めなのである。

第三部　理論から実践へ

あなたたちは実によってその人を知ることができよう。
「マタイによる福音書」第七章二〇節（バルバロ訳）

第10章　論理と道徳

1

口頭での議論の経験が何がしかの手掛かりになるとしたら、私がここまで述べてきたことについて一つの疑問が出されて、ある程度紙幅を割いて論じておかなければ、読者を悩ませ続けてしまうことになりかねない。その疑問に対しては、ここまでの議論に答えが含まれており、時にははっきり取り上げてもきた。そこで、本章はどういう意味であっても補足ではないし、明らかになってきた弱点を修正するものでもない。私がこれから述べることは、前章までを読んで理解してくれた読者であれば、代わりに語ってくれるようなことである。しかし、私は慎重にも慎重を重ねるようになってきたため、できることなら問題をさらにはっきりさせておきたいと思っている。

私がここで取り上げるのは、倫理学は道徳の概念や言葉の論理的な性格を研究するものだと考えられているが、そうした倫理学と実質的な道徳的な問いとがどのような関係にあるかという問いである。私が述べてきたような種類のことに対していくつかの反論が頻繁に出されているが、それらを検討していくことで、この問いは最もうまく考察していくことができるだろう。そうした反論の中核にあるのは、私がケーキを食べてしまってもまだそれが丸ごと手元にあるようにしようとしている、つまり二兎を追っているということである。道徳判断は、道徳とは関係のない事実についての言明だけから必然的に導出することはできない。このヒュームの命題については、私は、これまでも、そして現在も頑固な支持者である。またその命題をこの場合に当てはめると、道徳判断の中身は言葉の用法や概念間の論理的な関係についての言明から必然的に導出することはできないということになる。これについても私は強く確信している。しかし、私は、この主張から、議論する当事者があらかじめある道徳原則をともに受け入れているということを前提としなければ、妥当性を持った道徳的な議論は決して成り立たないという結論は引き出していない。しかしこうした結論を引き出す人々はきわめて多い。私の考えはまったく逆で、道徳概念の論理的な性格がいったん理解されるなら、議論が始まる前には何の道徳原則も共有していない人々の間でさえ役に立ち、妥当性を持った道徳議論が成り立ちうると主張してきた。

　私に向けられる反論はいくつか違った形式をとるが、それぞれを考察していくことにしよう。まず、私や似た意見の人々が自然主義者に対して向けた攻撃を私自身も免れないという反論である。自然主義の本質は、「もしあなたがこれこれの道徳の言葉の意味を理解するなら、これこれの道徳的主張を否定することはできないはずである」というものである。私が述べてきたことは、これとまったく同じではないかと反論されることだろう。自然主義に対する最も根本的な反論は、道徳的な問いを概念的な問いにしてしまっているということである。だが、私たちとしては、ある概念的な装置を採用することと、ある道徳原則の体系を受け入れることは全く別だと感じている（2.7）。（もっとも、一定の特徴を持った道徳原則を受け入れていなければ用いることがない概念もいくつか存在する。）一例を挙げれば、近年の自然主義でよく取り上げられる次のような主張をもう一度考えてみよう。それは、「勇敢な」といったような少なくとももっと限定的な道徳の言葉については（自然主義者はこうした言葉にだけ目を向けたがるが）、その意味において一定の記述が同時に一定の評価と結びついており、このような仕方で評価が記述と固く結びついているというものである。そこで、ある種類の行為を高く評価しない人は、「勇敢な」という言葉を使うのをやめるべきだということになる。逆に言えば、その言葉を用い続けるのなら、その人はそうした行為を評価をするように拘束される。もしある人が戦いの中で自分の仲間の兵士たちの安全を守ろうとして、自分の安全をそれと分かっていながら顧みないとしたら、自分の語彙にこの言葉がありさえすれば、その人が勇敢だったことを否定できる人はいない。しかし、「勇敢な」という言葉は、この言葉の意味そのものから、称賛を表す語である。したがって、この言葉を使うことで人はその行為に対する肯定的な評価を表現している。そこで、自然主義者の主張では、私たちがこの言葉ないしは概念を用いると、どうしても記述から評価へ導かれることになり、ヒュームの命題に反することになる。

しかし、勇敢なというこの概念には私たちがみな行う傾向がある肯定的な評価が組み込まれているが、もしそうした概念の代わりに、私たちのほとんどが忌み嫌うような態度を組み込んだ概念を例に取り上げてみると、こうした自然主義者の議論から説得力は失われてしまうだろう。先に用いた「ニガー」という言葉を例にしてみよう。自然主義者なら、先に要約した議論と同じ形式の議論を持ち出して、私たちが黒人を蔑んでいるはずだと言うことにならないだろうか。ある人がくせ毛と黒い肌、そして厚い唇を持つなら、その人は似たような特徴を持つ人々の子孫であり、したがって「ニガー」であることは否定できないと自然主義者なら論じるだろう。しかし「ニガー」は蔑みの語である、そこでもし私たちが「ニガー」という言葉を用いるとしたら、私たちがその人の肌の色などについての事実的な主張から、その人は「ニガー」だという疑いもなく評価的な主張へといやでも（論理的にそうならざるをえないという意味で）導かれてしまう。

この議論に対しては、黒人だということだけで人々を蔑むような気持ちにならない人は、こう答えるだろう。「ニガー」という言葉を用いるだけでこのようなことにならざるを得ないのなら、自分は「ニガー」という言葉を使わないようにする。この概念を捨てることで、その人はこの態度に拘束されることはなくなる。この人が、その代わりに中立的な「黒人」という言葉を使うとしてみよう。すると、この人は黒い肌等々の特徴を持つ人は黒人であることを否定せずに、その人を劣ったものと考えるように拘束されることはなくなる。

このようなやり方は、「勇敢な」という言葉について行うと奇妙に思われるが、それはただ、私たち、もしくは私たちのほとんどがその言葉に組み込まれている態度をしっかりと身に付けてしまっているためである。自分の安全を度外視して他の人々の安全を守ろうとする人々を称賛する気にまったくならない人がるもしいるとしたら、その人は前の例と同じように、次のように言うことができるだろう。「私は「勇敢な」という言葉を使わないようにする。その言葉には私が賛成できない態度が含まれているからだ。私は「他の人の安全を守るため自分の安全を度外視する」といったような、もっと長い、道徳的に中立な表現を使うようにする。この表現は、記述的な意味だけ見ても「勇敢な」と完全に等しいものではないが、今話にのぼっている「勇敢な」ことを誰かがしたなら、その人について論理的に認めざるを得ないことはこれで実際尽くされている。これに続けてこの行為を勇敢だと呼ぶのは、厳密に言えば、ただの付け足しで、そんな余分な一歩を進む気に私はならない。なぜなら、私はそうした一歩を踏み出す人々と同じ評価はしていないからである。「黒人」という語と違って、この場合には、そうした行為を単純で評価的に中立な一つの言葉で記述しようとしても、何らかの評価を行うように拘束されずに用いることができる言葉はない。しかし、私たちはそうした言葉を持つことはできるはずである。新しく考案された言葉がないため、実際に私がすることは、「勇敢な」という同じ言葉を用いはするが、声の調子や引用符で囲んで、私がその言葉を純粋に記述的な意味で用いていて、何の称賛も込めていないことをはっきりさせることである。[64]」

2

注意しなければならないのは、今考察しているこの種の議論で最も自然に取り上げられるのが二次的に評価的な言葉だということである。つまり、評価的な意味よりも記述的な意味の方がより強く結び付いている種類の言葉である。自然主義者は、こうした言葉から類推して、同じような議論が「よい」のようなもっと一般的な道徳の言葉にまで拡大することができると主張する場合もある。しかし、このように拡大すると何が起きてくるかを注意深く見ていかなければならない。私たちの言語にこうしたもっと一般的で一次的に評価的な言葉があるのは、まさに私たちが自分たちが持っている概念的な装置の囚人になりたくないからに他ならない。もし人が「ニガー」という言葉に組み込まれている評価を拒否したいと思ったら、別の価値の言葉、たいていもっと一般的な言葉を用いて、はっきりとそれを示すことができる。「ある人が黒人であっても、それで何か間違っていることにはならない」と言えばよいのである。この間違っているという価値の言葉には特定のものについての評価的な立場は何も結びついていない。だからこそ、これを用いて「ニガー」という言葉と結びついている評価を否定することができる。同じように、人は「瀆神は時には義務である」と言うこともできる。ここでは言葉の調子と「瀆神」という言葉が使われている文脈から、この人が純粋に記述的な仕方でこの言葉を用いていることが示される。また、他の人の安全のために自分の安全を犠牲にすることを支持しない人は、「こうしたヒロイズムにかまけることは間違っている。人の第一の義務は自分自身に対するものだ」と言うこともできるが、これも同じことである。

とはいえ、「ニガー」という言葉にたやすく生じることは、最も一般的な価値の言葉にも生じうることであり、自然主義者が少しためらいながらであれそう主張するのも間違いではない。ある言葉で表現されている評価は、その社会において満場一致に近いかたちで認められており、そのため、その言葉の記述的な意味と評価が非常に固く結びついている。(その評価がその言葉の中に組み込まれてしまっている。) とはいえ、「よい」という一般的な言葉であっても、「引用符に入れ」たり、ただの「慣用的にすぎないもの」にすることは可能である (LM 7.5, 9.4)。このようにして、最も一般的な価値の言葉についてさえ、その言葉に組み込まれている評価を拒否する人は誰でも、引用符に入れるというかたちでその言葉を用い続けることはできる。そこで、一定の言葉があるということだけで私たちが一定の評価を行うように拘束されるということは決してありえない。だが、それが自然主義者たちの主張していることだと思われる。ある事柄に対する人々の評価がほぼ一致しているために、ある言葉には一定の記述的な意味にその評価がしっかりと結びつけられてしまっている。そうすると、評価的ではない言明からその言葉を含む判断を導き出すことは確かに可能である。しかし、そうだとしても、通常その言葉に組み込まれている評価を誰もが論理的に受け入れざるを得なくなるわけではない。誰もが受け入れざるを得ないのは、その言葉の記述的な意味に含まれていることだけである。自然主義者の議論では、通常は価値の言葉であるものがその結論に出てくるが、ここで見た通り、自然主義者のこの勝利は無意味なものである。なぜなら、そこでの評価は常に程度が弱められていて、実際には評価ではまったくなく、ただ前提を繰り返しただけになっているからである。そしてその前提とは最初の記述に実際に含まれていたものでしかない。

　重要な点は、概念的な装置が存在しているからといって、それだけでは、誰もが特定の評価を受け入れざるを得ないようにすることはできないということである。もっとも、私たちが実際に用いている言語に組み込まれている評価から自らを解き放つのはかなり大変なことである。だからオーウェルの「新語法」（ニュー・スピーク）（2.7）は恐ろしいほどの力を持つ可能性がある。というのも、私たちは評価的であった言葉を記述的なものとして扱うことで、少なくともこの点では私たちの概念的な装置を変更することができるからである。ここから、自然主義者たちの洞察は問題の根本に迫るものではないと言うことができる。私たちが自分たちの言語に組み込まれている評価を受け入れてよいのかどうかという疑いを抱いているとき、自然主義者の洞察は私たちの役には立たない。自分の社会で一般的にみられる黒人に対する態度から解き放たれようとしている南部人に対して、「ニガー」という言葉に結びつけられている評価を根拠としてその人が抱く疑いを否定しようとしても無駄である。その人が疑いを持ち続けて、それが膨らんでいくとすれば、そして、その人が黒人は白人と平等な存在だと考えるようになれば、最初に犠牲となり死語となるのは「ニガー」という言葉だろう。言葉を使い続けることで人々の態度が変わることが遅れることはあるだろう。しかし無制限にそれを遅らせることはできない。もし私たちが「勇敢な」行為に対する自分の態度を変えるようなことがあれば、同じことが起きるだろう。それは「義務」といった行為についてでさえありうることである。態度が失われるなら、語彙も失われていくか、もしくはもとの評価的な意味を失っていくか、あるいは新しい記述的な意味を持つようになっていくだろう。

3

自然主義者の議論に対して私が行ってきたこうした方向の攻撃には目新しいところはないだろう。私がすでに述べてきたことを繰り返したのは、本章の冒頭で挙げた反論になぜ私が答えなければならないかを明確にするためである。私自身もまた、言語ではできないことを言語の仕事にしようとしているというのは本当だろうか。自然主義者がしていると私が指摘してきたようなこと、つまり言語上の勝利を本物の勝利と私もまた考えてしまっているのではないか。私が用いている特定の概念的な装置、つまり普遍的な指図として解釈される価値判断の装置は、私自身が支持する態度と評価がそこに組み込まれているから採用しているだけではないのか。私や私に似た考えを持つ人々の概念に組み込まれているのはどのような態度なのか。これまでに次のように指摘されたことさえあった。私たちは「自由主義者」で「プロテスタント」なので、道徳の言語の論理を解釈するにあたって、自分たちのそうした道徳的な態度を反映する特徴だけをそこに書き込んでいる。私たちは（自然主義者がしていると私が非難したのと同じことをして）論理的な誤謬なく表現できるのが私たち自身の意見だけとなるような言語、あるいは少なくとも私たちと異なる意見を論理的に正当化できなくなる言語を採用するように推奨している。そして、私たちは、すべての人が、私たちが使ってほしいと思う仕方ですでに道徳の言葉を使っていると主張して、これを押し付けているが、これは虚偽の不誠実な主張であり、事実は（その人たちが言うには）自由主義者とプロテスタントの中でも極端なタイプの人たちだけがこういう仕方で言葉を使っているのであって、人類の大多数はまったく違った風に用いているというのである。そうすると、「新語法」（ニュー・スピーク）を考案して人々を操ろうとしているのは私たちだというのだろうか。

さて、こうした非難にはある程度当たっている点もある。それは、私がある意味では自由主義者でプロテスタントだという点である。（どういう意味でそうなのかを説明すれば長い時間がかかる。）しかし、道徳の言語の論理について私が述べてきたことが特定の道徳的立場に特に結び付けられているというのは、まったくの間違いである。道徳判断と他の価値判断が指図的で普遍化可能であると言うことは、それだけではどのような特定の道徳的な意見にも人を拘束させることはない。自分の理想に役立つとあれば自分自身さえも生贄にする用意が本当にあるほど狂信的なナチ党員は私の議論では動かすことができないことを認めたことで、私は少なくともこの種の非難に対する防衛をしてきた。私は自由主義者でプロテスタントではあっても、道徳の言語について私が述べてきたことは一番極端な反自由主義者で反宗教改革主義者でも受け入れられるものである。たとえば、聖職者の襟《えり》を付けた人に言われたことは何でも（あるいは軍隊の上級将校のバッジを付けた人に言われたことは何でも）精確に必ず行うべきだという判断は、指図的で普遍的な判断になりうる。しかし、自由主義者やプロテスタントがそれを受け入れるということはまずありそうもない。

とはいえ、私が考える道徳的議論の論理によって私が何か特定の道徳的な立場に拘束されることがないとしたら、前章までに私が打ち建てた道徳的論証の入念な構造が、道徳的な論争に重要な意味を持ち、実際に多くの場合にその解決を導くものとなることがどうしてできるのかと問われるかもしれない。これは確かに魔法のトリックのようなことであるに違いない。というのは、私は諸事実と言語的な前提のみから道徳的議論を生みだしてきたが、それはまさしく私が不可能だと主張してきたことだからである。

4

こうした攻撃に対する答えは、私が推奨してきた種類の道徳的論証においては、そこに含まれる推論はすべて厳密に必然的に導出されたものではあるが、前提から結論へと進む通常の性質のものではなく、つまり自然主義者が推奨するようなものではないということである(6.1-2)。自然主義者は「彼は黒人だ、ということは彼はニガーだ、ということは、彼は劣っている」、というふうに表すことができる形式の議論を打ち出している。私が推奨してきた議論はむしろ探求といった性質のものである。私たちは、自分自身の行為について受け入れることができると同時に、他の人々についても、現実の、また仮定的な振舞いにも当てはまるように普遍化することができる道徳的な判断を探しに向かうのである。道徳の言語によって完全に定式化できる道徳判断であっても、私たちが受け入れることができないものがある。ある道徳判断を私たちが受け入れることを妨げるのは何も論理だけではない。その道徳判断から出てくる論理的帰結を私たちが受け入れることができないという事実もまたそれを妨げる。つまり、仮定的な状況でその判断から出てくる他の人々に対する特定の指図を私たちが受け入れることができないという事実があれば、それによっても私たちはその道徳判断を受け入れることができない。そして、ここで言う「できない」とは、論理的に「不可能だ」ということではない（6.9）。こうした指図を受け入れることは自己矛盾ではないだろう。しかしそれでもやはり、私たちは一つの場合を除いて、それを受け入れられないのである。その一つの場合とは、まず現実に起こりそうもないことで、私たちが「狂信主義者」と呼ぶものになる場合である。

例として、第7章1節で行った議論の一般的な形式を考えてみてほしい。そこでは、「トランペット奏者」の例が説明に用いられた。トランペット奏者が、狂信主義者でない限り、自分の隣人の気持ちに重みを与えて考慮する気になる理由はこれであった。トランペット奏者その人自身が人々の欲求は度外視せよという指図を普遍的に行う気になれない。なぜなら、このように指図するなら、他の人々に自分自身の欲求も顧みないようにと指図することになるからである。しかし、もしこの人が、目下の場合には隣人の欲求を度外視すべきだと言いたいと思うなら、人々の欲求を度外視せよと一般的に指図するか（そしてこれは、私たちが見てきたように、この人のしたくないことである）、あるいは一定の条件の下では人々の欲求は度外視せよというふうに、誰の欲求なのかは言及しないかたちで限定をつけて指図するしかない。

さて、私たちが見てきたように「トランペットを吹くことを妨げる場合には、人々の欲求は常に度外視すべきである」と言うことは可能である。このように言うことは、私たちが「狂信的」と記述した種類の方向をとることである。そしてもしこの方向をとるなら、議論は第9章4節で概観した道を進むことになるだろう。そしてトランペット奏者が狂信的なら、ある代償を払うとはいえ、私たちの議論を回避することは可能である。しかし、その人が狂信主義者でなく、もっぱら自己利益に導かれると同時に、自己利益が提案する格率を普遍化したいと考えているとすれば、自分がトランペットを嫌うようになったとしても、その嫌悪感が隣人から顧みられないようにと指図する気にはならないだろう。狂信主義者でない人にとって、人々の欲求を度外視せよという一般的な指図を限定するために付け加えなければならない条件は、トランペットが演奏されるために必要である場合には人々の欲求を度外視せよというものではありえない。では、この指図をこの人が受け入れられるものにするには、どのような条件を付け加えればよいだろうか。その答えは、この人の欲求が変わって、隣人が今持っているのと同じ欲求を持つようになった場合に、自分に対してその行為が行われても受け入れる用意のある指図だけである。別の仕方で要点を言えば、人の持つ欲求がある目的と衝突するとき、それが誰の欲求であれ、たとえ自分の欲求であったとしても度外視する用意がなければ（この選択肢は狂信主義であり、この人がそれを選びたいとは思わないと想定してきた）、この人にできるのは自分の隣人の欲求に対して重みを与えて考慮すること以外にはない。その重みは、自分が隣人と同じ欲求を持つと想定したとき、自分自身のそうした仮定的な欲求に与えたいと思うのと同じ重みである。

さて、このジレンマが純粋に形式的に述べられてきたことに気付かれるだろう。問題となっている欲求は何であろうと構わないのである。これは、私の立場と自然主義者の立場の違いを理解する手掛かりとなる。自然主義者は一定の道徳判断を一定の中身に分析的に結びつけようとする。これは実際には言語の用い方について法を定めて、そうした立法行為に道徳的思考の仕事をさせることである。私自身の理論は、言語についての法を定めることによって道徳判断に中身を入れようとするものではない。論理的な可能性を探求することによって中身を入れなければならないのは私たちなのである。どちらを選ぶかという本当の選択肢が私たちにはある。しかし、狂信主義者の方向をとる用意がなければ、つまり自分自身の欲求さえ度外視して一定の原則を選ぶのでなければ、私たちは自分の選択が他の人々の欲求によって制限されるのを受け入れなければならない。これが指図性と合わさったとき、普遍化可能性から導き出される論理的帰結である。

狂信主義者ではない人は、どのような道徳的指図なら受け入れることができるのだろうか。その限界を定めるのは、(自然主義者の場合とは違って)私の理論では、道徳判断の中身で用いられている言葉に課されている制約ではない。人類の欲求や~したいという気持ちがその限界を定めるのである。私の考えでは、論理だけで、もしくは言葉の定義だけで、道徳的指図の中身が斥けられることは決してない。私の立場のもう一つの特徴は、これと連携するものであるが、道徳的指図を一つだけ取り上げてみた場合、それと不整合をきたす事実の言明は一つもないということである。他方、道徳的指図は別の道徳的指図や他の種類の指図と整合性を欠くことはありうる。このように、私たちが受け入れることができる道徳的指図が限られてくるのは、一定の指図を互いに組み合わせることが論理的に不可能な場合であって一定の指図と一定の事実の言明を組み合わせることが不可能だからではない。事実というものは道徳的議論に別のかたちで入ってくる（6.3, 6.8, 11.2, 6）。

5

こうした諸原則をもう一度「トランペット奏者」の例を考えることで説明してみよう。この状況では、この人は自分に対してトランペットを吹くように普遍化可能な仕方で指図することはできない。なぜなら、それは、精確にこの人の状況にあるすべての人に対して、トランペットを吹くように普遍的に指図することになるからである。私たちが「指図する」を「許可する」と言い換えても同じことが成り立つ。なぜなら、自分（現在のトランペット奏者）が隣人の現在の立場にあり、そしてその隣人が今持っているのと同じ欲求を自分がそこで持っていたとしても、誰かが同じ状況で同じことをするように指図したり許可したりすることなく、これを自分に対して指図、ないし許可をすることはできないからである。このトランペット奏者がどうしてこれを自分に指図したり許可したりすることを望まないのかを考えると、問題がよりはっきりしてくるだろう。この人がそれを指図したり許可したりすることを阻むのは、それが論理的に不可能だということではない。なぜなら、「(あなたの欲求を含めて) 私があなたの状況にあるようなことがあれば、同じことを私にしなさい (もしくはしてもよい)」と言っても、そこには論理的矛盾は何もないからである。しかし、もしトランペット奏者が、仮定的な状況をあたかも現実であるかのように考えた上で、本当に何かを指図したり許可したりしようとするなら、狂信主義者でない限り、そうした指図は行わないだろう。なぜなら、それは、自分自身の欲求を妨害するように指図したり許可したりすることだからである。ところで、仮定的な状況で私が抱くと想定される欲求を妨害するように指図することは自己矛盾ではない。欲求を持つこととある命令に真剣に同意することとの間に類似性があるとしてもよいとするなら、この点はおそらく形式的には次のように表現することができる。「もし私が別の状況で「pをせよ」という命令に同意するとしても、それでもpをするな」と言っても、ここに自己矛盾はない。自己矛盾になるのは、「pをせよ、しかしそれでもpをするな」と言うことである。最初の命令が自己矛盾に陥らずに済むのは、この言葉の中では最初の「pをせよ」が引用符に入っているという事実である。つまりその命令は実際には発せられていないからである。

もしこれが自己矛盾でないとしたら、なぜトランペット奏者はそのように言おうとしないのだろう。私たちが見てきたように、狂信主義者ならそう言うことができるし、また実際そう言うことだろう。しかし、狂信主義者ではない普通の人はなぜ言わないのだろうか。いや、むしろこう問うべきだろう。そのように言うと、それだけで人は、私が用いてきた言葉の意味での狂信主義者になる。それでは、なぜ、普通の人々は狂信主義者にならないのだろうか。その答えは、次のようなことだと思われる。もし私たちが想像の中で仮定的な状況に入り、そしてあたかもそれが本当に自分に起ころうとしているかのように考えるとすれば、それが現実になるときに自分が抱く欲求とは違う欲求を仮定の中で抱くということは論理的に不可能だからである。これは、私たちがある対象やある事態を欲求するとき、私たちはそれに備わっている何かのためにそれを欲求するからである。そして、それが仮定的であるか、それとも現実であるかは、ここで求められている意味では、欲求されている対象や事態「に備わっている何か」ではない。(仮定的な歯痛は現実の歯痛が実際に痛いのと同じ程度に痛むと想定される。)仮定的な似た状況については何か別のものがあって、そのせいで仮定的な状況においては私たちは違うことを欲求するというのは不可能である。似ていると仮定される状況は本当に似ているのである。

すると、仮定的な状況で自分が抱くことになる欲求が阻止されることを人々がなぜ望まないかを説明するのは、もはや難しいことではないだろう。人々は実際に起こりそうだと考える状況で自分たちが持つことになる欲求が阻止されるのを望まないが、それと同じ理由からである。そこで、自分が現在抱く目的のために他の人たちに害悪をなすことを計画しているが、自分自身が本当に同じ害を被ることになることが十分分かったうえで何を欲求するかという試練（いくつかこれについては例を挙げてきたが、後でもさらに他の例を挙げる）に耐えるのは、本物の狂信主義者だけである。それは、狂信主義者はその目的に対する欲求が激しいということである。そういう人たちは、たとえば自分が生きることよりもユダヤ人を根絶することを欲求する。あるいは、狂信主義者は、自分たち自身の移動の自由よりも、同性愛者を拘束することを強く欲求しているに違いない。すると、こういう人々がめったにいないのはなぜか説明する必要はほとんどないだろう。自分が収容所で死ぬことになっても、それで奇跡のようにユダヤ人が消えてなくなるのならそうする用意があるナチ党員はいったいどのくらいいるだろうか。

そこで、トランペット奏者には、普遍化可能性の論理に従って、三つの選択肢がある。普遍化可能な道徳的概念を用いることをやめて、単称の指図をして満足することもできる(6.5, 9.2)。もしくは、仮定的な状況で自分が持つことになる欲求は、自分が今抱いている理想の達成と衝突するものであるなら度外視せよと指図するような狂信主義者になることもできる（9.4ff）。あるいは、私たちのほとんどがそうするように、（普遍化可能性の要請によって）隣人の欲求を度外視するようにと指図することはできないと認めるかである。私たちがお互いに共に暮らすことを可能にする道徳原則をほとんどの人が受け入れるようになるのは、道徳の諸概念の論理がこの三つの選択肢を私たちに突き付けてくるからである。

6

別のやり方で私自身の理論と自然主義を対比させることもできる。自然主義によると、ほとんどの人が実質的な判断だと考えるような一定の道徳判断が言葉の用い方に訴えることだけで論証される。私の理論ではそうではない。もっと精確に言えば、どちらの場合にも何か他のものに訴えている。自然主義の場合は、それは道徳とは関係のない事実である。たとえば、自然主義のある立場では、ある行為について、道徳と無関係な一定の事実があれば、私たちはそれが勇敢であったという道徳判断をしないことは論理的に不可能とされる。私の理論では、道徳と関係のない事実がこのように影響してくることはない。私の理論でも道徳と関係のない事実が要素の一つとして通常用いられることは確かである（6.3）。しかし、自然主義とは違って、それだけが論理以外の道徳的議論の唯一の要素ではない。人が何らかの道徳的な結論に至ることを余儀なくされるとすれば、それはその人が一定の単称の指図（これがどのような指図であるかはどのような欲求をその人が持っているかによる）に同意するか、もしくはこれに同意できないという場合であり、そして他者の欲求をあたかも自分のもののように扱う場合である。他に本質的な要素は、（時代遅れの用語を使えば）意志の働きといったようなものである。

ここでもう一度強調しておかなければいけないのは、「トランペット奏者」の議論は、トランペット奏者とその隣人が一定の欲求を持っているとか、一定の単称の指図かその反対の指図に同意するとかいった事実から必然的に導出されるものではないということである。もしそれが私の立場だとしたら、私は「時代遅れの主観主義」とよく呼ばれるような形式に似た一種の自然主義をとっていることになるだろう。それは、人々の態度といったものについての言明から道徳判断が必然的に導き出されうるとする立場である。この種の立場は、それ自体に対する反論と同時に自然主義に向けられるあらゆる反論にさらされるだろう。[65] 私自身の立場は、人が道徳的に考えるなら（また一般的に評価的に考えるなら）、自分の意志を普遍化することを余儀なくされるというものである。その人の判断が指図的な種類のものであることに変わりはないので、指図的である以上、事実についてのどのような言明からも必然的に導き出すことはできない。そして自分の意志を普遍化するには二つの方法しかない。他の人々の意志を度外視して自分の意志を普遍的なものにするか（これができるのは狂信主義者だけであり、狂信主義者なら、現実の欲求であろうと現実であるかのように扱われる仮定的な欲求であろうと、自分のすべての欲求を阻止しても理想を追求する用意がある）、または、他の人々が持つ意志を自分自身の意志であるかのように扱って、それと適合するように自分の意志を普遍的な形式のものに仕立て直すか、そのいずれかである。

自己矛盾に陥ることなく人々が狂信主義者になることは論理的には可能であるが、道徳哲学者がこれについて頭を煩わせられる必要はない。誰かが道徳哲学者のところにやってきて、「私は他の人の利益をすべて度外視してこれこれの理想を追求するつもりです。そういうことはすべきではないと論証して私を納得させてください」と言うとしよう。これに対する正しい回答は『道徳の言語』の第4章4節で大まかに示しておいたもので、「では試してみよう」ということである。しかしこの答えの本当の威力が発揮されるのは、その狂信主義者が、現在の自分の立場にあるときと同様に、自分がその指図の帰結として被害を被る側にある場合にもその指図が遂行されるべきだと言う覚悟がなければならないと気付かされるときである。私たちが全能で、狂信主義者になろうとしている人にこう言うことができるとしてみよう。「私たちはあなたたちのような人々のために特別な惑星を用意しました。そこではあなたは自分の理想を追求することが許されていますが、一つ条件があります。役割を順番に交代するということで、自分の役割とあなたの政策で害を被る人々の役割につくのです。」この未来を受け入れることができる場合に限って、その人は自分が狂信するものに対して真剣なのである。

7

さて、それでは次のように言う人に対してはどうだろうか。「あなたは自由主義者でプロテスタントで、あなたが私に使わせたいと思っているものは自由主義に染まっています。わたしは他の諸概念を用いたいと思います。あなたが自然主義者の提供する諸概念を使うように制約されたくないように、私も制約されたくないのです。あなたは正当な試合をして自分自身の哲学的指図を普遍化しなければなりません。あなたは自然主義者が安易な手に出て次のように言うということを禁じています。「これらが道徳の諸概念であり、もしあなたがこうした概念を用いるなら、あなたはこれこれのことを言わなければならない。」だから、あなたは自らこの安易な手（本質的に同じ手）を使って、私に「これらが道徳の諸概念である。そしてあなたがこうした諸概念を用いるなら、あなたの選択肢は自由主義者か狂信主義者になることだけだ」と言うことはできないはずです。私は自由主義者にも狂信主義者にもなるつもりはありません。私はただあなたの諸概念を用いるのをやめるだけです。」このような攻撃に対してどう答えるかはもう明らかである。私たちは自然主義者に対してとったのと同じやり方をとればよい。自然主義者が用いる諸概念は一定の道徳原則がしっかり組み込まれた十分に実質的な概念である。例えば、「勇敢な」という概念には、危険のある状況で何をすべきかについての一定の立場が組み込まれている。もしそういう言い方が許されるなら、自然主義者の諸概念は形式ではない。だからこそ、私たちは自然主義者に対して、私たちは中身において自然主義者とは異なるが、同じように普遍的な指図性の形式を持つ概念を採用したいし、そうする自由があると主張することができたのである。

対照的に、私たちが基礎とする諸概念は、自然主義者がしているように実質的な道徳原則を組み込んでしまうには少なすぎるし、また形式的すぎる。実際のところ、私たちの概念は非常に少ない（ただ普遍性と指図性によって定義されるだけである）ので、私が『道徳の言語』で初めてそれを素描したとき、どのような道徳的議論の理論もこれらの概念だけに基礎づけられることはできないと考えられていた。また、同じ理由で、私は反理性主義者に違いないと言われもしたのである。しかし、私の理論の弱点と考えられたものが、実際にはその強味であることが明らかになっている。自然主義者の諸概念とそれらに組み込まれた普遍的な指図から逃げ出すことは可能である。他の普遍的な指図に逃げ込めばよい。つまり、同じ形式をもった他の概念に逃げ込めばよいのである。しかし、もし人が私の諸概念から逃げ出そうとするならどこに逃げるつもりなのだろうか。自己中心的な欲求を表現する単称形の指図か、それとも普遍的だが指図的ではない判断へだろうか。こうした方向のいずれをとるのも自由である。しかしもしそうするなら、私たちはもうこの人について頭を悩ませる必要はない。なぜなら、その場合には、私たちは何をするかについてや、事実はどうなのかということについては論争することにはなるにしても、私たちが何をすべきかということについてはもはやその人と議論してはいないからである。私たちはその人に向かって次のように言う立場にある。「もしあなたが私たちの用語で話すことに同意しないのなら、私たちの間に残された争点は、道徳的とか評価的とか言われる言葉を用いずに表現できるものに限られる。私たちはあらゆる種類のことについてあなたと論争する用意があるが、どういう種類のことを議論しているのかははっきりさせておこう。」しかし自然主義者は同じことを私たちに向かって言うことはできない。なぜなら、もし私たちが通常「勇敢な」と言われるものをよいものだと考えず、そのため、その態度が組み込まれているこの概念を捨てるとしても、私たちはこの概念をまだ用いている人と実質的な議論を行うことができる。その議論は、「すべきである」といったような評価的な道徳の言葉を用いて表現されるはずである。

繰り返すが、これは様々な言語においてどのような音が何を意味するのに用いられるかという問題ではない。(それは数学の場合と同じである。)重要なのは、私たちには「すべきである」という概念があるということであり、その使い方を私たちがみな学んでいるということである。(十分に発展していない文化ではおそらくこの概念はないかもしれない。)そして、この概念があるということは、私たちは(足し算と引き算の概念が区別できるように)これと他の概念との区別ができるということである。そして、人が何をすべきかについて議論している場合と何か他の種類の議論をしている場合とを区別できるということである。そこで、私たちは自然主義者に対してこう指摘できる。自然主義者には自分の諸概念を使う権利があるが、私たちの方の諸概念が存在するということは、ただそれだけで、自然主義者の諸概念で表現できるものよりはるかに一般的な議論の領域が可能になるし、その領域こそ道徳哲学者が扱うことを使命とするものであるが、それは自然主義の道徳哲学が扱う範囲には入らない。もしこれに対して、私たちを今こうして攻撃している人が同じことを私たちに言おうとしたら、私たちとしては、指図的ではなく普遍化可能ではないその人たちの諸概念を用いて適切に表現できる議論もあるということには同意するが、私たち自身の道徳哲学はそうした議論も自らのうちに取り込めるほど一般的だと答えることになる。「一般的」という言葉がこの問題全体の鍵である。自然主義者に対して私たちが有利な点は、道徳的な問題についての自然主義者の解釈は十分に一般的ではなく、そのため重大な道徳的問題が自然主義では扱うことができないからである。つまり、私たちの言語は十分に一般的なので、その人が私たちと議論しているとするものを何であれ表現できる。そのため、私たちは今述べてきた攻撃に対して優位に立つことができる。もしAがBの言いたいと思うことをすべて、そしてそれ以上のことを表現できる言語を持っていたら、Aが哲学的な試合の勝者になることは決まっている。分数と整数について知っている数学者は、整数についてしか知らない数学者に対して優位にある。そこで私は、自然主義者と今相手にしている攻撃者に対して、私たちはこの数学者と同じ立場にあると主張する。なぜなら、私たちの言語には（自然主義者が要求するように）記述的な言葉が入っているが、この言語には私たちが言う意味での評価的な言葉（つまり普遍的に指図的な言葉）も含まれていて、それを自然主義者は認めることができないのだが、私たちが言うことを表現するためにはそうした言葉が必要なのである。[66] また、私たちの言語は現在の攻撃者が言いたいと思うことを表現する手段を含んでいるが、普遍的な指図を表現する手段もそこには含まれているのに、この人の言語はそれを用いることを禁じているのである。そこで、両方の側が言いたいことを言い終わったら、私たちは彼らには表現できないが、私たち全員がどのように表現するか完全に通じている他のこと、すなわち道徳判断や他の評価的判断を自由に語ることにしよう。

第11章　実践的な例

1

私がここまで示してきた理論的な主張を確かなものにするために必要なのは、私たちが実生活で直面している重大な道徳的問題にこれを適用してみることである。それは、私が主張してきた主要な命題を例証すると同時に、もう一度とらえなおすのにも役立つだろう。こうした目的に最も適う問題は、人種や民族間に対立がある場合に生じる問題、特に皮膚の色を異にする人種間で生じる問題である。この問題については、すでに若干ふれてきたが、さらに議論を広げて取り扱うだけの意義がある。「さらに広げて」と言うのは、もっと総合的に論じると言うことではない。というのも、そうなると、私たちは哲学そのものの外へ出て、歴史、社会学、心理学、および政治に向かうことになるからである。こうした他の分野でなされている貢献を組み込んだものではない考察は、中途半端で表面的なものにならざるをえない。どうして（歴史的に、また心理学的に言って）人々が人種間の敵意に身をまかせてしまうのか。そして社会状況がどのように変わればその敵意がなくなるのか。私たちはこうしたことを知る必要がある。この問題を議論し始めるとすぐに気づくのは、理性的な議論を求め、自分の考え方に妥当性があるかどうかをすすんで試そうとする哲学的なアプローチをとることができない人々が非常に多くいることである。哲学だけでそうした人々を納得させたり、振る舞いを変えさせたりすることができるとは期待できない。この問題について何らかの前進を期待するためには、まず心理学の深い理解が必要である。また、この問題に適切に対処するためには、人々を人種に分類したり、知性やその他の性質といった点でこうした人種をランク付けしたりする科学的な根拠があるとすれば（もしそういうランク付けが可能であればだが、それは疑わしいと思われる）、そうしたものも考察することも必要になるだろう。しかしながら、この問題には哲学的な問いが関わっている。それを無視すれば、この問題のどのような解釈も表面的になってしまうだろう。私たちは人々の振る舞いの原因を知り、どうやったらそれが変えられるかを知るだけではなく、人々の振る舞いについて、どれが正しくどれが間違っているかを決定する必要がある。そしてその目的のためには、本書で私が行おうと努めてきたように、道徳的な問いについて、どのようにすれば妥当性を持った論証をすることができるかを検討しなければならない。そのため、私は本章をこの問題の哲学的な側面だけに充てるが、それでよしとしたい。

　私はまず、人種間の対立に直面したときに人々が持ち出す可能性のある議論について、例を引きながら簡潔に一般的な分類を行うことにする。この分類が根本的で完全なものになるとは期待していない。というのは、この分類の目的は、主要な議論に見られ、また論理的に興味深いものの例を示すことだからである。まず事実に関する議論から始めることにしよう。そしてそれをさらに、純粋な事実に関する議論と、事実の問題に見えるが、実際はそうでない問いに関する議論とに分けていくことにしよう。その後で、事実について合意できた後でもなお続いていく可能性のある様々な道徳的議論を考察していくことにする。このような分類が、事実と道徳判断との間の関係に光を当てるものとして、哲学的に興味深いものとなることを期待している。

2

まず、事実についての純粋な問いである。この分類では、最初に様々な人種の実際の特徴についての問いをいくつか取り上げことにしよう。そして、そうした問いは（1）様々な人種の諸能力についての問い、（2）それぞれの道徳的傾向やその他の傾向についての問い、（3）一定の状況で一定の人種に属している人々の気持ちについての問い、の三つに分類することにしよう。

［1］様々な人種の諸能力

黒人は自治の能力がないとか、（政治的指導力や他の面での）指導力がないとか、高等教育や一定の実務的な技能を身に付ける能力がないと言われることが時々ある。さて、もしこうした主張が正しければ、それが影響してくる道徳的な議論もあるだろう。というのも、もし黒人が自治を行うことができないとしたら、自治政府を持つことが認められるべきだと主張しても何の役にも立たないからである。また、もし黒人に作業長の仕事ができないとしたら、黒人を作業長にすべきだと言っても何の意味もないからである。「能力の欠如に基づく議論」は必ずしもここまで極端なかたちで言われるわけではない。黒人はこうした能力を身に付けることができるが、ただし白人と同じ程度まではできないので、この点で白人より劣ったままでいるしかないというふうに言われることもある。このように弱めたかたちでの主張が、前者の強いかたちの主張と同じ影響を道徳的議論に及ぼすかどうかはまったく明らかではない。例えば、黒人には、ウェストミンスターで行われていると言われる自治を基準にするなら、その能力はないかもしれない。しかし、これは、黒人が自分たちにできるやり方で自治政府を持つことが認められるべきだという立場に対する反論にはならないだろう。またこれとは別に、黒人は遠い未来のいつかの時点で自治を行う能力があるようになるかもしれないが、今現在はそれをする能力はないと言われることもあるだろう。もしこれが事実だとしたら、何らかの道徳的な問いに重大な影響を及ぼすことになるだろうが、その影響は、先に挙げた二つの主張のいずれとも違うものだろう。

[2] 様々な人種の道徳的、およびその他の傾向性

ある人種に属する人々は遺伝的か文化的かいずれかの仕方で性格的な欠陥を受け継いでいるので、そのため他の人種の人々とは違った扱いをすることが正しいと時に言われることがある。ユダヤ人はそうした非難の標的になってきた。また、ある人種に属する東洋人はイギリス人がそうだと言われるほど正直でも信頼がおけることもないとも言われてきた。もし傲慢にも聞こえるこうした非難が確かなものとして検証されたら、道徳的な議論に何らかの影響を与えるだろう。しかし、それがどれほど強い影響を与えるかは、どのような欠陥が存在するかによって変わってくる。もしその欠陥が遺伝的ではなく文化的に受け継がれてきたものだとすれば、そうした欠陥を永続化させてきた文化的、社会的な要因について、その人種に属する人々自身にどの程度責任があるかを考えなければならないし、また、どの程度まで、たとえばユダヤ人の迫害のように、他の人種が行ってきたことが影響しているかを考察しなければならない。

この二種類の事実に関する議論は哲学的論証によって確証されたり論破されたりするものではない。これらの議論が正しいか間違っているかは、ふさわしい手段を用いて、根拠が示されずに事実として言われていることが本当に事実なのかを検証しなければならない。たとえば、歴史の客観的な研究や、該当する場合には、社会学的、もしくは心理学的な調

査や実験といった方法である。こうした主張を行う人々の誠実さについても、こうした客観的な検証の結果を受け入れ、それに従う気があるかどうかで証明されなければならない。

［3］ある人種に属している人々の気持ち

人種間の関係についての道徳的議論では、もう一つ別の種類の事実についての主張が決定的なものとして提出されることもある。それは、ある人種に属する人々をある仕方で扱うことがその人たちの幸福にどのような影響を及ぼすかということである。黒人には白人と同じ感性はないので、黒人を奴隷として、あるいは奴隷に似た条件で扱っても、白人を奴隷として使うほど残虐なことではないと主張する人々もいる。この議論は、極端なかたちをとると黒人は動物のようなものであるか、（実際こう言われたこともあるのだが）実際に動物なのだという主張になる。しかし、これは事実に基づく議論に見せかけただけのものであり、こうした種類の議論については次の節で取り上げることにする。もし牛と同じ状況で同じ農場で働いても、バンツー族の人にとって牛にとってと同じ程度の不幸しかもたらさないとしたら、バンツー族の人をこのように扱うことに反対する道徳的議論はないことになる。

さて、この種の事実に関する議論を評価するには、先の二つの種類の議論にはなかった難しさがある。なぜなら、他の人々の感情についての命題の真偽を検証するさいには、よく知られた哲学的な障壁があるからである。しかしながら、少なくともバンツー族であるとどのような気持ちがするかを知ることは、牛であるとどういう気持ちがするのかを知ることほど難しくはないと言うことで、こうした難題を回避することができる。また、この難しさは、程度が違うだけで、私の双子の兄弟のジェームズならどういう気持ちがするのかを知る難しさと同じ種類のものである。哲学的にはこれは難しいとしても、実際問題としては、農場の一人一人のバンツー族の人とより近しい共感を持った親交を結ぶなら、農場で働くバンツー族の人がどういう気持ちでいるかを知るという難問は克服できる。それを知ることがなぜ道徳的議論にとって重要なのかという問いについては、後で立ち戻ることにしよう（11.9, 6.4以下）。

もう一つ、もっと特殊な事実に関する議論があって、それについても取り上げなければいけない。それは前の三つと同格に並んで分類されるようなものではなく、前の三つのうちの一つかそれ以上を実際の状況にどのように当てはめるかということである。たとえば、ある人種政策が進められると、その結果はこうなるだろうが、そうした結果は絶対に避けなければならないからその政策は拒否されるべきだといった議論である。これは、もしパス法が撤廃されるなら、被支配人種が政府転覆をはかって活動するのを止められなくなり、その結果あらゆる暴力的な事態が生じ、秩序だった政府の破壊につながるだろうという主張のかたちをとることもある。あるいは、人種隔離が緩められると、結果として人種交雑が生じるとも主張される。（そこでは、これは口にするのも忌まわしい悪徳だということが前提されている。）こうした議論は道徳において恐ろしいほど頻繁に見られる型の議論で、実際どのような道徳的議論にも必ず登場する常連だと言ってよいだろう。これは、「もしあなたがこれをこのような状況で行うと、あなたがすることはこうした帰結をもたらす」というかたちで行われる。こうした議論には、もしある人がしようと提案していることについて、もしそれを現実に行うとなるとどういうことになるかを示して考えを変えさせる効果がある（L.M. 4.1）。人種問題の文脈では、この種の議論はこれまで考察してきた三つのタイプの議論に依拠することが多い。たとえば、もしユダヤ人に制約なく商売を行うことを許すと、この人種の道徳的傾向や他の傾向のためにその国の経済を完全に支配してしまい、この立場を利用してユダヤ人以外の人々の利益を害するだろうと言われることもあった。また、インド政府に占めるインド人の割合を増やすことを認めると、無能さと汚職によって（英国人で占められた）インド高等文官が維持している行政府の高い規律が崩壊することになるとも言われたこともあった。もしこうした仮定的な予測が正しいとしても、その予想されている事態が別の政策を進めたときに生じる事態に比べて悪いのかどうかというさらなる問いが生じてくる。しかし、この但し書きを認めておくとすれば、そしてその前提が事実であるなら、これは道徳において完全にまっとうな議論である。つまり、もしある政策が進められるとある道徳原則が守られるとか侵されるとかいうことが事実だということをまず示し、次に道徳原則を問い直すというのは正しい順序である。

3

ここで事実に関する議論を離れて、事実に見せかけた議論に目を転じることにしよう。そうした議論は、たいていの人種問題において両陣営から出されている。それは、自由主義者が異議を唱える政策を支持する人々の専売特許というわけではない。しかしながら、その種の議論の中で、まず、私の読者の大半が賛同しない政策を支持する人々が出してくる議論を見てみよう。というのも、その方がこの種の議論の誤謬をより簡単に示すことができるからである。その後で、似たような議論で同じように説得力を欠くが、正しい立場に立つ人々が持ち出す議論をいくつか見ることにしよう。

ナチ党員が、ゲルマン人種には遺伝的な素因が（その人に言わせれば、その血の中に）あって、そのため生まれつき他の人種に対する優越性があり、他の人種を従属させる権利が与えられているので、ゲルマン人ではない人々を迫害する権利があると主張しているとしてみよう。これは一見すると、私たちが先に見てきた事実に関する議論の分類に完全に入るように見える。私たちの目の前にあるのは、一定の事実を理由として一定の道徳原則が適用されるという言明である。しかしこの議論には二つの致命的な弱点がある。第一に、この遺伝的な素因が特定の個人の遺伝に表れている、ないし血に表れているかどうかを知る明確な基準が何も与えられていない。ゲルマン民族が他の人種より生まれつき優れているという主張が正しいかどうかを決定するためのどのような経験的な検査も提示されていない。そこで、この議論は、本当かどうかを確かめることが原理的にできない「事実」の言明に基づいている。したがって、私たちはその議論の前提についても結論についても真偽を知ることはできない。この種の議論を否定するためには何も論理実証主義者になる必要はない。しかし意味論上の検証理論を実際に受け入れている人であれば、さらに進めて、こういう議論の前提は単に検証できないだけでなく無意味なものだと言うことだろう。この問題についてこれ以上私は立ち入らないが、ただ、これは、一見きわめて抽象的な哲学論争が実践的な問いに直接適用されることを示す好例である。

第二の弱点は、この議論の前提が正しいとしても、それを用いている人はなぜその前提からその結論が導き出されるのか語っていないという点である。ゲルマン民族にはよい血統という素因があるということから、ゲルマン民族が他の人種を支配することを正当化するためには、その素因によって他民族を支配する権利が与えられることを証明しなければいけないが、どうしてそういうことになるのかは理解するのは困難である。たとえ、ゲルマン人の血はある化学物質を加えると必ず紫色に変わり、他の人種の人の血ではそうならないということが実験で証明されたとしても、それによって何であれ道徳的な結論が導き出されるということは立証されない。この問題について考察を進める前に、道徳の議論において事実に関する前提がどのような位置を占めるかという一般的な問題に立ち戻ることにしよう。

この種の事実に見せかけた議論の例としては、他に、キリスト教徒がユダヤ人を迫害してよいのは、あるユダヤ人たちがよく知られた場面で、「その血を私たちとその子孫たちに浴びせよ」と言ったからだという議論がある。[67] また、白人が黒人を従属させてよいのは、黒人たちはハムの子孫であり、聖書のなかでノアは、自分が酔っ払って意識がないときにハムが裸を見たので、ハムの子孫に呪いをかけたと言われているからだというものもある。[68] どちらの場合にも、個々のユダヤ人や痛めつけられているバンツー族がハムの子孫なのかどうか、またはピラトの宮殿の外で群衆の中にいたのかどうか突き止める方法など考えられないし、またそれが事実だったとしても、なぜそれでその人たちを虐待することが正当化されるのかもまったく明らかにはならない。

4

さてここで、以上の議論が持つのと同じ二つの欠陥がある議論だが、もっと世間での評価の高い人々がよく用いる議論の例を見ていくことにしよう。白人は黒人の兄弟なのだから、黒人をもっとよく扱うべきだとか、黒人は白人と同じように神の子どもなのだからと言われることがある。前と同じように、ここでも、何か他の人種に属する個々人が、広い意味で自分の「兄弟」なのかどうかを決定する基準が述べられていないし、神の子どもかどうかを決める基準も述べられていない。もし二人の人がある地域の先住民が神の子どもかどうかを議論しているとすれば、どのような検査を行って議論を決着させることができるのかまったく分からない。実際には、私たちはこうしたかたちの表現をメタファーとしては否定することはできない。しかし、私たちは、そのメタファーが何を表すものかを知る必要があり、そしてメタファーのかたちで表現された主張が、メタファーを用いずに表現されたときに本当かどうかを知る必要がある。

　二つ目の欠陥としては、もしある人が私の「兄弟」だと、もしくは「神の子ども」だと疑う余地なく証明することができたとしても、なぜそこから私がその人をある仕方で扱うべきだということが導き出されるのかはっきりしない。私の実の兄弟、つまり同じ人間の父親の子どもであっても、どのような道徳原則を根拠として兄弟に対する私の義務が証明されるのだろうか。確かに、ほとんどの人が、私たちには実の兄弟に対して一定の義務があるということに同意するだろう。すると誰かの「兄弟である」という関係には、こうした義務の根拠となる何かがなければならない。この「何か」が何であるかを明確にする必要がある。なぜなら、それがはっきりするまでは、どのような原則がこの義務に関係しているのか分からないからである。一緒に育ったということに関することなのか、すると義理の兄弟にも拡大されるのか。それとも同じ親を持つということに関係しているのだろうか。もしそうなら、両親ともが同じである必要があるのか、それとも片親だけでよいのか。もし私たちがこうした問いに答えるためには、兄弟であるということが持つ精確にどのような特質を私たちがこの義務の根拠だと考えるのかをまず知らなければならない。そうして初めて、拡大した意味においてだけ私たちの兄弟である黒人にも、本物の兄弟に対する義務の根拠となっている特質が同じように見られるのかどうか問うことになる。そして、どう考えても、そうした特質があることが証明されることはありそうもない。

本書で主張してきたことは、この議論にどのように関係してくるのだろうか。すべての道徳判断は判断されているものについての何かを根拠として行われなければならないと私は主張してきた（2.2以下）。（これは別のかたちで普遍化可能性の命題を述べたものである。）さて、この「何か」は、今考察している事例では、～の兄弟であるという単純な生物学的な関係かもしれない。しかし、そういうことではないと思われる。では、兄弟であるという関係の何を根拠として、兄弟に対してある仕方で振る舞うべきだという道徳的な指図を私たちが受け入れるようになるのだろうか。このように、私たちは根拠を追求するように求められるのである。

「神の子ども」という表現にも同じ種類の問題がある。私たちが神の子どもである仲間たちをある仕方で扱うべきだということは自明なことではない。おそらくこれには神の意志が行われるべきだという一般的な前提と、子どもたちがお互いを一定の仕方で扱うことが神の意志だという特殊な前提が必要となる。この二つの前提のいずれについても、おなじみの哲学的な問題が生じてくる。しかしそれについて論じるゆとりはここではない[69]。

5

この分類に入る議論には様々なものがあるが、最後に着目したい議論には前のものと同じ欠陥があるものの、哲学的には評判のよいものなので、もう少し詳しい検討に価する。それは、黒人は人間なので一定の仕方で扱うべきだという議論である。ここで、まず言っておかなければいけないことは、この議論は実際には近道をとろうとするものだということである。黒人が人間であるとすれば、そして一定の他の前提を仮定すれば、黒人もまた他の人間と同じように扱われるべきだということは妥当な論証である。この論証については、私は後で行うつもりである(11.9)。そうは言うものの、このままではこの議論は無価値である。というのも、私が先ほど指摘した欠陥がここにもあるからである。これを妥当性のある論証の一部に変えるには、この議論に隠されている一定の手順と前提を表に出さなければならない。また、この種の議論を用いる人々に対する不満は、その人たちが間違った結論に達しているということではない。私が問題にしているのは、こういう議論をする人たちはこの議論において本当に重要で興味深い要素を隠してしまい、それによって道徳議論と道徳的対話一般の根本をなす特質のいくつかを見失わせてしまうという点である。こうした根本的な特質を理解することによって、この議論は初めて妥当性を持ったものと考えることができる。この議論がとろうとしている近道は、二つの理由で非難されなければならない。一つは、誤った形式の論証によって好ましい結論に達している点であり、そうした形式は最も忌まわしい結論を正当化するのにも使われてしまうということである。次に、この好ましい結論に至る簡単な方法を提供しているように見えることで、道徳哲学の研究のきわめて表面的なレベルに達しただけのところで人々が満足してしまい、そこから離れがちになってしまうという点である。このままでは、この議論は、「Xは人間である」から「私はXに親切にすべきである」へと推論するということで、それは論理的に見れば、「Xはアーリア人ではない」から「私はXをガス室に送るべきである」へと推論するのと何ら変わりはない。

この点を理解するために、まず、この「人間」の議論には、「兄弟」と「神の子ども」の議論と同じ欠陥があることに着目することにしよう。ある人が人間であるかどうかを決定するための何の基準も示されていない。それは今生きている人類の一員であるということで十分だろうか。ある黒人が今生きている人類の一員であるという事実から、その人を一定の仕方で扱うべきだということは導き出されないように思われる。そこで、これが人間と呼ぶかどうかを決定する基準だとするなら、誰かが人間であるという事実からは、何の道徳的結論も出て来ないように思われる。人間であるかどうかについて、どのような決定基準を用いても同じことが言えるだろう。たとえば、理性的な選択を行う能力がある場合にはその人は人間だと言うこともできるだろう。しかし、それでもまだ、この能力を持つ人がその選択の力を可能な限り行使できるようにすべきだということは明らかにならない。なぜなら、この主張については何の根拠も示されていないからである。

一般に、ある存在が人間かどうかを決定する明確な基準があるとしてみよう。その次に、私たちがそうした存在を他でもなくある一定の仕方で扱うべきだということを証明する必要がある。この難題に直面すると、この種の議論を主張する人は、その原則を分析的なものにすることによって疑いようのないものだとするかもしれない。Xは人間であるということを証明することで、Xは人間として扱われるべきだということが証明されたと言うかもしれない。そして、これは分析的な命題であり、真であると言うかもしれない。なぜなら、「人間として」ということは「人間が扱われるべきような仕方で扱われるべき存在として」ということを意味しているからである。しかし、「人間は、人間が扱われるべきような仕方で扱われるべきである」というのは確かに分析的であるが、問われているのは、人間はどのように扱われるべきか、ということなのである。

この難題から抜け出るには、人間の概念に何らかの道徳的な内容を書き込めばよいと言われるかもしれない。ある存在が人間だと私たちが言うとき、その人は一定の仕方で扱われるべきだということがそこで言われている人間の意味の一部になっているということである。そうすれば、「Xは人間である」から「Xは一定の仕方で扱われるべきである」に進むことは妥当なことになるだろう。しかし、その人がその意味で本当に人間であるかどうかを知る決定的で道徳的に中立な基準を手にしていないことに変わりはない。その人が人間であることを確信するためには、私たちはまずその人が一定の仕方で扱われるべきであるということを納得しなければならず、そしてこの道徳判断を行う根拠は何も示されていないのである

6

ここまでいくつか考察してきたのは、議論として不満足なものや、先行する道徳原則に訴えている点で不完全な議論だった。ここからは本章の建設的な部分に入ることにしよう。その基礎となるのは、前章までと私の前の著作で示した道徳の言語と道徳的な論証の解釈である。

まず、事実に関する議論と呼んできたものがなぜ道徳的な問いに重要だと考えられるの

か問い直してみることにしよう。事実に関する議論は、場合によっては（例えば、ある政策について予想される結果）完全に大きく関わってくると私が述べてきたのはどうしてなのか。その一方で、ナチズムやその他の集団が明らかに事実に見せかけた議論を作り出して自分たちの行為を道徳的に正当化するという奇妙な現象がどうして生まれるのか。なぜ、そうした議論を抜きにして、ユダヤ人を根絶するという仕事にそのまま取り掛かって済ませないのか。どういう必要があって、ゲルマン民族には遺伝的に特殊な素因があって他の人々と違うといったでたらめな主張をするのだろうか。ある政策がある結果をもたらすことが道徳的な議論に影響するのはどうしてなのか。事実というもの（あるいはある種の事実）が道徳的な議論に重要な影響を及ぼすと考えられているからということで、もし本物の事実が何も手元になければ、もっともらしいものをでっちあげているのだが、それはどうしてなのか。一言でいえば、道徳の議論に事実はどのような影響を及ぼすのか。これは道徳哲学の中心的な問題の一つであり、本書と前の著作で私はこれに対する答えを素描しようとしてきた。前に述べたことをこれ以上繰り返すことなく、できる限り明確で手短にその答えを示しておくことにしよう。

「なぜ事実が道徳の議論に重要な関係があるのか」という問いに対する一つの答えは明白であり、また正しいが、不完全である。その答えとは、道徳判断が何かについての判断であり、当該の場合についての諸事実によって私たちが何を判断しているのかが決められているというものである。私たちがある提案された行為について道徳的な問いを尋ねるとき、その行為をする人が何をすることになるのかを知ることは重大な関係がある。もしそれが分からないとしたら、私たちは文字通り何について話しているのか分かるはずもないだろう。

私としては、この答えは二つの理由で不完全だと考えている。一つ目の理由は、この答えでは、ある事実は道徳の議論に関係があり、他の事実は関係がないと私たちが考えるのはどうしてなのかが説明されないという点である。二つ目の理由は、道徳的な議論の場合には、関係がある事実かどうかが重要になるのはなぜなのかが説明されないという点である。もし私が、何をすべきかを考えているのではなく、何をしようかを決めようとしているのだとしても、私がこれこれのことをしたら私は何をしていることになるのかを知ることはやはり重要である。この二つの不完全さがどのように相互に関係しあっているのかを見ていくことにしよう。

私がこれまでにも再三言及してきた一部の哲学者たちは、事実が道徳の議論に関わってくるのは、ただ言葉の意味によってであり、それによって事実的な前提と道徳的結論が論理的に結びつけられると主張している。さて私はそのような結びつきがあるとは考えない。そしてこうした哲学者たちはこの種の関係にしか目を止めないので、私がそうした結びつきがある可能性を否定すると、事実は道徳の議論に関係がないという馬鹿げた立場を私がとっていると考える。しかし、私が主張していることは、事実は道徳の議論に重要な関係があるが、その関係はこの人たちが考えるようなものではないということである。

道徳の議論において事実は重要である。なぜなら、他の点では似ている事例を違うものにするのは事実だからである。この点をもう一度ナチズムの例を用いて示していくことにしよう。どうしてナチズムは他の民族とゲルマン民族を分かつ何かがその血の中にあるという主張をあれほど重んじたのだろうか。これは、ナチズムが他の人種を著しく違う仕方で扱おうとしていて、そして、なぜそうすべきなのかという理由が欲しかったということで説明できる。ナチ党員は自分が今ガス室に連れて行こうとしているユダヤ人のことをつくづく考えて、こういうかもしれない。「私だって飢えて裸だったらこの連中と同じように見えることだろう。私や私のゲルマン民族の友人たちと同じようにこの人たちにも感情や願いがあって、見たところ、他にも重要な違いはない。そして私はゲルマン民族をこんなふうに扱うことが正しいとは思わない。しかし何かしら違いがあるのだ。ゲルマン民族とユダヤ人には目で見て区別できるような違いはない。しかしユダヤ人には一つどうしようもなく深刻な問題があって、それは、本物のゲルマン民族なら持っている遺伝的な素因がないということだ。そのためゲルマン民族はこの人たちをガス室に送ることができるのだ。」こんなふうにそのまま書くと、この議論はグロテスクに聞こえる。しかし何かこの種のものが人種的な優越性を説く多くの主張の背後にあるのは疑いもない。そして、道徳的思考のこのパロディは、これがパロディにしかならないことで、道徳の議論において事実というものが重要な役割を果たすことをきわめてよく示している。たとえ下手な道徳的議論においてさえ、またでたらめな事実であっても、道徳的議論に事実は欠かせない役割を果たすのである。ナチスのこの議論は申し分のない道徳的議論のように見せかけようとしているが、逆に、よい道徳判断というものがどんなものなのかについて私たちにあることを示してくれる。

重要な点は次のことである。私たちは二つの事例について、両者の間の何らかの違いを示すことができなければ、それぞれについて違う判断を下すことは論理的に禁じられており、それが道徳の言葉の意味の一部をなしている。これは、私たちが見てきたように、すべての道徳的論証の基礎をなす普遍化可能性の要請を別のかたちで表現したものである。ナチ党員はゲルマン民族とユダヤ人に対してそれぞれ違う扱いをしたが、それは両者の間に何か違いを提示しなければ正当化できないために、違いをでっち上げたのである。

人種間の対立に加担した人々の中には、もっと都合がよく、何もでっち上げる必要のなかった人たちもいる。違いはそこに、犠牲者の肌に色として誰にでも見えるかたちで存在する場合である。肌の色が違う場合、人種差別ははるかに容易に正当化できるように思われる。しかし肌の色ほど明らかでない違いでも、必要とあれば同じ目的に利用することができる。差別主義者になろうとする人々にとって重要なのは、自分たちが抑圧し搾取し迫害しようとする人々とそうではない人々との間に何らかの質的な違いがあるということである。私たちの中には、学校で、違う模様の靴を履いているというだけでいじめの標的になったことを思い出す人もいるのではないだろうか。

道徳的論証を下手なかたちで模したこうした議論から、私たちは本物の議論についてあることを学ぶことができる。それは、人々を違った仕方で扱うことを正当化するには、人々の間に、あるいはその行為か状況の間に何か質的な違いを示さなければならないということである。ある一定の種類の人々に対しては、一定の種類の状況では一定の種類のことをするべきであるとか、してよいというふうに、私たちは道徳判断に含まれる諸原則を作り出すことで、自分自身の行為についての単称の道徳的判断を正当化しようとする。

7

さて、こうした見せかけだけの道徳的論証はパロディである。ここで生じてくる問題はパロディと本物とをどうやって見分けるかである。もし肌の色が黒いことでその人を差別することが正当化されないと考えるとしたら、違った扱いを正当化する特質や状況とそれを正当化しない特質や状況とをどのようにして区別するのだろうか。「その人の肌の色は黒いから殺すことは正しい」と言うことと、「この人は人を殺したから殺すことは正しい」と言うことは、形式的には一見違いがないように思われる。人によっては両方とも十分な理由だと考える。人によっては両方とも間違っていると考える。そして人によっては片方は十分な理由であるが、もう一方は違うと考える。そこで、道徳哲学は、よい理由と悪い理由を区別する手段を示すことができるのかと問わなければならない。別の言葉で言えば、差別を本当に正当化するにあたって関係する違いと関係しない違いを区別する手段を道徳哲学が提供できるのかという問いである。黒い肌は関係しないが殺人者であることは関係するという理由が何かあるのだろうか。

この問いに以下のような方法で答える人たちもいる。道徳的に関係があると人々が実際に言っている違いの種類を調べて、そのリストを作り、できるならある種の体系に収めて、そして次のように言うのである。私たちが「道徳的に関係のある違い」と言うときに私たちが意味しているのは、これらの違いであり、他のものは含まれない。そして「道徳性」とは、まさにこれらの違いだけを考慮に入れて、他の違いを考慮に入れない評価の体系を意味している。こうしたやり方には多くの反論がある。ここではそのうちの二つだけを挙げておこう。まず、南アフリカかソヴィエト連邦、もしくは古代スパルタでそうした調査を行ったとしたら、違うリストができることはないとどうして分かるのか。二つ目に、そうしたリストを作っても何も説明したことにならないということである。私たちが知りたいのは、どうしてあるものがそのリストに入るのか、もしくは入らないのかということである。この立場を支持する人たちは、説明を求めて十分なところまで進んで行かなかったように思われる。

さて、もし本書の議論が正しければ、私たちはつい先ほどとった手段と原則的には変わらないやり方で、相当遠くまで実際に進んでいくことができる。もし違う道徳判断がなされるとすれば、関係のある違いが示されなければならない。これは、私たちが見てきたように、道徳の言葉の意味から導き出されることである。そして私たちは、これが普遍化可能性の要請の一つのかたちであることを見てきた。しかし、私たちはこの原則の威力のすべてをまだ使い尽くしていない。第6章8節と第9章4節で説明したその用い方がまだ手つかずで残されている。

普遍化可能性の原則のこの有用性をもう一度説明するために、黒い肌それ自体がその人を差別する十分な根拠だと主張する人と議論していると想定しよう。私たちはその人に次のような話をし、その人は騙されやすい人なので信じてしまうとしてみよう。ソヴィエトの人種問題研究所（欧米でこれに当たる研究機関に比べてはるかに進歩的で科学的な団体である）が新しい種類のバチルス菌を培養するのに成功し、ソヴィエトの工作員が今この瞬間に世界中の人種対立のある地域でこれについて報道している。このバチルス細菌は非常に感染力が強く、またこの細菌が引き起こす病気の症状は、患者の肌が白い場合は永久に黒くなり、また黒い場合はその反対のことが起きるというものである。さて、私たちが議論をしている相手がこの話の持つ意味を汲み取ったときをみはからって、まだ肌の色それ自体で道徳的な区別の十分な根拠になると考えるかどうか尋ねるとする。そうだと相手が答えることはありそうもない。なぜなら、もしそう答えると、その人がこの病気にかかったら、以前は黒人だった人がこの病気に同じようにかかって、自分と以前の白人の友人たちを迫害する権利を手に入れると言わざるを得なくなるからである。

　この単純なSFが教えてくれることは何だろうか。私たちはこの他愛もない嘘を使って、議論の相手に知的な実験を行わせたのだが、それは、もしその人が道徳的な論証を本当に求めているのだとしたら、嘘をつかれなくとも自分で行うはずのものである。この実験では、自分が差別の十分な根拠だという性質を自分が失ってしまい、自分が今差別している犠牲者がその性質を手に入れるという仮定的な事例を考察する。そして、これがあたかも現実であるかのように考察するのである。普遍化の過程には二つの段階がある。最初の段階を通過するのは、私たちの特定の状況の諸事実を前提として、自分が望むような道徳判断がそこから導き出されることがないように、固有名詞や他の特定の言葉を含まない普遍的な原則を見出したときである。極めて恥ずべき道徳的立場を支持する人でさえ、この段階に達してその試験を通過することは比較的容易である。例えば、白人が黒人を抑圧することは問題ないとする原則を何かしら示せば、この段階は超えることができる。しかし、次の段階はもっと困難である。何らかの原則を示すだけではなく、本当にそれを支持している必要がある。これは単に格率を持ち出すことではなく、（カントの言葉でいえば）それが普遍的な法であることを欲する必要がある。ここで、道徳判断の二つ目の主要な論理的性質である指図性が決定的なものとして姿を現してくる。その原則が普遍的な法であることを欲するということは、関係者が持つ立場が逆転したときにもそれを適用することを欲することである。そして、最初の段階では抑圧者や迫害者にとって魅力的に見えたすべての格率や原則がこの試験には合格しない。もし私たちが、道徳の言葉の論理的で形式的な性質に基づいたこの二つの試験を適用すれば、少なくとも人種問題の領域では、私たちが道徳的に重要だと考える用意のある区別の根拠を私たちが受け入れられない根拠から選別できることが分かるだろう。

8

しかしながら、私たちが見てきたように、十分に断固たる人種主義者には、この満足のいく結論から逃れる方法がある。残された仕事は、目下の例を用いて、この結論を回避する人はどんな代償を支払わなければならないかを示すだけである。ある人種差別主義者がいて、その人の人種差別思想は主に異人種交配に対する恐怖心から生まれていると想定してみよう。そしてこの恐怖心の源にあるのは、社会的であれ、生物学的であれ、異人種交配の何らかの帰結についての思い込みではないと想定してみよう。これはつまり、異なる肌の色の人々が結婚すると人間という種が弱くなってしまうとか、その子孫が送る生活が不満足なものであるとか、そういった種類のことが事実だとよく言われているが、それでその人が動かされているわけではないということである。もしこうしたことが根拠だったら、私たちは、その人と科学的な議論をして、異人種間の結婚で生まれた子どもたちは他の結婚で生まれた人たちと同じように意欲的で知性的だとか、異人種交配の社会的な悪影響は、その人や他の同じような考えの人たちが人種隔離政策をやめればなくなるといったことを証明しようとするだろう。しかし、その人の根拠はこうしたものではなく、ただ黒人の男が白人の女と性交渉をするのを考えるだけで恐ろしいということなのである。これについては、先に挙げたような種類の科学的な議論や事実についての議論では効果がない。そして、もし異人種交配が阻止されなければならないのだとしたら、厳格な人種隔離政策が必要だというのもその通りかもしれない。そしてもしそれが実施されて、そして怨恨が生まれるとしたら、公共の秩序を維持するためには他の抑圧的な手段も必要になるだろう。もしその人がこんなふうに考えているとしたら、私たちがこの人と議論するのは非常に難しいことになるだろう。この人は異人種交配を忌まわしく思っていて、それを回避するためであれば、警察国家に暮らすことも覚悟しているのである。

だが、この人が覚悟しなければならないのはそれ以上のことである。もし自分の道徳的な判断を普遍化しようとするなら、自分自身が警察国家に暮らす覚悟をするだけではなく、今黒人に暮らさせてもかまわないと考えているのと同じ状況、悪化する一方の状況に自分が暮らすことも覚悟しなければならない。この人は肌の色という根拠だけで、自分が理由もなく逮捕され虐待され、そして仲間と抗議しようとするなら虐殺されるといった目に遭うことも覚悟しなければならない。

さて、人種交配を避けるためであればこうしたことすべてを覚悟するというほど狂信的な人々もいるかもしれない。しかし、それはきわめて少数なのは確かである。その少数の人々が、こんなふうに苦しむ覚悟はないが、議論を通じて本当に考えたことのない非常に多くの人々を味方につけているために、弾圧が起きるのである。そうした大多数の人々は、おそらく、あまりにひどい弾圧をしなくても済むだろうとか、こんなふうに扱われても黒人は白人ほど気にしないとか、人種的な優越性には科学的な根拠があるとか、その他人種差別主義者が信じがちな多くのことを何かしら考えている。こうした思い込みはすべて、哲学者の力を借りずとも、科学者や他の人々が否定できるものである。しかし、人種差別主義者の心の中ではこうした考えがいくつも合わさって塊をなし、その人たち自身はまったく狂信主義者ではないのに、狂信主義者の同盟者になっているのである。哲学者が貢献すべきことは、このような塊を分解して、科学的に否定できる考えは科学者たちの未決裁文書入れに預け、そして科学者たちがそうしたものを処理し終えたとき、そこに残った人種差別主義の指図の本当の姿を示すことである。それは、狂信主義者なら支持するかもしれないが、大多数の人たち、南アフリカの白人のように追い詰められた人々であっても、決して支持しないものである。

9

ここにきて、私たちは、黒人は人間であるという先に挙げた議論では不十分だとはいえ、これが道徳的に実際に関係があるのはなぜかを説明する段階に至った。黒人は人間であるということは、私たちと一定の点で似ているということである。それがどのような点なのかはまだ明らかではない。どのような似ている点が関係があるかということは、これから見ていくように、事例ごとに変わる。しかし、黒人は人間であるという事実に基づくこの議論の原則は、この段階に至って、以下のようなものとしてはっきり表すことができる。私が虐待することを考えている黒人には、私自身と共通する一定の特徴がある。これについてはそう考える十分な理由が私にはある。前世紀の例を用いるなら、ある人とその人の妻が引き裂かれ、別々の国に奴隷として送られたら、その人の苦しみは大変なものである。そこで、私は以下のように推論することができる。人々が商業的な利益のために夫と妻を引き裂くことは問題がないとする格率については、私は一般に受け入れる用意はない。なぜなら、それを受け入れるなら、誰かがそうする立場にいて、私に対してそういうことをしてもかまわないと判断するように拘束されるからである。では、これは黒人に対してはしてよいと私は言うことができるだろうか。できない、と答えるに違いない。なぜなら、私は自分が黒人になることを想像し、しかも他の私の特徴は変わらず、とりわけ自分の妻を慕っているという特徴はそのままにして黒人になった状況を思い描くと、私は（商業の自由に対する狂信主義者ではないので）人々が自分に対してそういうことをするのを許す格率を受け入れる用意はないからである。

他方で、もし私が先ほどふれた殺人者の例を取り上げるなら、立場は変わってくる。もし私が殺人を犯したとすれば、私は絞首刑になるべきだと指図する覚悟が十分あると言ってよいだろう。実際問題としては私にはその用意はない。なぜなら私は死刑の支持者ではないからである。その理由については当面の議論には関係がない。しかし、「絞首刑」とか「殺す」の代わりに「投獄する」として、この厄介な点を避けることにしよう。私は自分が殺人を犯したら投獄されるべきだと指図する覚悟はある。そして私の理由は、第7章2節以下で挙げた判事が示す理由になぞらえられるような功利主義的なものである。しかしこの種の理由を人種差別主義者が持ち出すことはできない。このように、ある人が黒人であるということは関係がないが、ある人が殺人者であるということはどうして関係があると考えられるのか、その理由が分かる。さらに重要なのは、奴隷が妻を愛しているということがどうして関係があるのか分かるということである。人間に対する義務として私たちが認めているものは、「人間の本質」とか、その他の哲学的な神話めいたものから導き出されるものではない。それは私たちが次のように言うから認められるのである。「もし運が悪ければ、そこに私がいるのだ。あの男は重要な点で私に似ている。特に、私を苦しませるものはあの男も苦しませる。だから、私が黒い肌をしていたら（私はそうではないのだが）私をあの男のように扱うことを許す格率を受け入れる覚悟がなければ、私はあのように彼を私が扱ってもかまわないと言うことはできない。」

こうした推論の方向は、私たちが人間と動物の両方に対して認める義務と、人間だけに対して認める義務があるのはどうしてかを説明するうえでも役に立つ。たとえば、動物に自治を認めないことで動物を抑圧していると誰も考えることはない。他方、娯楽のために動物を苦しませることは間違ったことだと一般に考えられている。ではなぜ、私たちは動物に自治をまかせる義務を認めないのだろうか。それは単に、この点で人間と動物には本当の違いがあると私たちが考えているからである。「もし私が動物に変わったとしたら、わたしは政治的自由に対する欲求を抱くことはない。だからそうした自由がなくとも私には辛いことではない」と私たちは言うことができる。人間についても、一定の発達段階では同じように言うことができるかもしれない。子どもに完全な政治的自由があるべきだと考える人はいない。そしてたいていの人は後進国にもっと高度な種類の政治的自由を一気に導入するのは愚かなことだと考えている。そうした国々では、人々は政治的自由を求める段階に至っておらず、もしそれを手に入れてもどうしたらいいか分からないだろう。そこで、このような形の論証は違った種類の人々や、さらには感覚を持った生き物に対する私たちの義務を考えていく上で必要な多くの区別を立てることを可能にしてくれる。すべての場合で原則は同じである。私がその人、もしくは動物の立場にいるとして、またその人やその動物が持つことができる経験や欲求だけを持つとしたら、これが私に対してなされることを許すような格率を受け入れることができるだろうか、と問うことである。

私が示してきたこのようなかたちの論証をすべての人が遂行することはないと反論されるかもしれない。熊いじめに興じる人たちは次のように論証したことはなかった。「もし私が熊だったら、こんなふうに扱われたらひどく苦しむだろう。だから私はこんなふうに熊を扱うことを許す格率を受け入れることはできない。だから、私たちはこんなふうに熊を扱ってもかまわないと言うことはできない。」そしてバンツー族の人々を苦しませていると言われても心を動かさない南アフリカの白人が「少数」いることも疑いがない。どこで間違ってそうなってしまったのかについて、私は何か言わなければいけないだろう。

多くのいろいろなことが間違っていたのかもしれない。最も一般的な間違いは、感性がないとか想像力が欠けていると言われるものである。熊いじめをする人たちは、熊であるというのがどういう気持ちがするものか本当には想像していない。別の言い方をすれば、こうした人々は自分とその犠牲者たちの間の重要な類似性に目を向けていない。何を表すメタファーなのかを理解したうえで、もし前のメタファーに戻って言う方がよければ、熊いじめをする人たちは熊を自分の兄弟とは、それどころか従兄弟とすら考えていないのである。

また別の可能性もあって、自分の犠牲者に対して何をしているのかはっきり意識しているにもかかわらず、それについて道徳的な論証を行っていないのかもしれない。つまり、自分たちの指図を普遍化できるかどうか問うていないのかもしれない。そういう人たちは、他の人が道徳の言葉を使っているのを聞いて、遊び半分で使ってみることはあるかもしれないが、自分自身の思考においては、そうした言葉の意味に含まれている論理的な規則に従ったかたちでこうした言葉を用いていないのである。他にも可能性があって、ここで挙げるには多すぎるが、本書の本論で検討してきたものである。

それでは、どうしたらよいのかと問われるかもしれない。特に哲学者に何かできることがあるだろうか。白人至上主義を信奉する南アフリカ人が本書を読むなら、すぐさまパス法を撤廃し黒人に政治的に平等な権利を与えるだろうか。これはまずありそうもない。そもそも、そういう人が本書を読むことはないだろう。人々が道徳的に考えるようにするには、どのように考えるかを教えるだけでは十分ではない。人々の心の中に道徳的に考えたいという気持ちを呼び起こさなければならない。そしてこれは哲学者の領域ではない。洞察力の優れた政治家やジャーナリスト、ラジオの解説者、説教師、小説家といったような世論に影響力を持つ人々すべてが少しずつ変化を起こし、よい方向に向けていくことが期待される。ただし、それは状況がこうした人たちを圧倒し抑圧するようなことがない限りのことである。おそらく人種対立の領域では、人々は最終的に自分たちと他の人種の人々との類似性が道徳的に重要であること、また違いがあってもそれは道徳的に重要でない違いだということに思いを至らせるようになっていくことができるだろう。おそらく、人々は想像力を養うようになるかもしれない。しかし、これだけは哲学の貢献だと言うことができるものがある。それは、自分が何をしようとしているのかはっきり理解することであり、すると、ときとしてそれを実現するのは容易になる。

原注

第一部

第2章

1　Waismann, *Aristotelian Society*, Supp. Vol. xix (1945), 123、及び、一連の論文 Analytic-Synthetic in *Analysis*, x-xiii (1949-53) 参照。

2　Wittgenstein, *Philosophical Investigations*, §§66f.［ルートウィッヒ・ウィトゲンシュタイン、鬼界彰夫（訳）『哲学探究』講談社、二〇二〇年］及び R.Bambrough, *Aristotelian Society*, lxi (1960/1) 207が言及している他の箇所を参照。Bambrough は Wittgenstein の理論から学ぶべきことのいくつかをここで明確にしており、有益である。

3　本書と『道徳の言語』では、不自然ではあるが「判断」という語を一般的な意味で用いている。それは、すべての直接叙実法の文が言明を表現するものだとする虚構をよしとするのを避けるためであり、またいくつかの問題を未解決のままにして、論点を先取りしないようにするためである。

4　*Aristotelian society*, lv (1954/5), 307［Universalizability, in R. M. Hare, *Essays on the Moral Concepts*］

5　強調しておきたいのは、私の主張は、道徳の言葉がすべての文脈で指図的に用いられるということではまったくないという点である。指図的に用いられていない場合にもそうした言葉を道徳的な言葉と呼ぶのは理にかなったことである。しかしそうした他の用い方は、道徳の言葉の指図的な用い方に由来がある（本書4.2, 5.6以下、およびLM 7.5, 9.3, 11.3）。「指図的」という言葉は、ここでは許可を含む広い意味で理解してほしい（本書10.5）。したがって、ある行為は道徳的に許容できるものだという言明は、この意味で指図的である。指図と許可との論理的な関係は本書で扱うには複雑すぎる問題である。

6 G. M. Trevelyan, *English School History*, p. 65参照。そこでは以下のように述べられている。「しかし、『支配権』は［十五世紀においては］夫に与えられており、拳骨と鞭でそれを行使しても世論において非難を受けることはまずなかった。」

7 「評価的」とか「価値判断」といった言葉をこれよりも狭い意味で用いている論者もいる。その人たちは、「よい」とかそれと似たような言葉を「評価的」とか「価値判断」と呼んで、「正しい」、「間違っている」、「すべきである」といった言葉を含む判断から区別し、後者を「規範的な判断」と呼んでいる。後で見ていくように、このように二つの部類を区別するのは、ある目的のためには確かに必要であり、有益な方法である。しかし、これまで私は「評価的」という言葉を広い意味で用いてきたので、今後これを違った意味で用いると混乱することになるだろう。そこで、私は、「よい」と同じく「すべきである」や「正しい」も含めてこの言葉を用いていくつもりである。

第3章

8 Kant, *Groundwork of the Metaphysics of Morals*, 2nd ed., p. 17（tr. H. J. Paton, p. 70）［カント、大橋容一郎（訳）『道徳形而上学の基礎づけ』岩波文庫、二〇二四年。］

9 この点について私が *Aristotelian Society*, lv (1954/5), 298で述べたことは単に誤解を招くだけではなく、大きな問題があったことを認めなければならない。

10 これについて詳しくは、*Aristotelian Society*, lv (1954/5), 309 以下を参照されたい。

11 J.-P. Sartre, *L'Existentialisme est un Humanisme* (1946), pp. 39以下 (tr. In W. Kaufmann (ed.), *Existentialism*, pp. 295以下)［J・P・サルトル、伊吹武彦（訳）「実存主義はヒューマニズムである」、『実存主義とは何か』人文書院、一九九六年所収］以下を参照。

12 同書、p. 42（同英訳書、pp. 293, 304-6). ここでも主眼は同じである。

13 同書、pp. 31-32, 70-78（同訳書、pp. 293, 304-6）では次のように述べられている。「私はこの選択の責任を、私自身を拘束し、また人類全体を拘束するものとして負っている。」「このような意味で、人類の普遍性が存在するのだが、それは何か所与のものではない。それは永遠に形作られ続けるものである。」「[この若者は］自身の法を作り出す義務を負っている。」（傍点筆者）

14 *The Times*, 21 Sept. 1960, p.10

15 *Reflections on the Revolution in France* (1815 ed.), vol. v, p.168［エドマンド・バーク、二木麻里（訳）『フランス革命についての省察』光文社古典新訳文庫、二〇二〇年］。

16 J.-P. Sartre 前掲書、p. 32 (Kaufmann, p .293)。

17 J.-P. Sartre 前掲書、p. 74 (Kaufmann, p.305)。

18 相対主義、主観主義、情緒主義、その他の同種の理論は、（私はそのいずれも支持していないが）哲学的な著述において相互に区別されずに混乱したかたちで論じられてきたため、「客観主義」という言葉は——様々なかたちをとるそれぞれ違った上記の立場のいずれに対してもそれと対照的なものとして無差別的に使われてきたので——真剣な探求の道具としてはまったく使い物にならなくなっている。こうした混乱は、私が「記述主義者」と呼ぶ立場をとらない人々は誰であれ客観主義者ではありえないし、したがって、「相対主義者」か「主観主義者」か「情緒主義者」のいずれか、もしくはその全部である――それぞれがどのような立場で、どういう点でそうなのかもたいてい明確にされていないが――に違いないと多くの人が考えたことでさらに深まっている。問題をはっきりさせる初歩的で大雑把な試みについては私の次の論文を参照されたい。'Ethics' in *The Concise Encyclopedia of Western Philosophy and Philosophers*, ed. J. O. Urmson.

第4章

19　とはいえ、この場合でさえ「すべきである」には記述的な意味が維持されており、またそのため普遍化可能であることにも変わりはない。ただし、そこに含まれている指図は普遍的ではない。そこで、こうした発言は第3章3節の議論と不整合ではない。ここでの「一般的」という語は（第3章4節で述べたような）「限定的・特殊な」と対立するような意味ではない。ある規則が一般的には成り立つが、普遍的には成り立たないということで、つまり例外があるという意味で用いている。

20　P. F. Strawson, *Mind*, lix（1950）, 330参照のこと（および*Essays in Conceptual Analysis*, ed. A. Flew, p.34）。さらに次も参照のこと。Collingwood, *An Essay on Metaphysics*, pp.38以下。

21　「何をしようか」という言葉はAristotle, *Nicomachean Ethics*, 1113a5［アリストテレス、高田三郎（訳）『ニコマコス倫理学』（上・下）岩波文庫、（上）一九七一年、（下）一九七三年］からの引用である。そして「実践的」という言葉は、その箇所で「する」に当る言葉に由来している。

22 *Movement of Animals*, $701^{a}7$以下参照。

23 これについて詳しくは、下記を参照されたい。*Aristotelian Society*, Supp.Vol. xxxv（1961）205以下。

24 H. P. Grice, *Aristotelian Society*, Supp. Vol. xxxv（1961）124ページ以下。

25 Aristotle, *Nicomachean Ethics*, $1110^{a}3$, 124ページ以下。

第5章

26 *Treatise*, iii. I. I, こうした反論の近年の展開については、以下を参照されたい。A.C. Ewing, *Second Thoughts in Moral Philosophy*, ch. I.

27 G. E. M. Anscombe, *Intention*, p.67. ［G・E・M・アンスコム、柏端達也（訳）『インテンション　行為と実践知の哲学』岩波書店、二〇二二年。］

28 例えば、以下を参照。Aristotle, *Nicomachean Ethics*, $1145^{b}25$.（『ニコマコス倫理学』。）

29 Ewing, 前掲書, p.13。

30 これについてのある程度詳しい説明で、私も賛同するものについては、以下の非常に有益な論文を参照されたい。P.L. Gardiner, 'On assenting to a moral principle', *Aristotelian Society*, lv（1954/5）, 23.

31 Austin, *Philosophical Papers*, p.130（*Aristotelian Society*, lvii（1956/7）.

32 Nowell-Smith, *Ethics*, Index s. v.

33 Ovid, *Metamorphoses*, vii.20［オウィディウス、大西英文（訳）『変身物語』（上・下）講談社学術文庫、二〇二三年］。

34　引用は『新英語聖書』（*The New English Bible*）によるもので、その訳者たちは「私がなしたいと考えている善を私はなすことができない」と訳しており（ギリシャ語版では、単に「私はしない」と書かれている）、この一説についての私の解釈と同じ考えであったことが分かる。

35　LM 11.2（p.168）及び2.2、指令の用い方についてはLM 1.2を参照されたい。

36　こうした事態をこのようにうまく表現することは、Gardiner, 前掲書, p.31から学んだことである。

第二部

第6章

37　以下の書所収の諸論文において、私はこうした批判の歴史的な背景を示して、これがもっとも な批判なのかどうか判定しようとした。*The Philosophy of C. D. Broad*, ed. P Schilpp.

38　特に以下の箇所を参照されたい。S. E. Toulmin, *The Place of Reason In Ethics*, pp38-60. また、次の私のレヴューも参照されたい。*Philosophical Quarterly*, i（1950/1), 372 およびLM 3.4.

39　特にK. R. Popper, *The Logic of Scientific Discovery*, 32ページ以下。［カール・ライムント・ポパー、大内義一・森博（訳）『科学的発見の論理』（上・下）恒星社厚生閣、（上）一九七一年、（下）一九七二年］、また以下に所収の同氏の論文も参照されたい。C.A. Mace（ed.), *British Philosophy in the Mid-Century*, p.155.

40　Mattew, xviii.23.

41　こうした理論と私の理論との間に親和性があるのは明白だろうが、違う点もまたある。こうした理論については以下を参照されたい。W. C. Kneale, *Philosophy*, xxv (1950), R. Firth and R. B. Brandt, *Philosophy and Phenomenological Research*, xii (1951/2), J. Harrison, *Aristotelian Society*, supp. vol. xxviii (1954) 132. Firth 氏は Kneale 氏と違って観察者は「感情的であってはならない」と言うが、これについては Brandt 氏の前掲書 p.411の注を参照されたい。より短い議論については下記を参照のこと。Brandt, *Ethical Theory*, p.173. キリスト教徒の多くにとっては、神が「理想的な観察者」の役割を果たすので、そういう人たちが行う道徳判断は、私が主張している論証の方法によって達する判断と一致することが期待される。

42 Moore, *Principia Ethica*, p.6.

43 厳密には、「評価的な」というべきであるが、本書一六一―一六二ページで述べた理由から、本書五四ページ以下、および LM 11.3でふれた評価的ではない判断については考えなくて済ませることができる。

44 ここまでの議論は LM 3.3 (p. 42) が招いた混乱、もしくは私が犯した間違いと言ってもいい点を修正するのに役立つかもしれない。ある道徳的な原則を受け入れられるかどうかについての前著での私の叙述は、行き止まりを生み出すという印象を与えてしまった。しかし、同書 (4.4. p.69) でもそこからの出口のヒントが示されていて、それを本書で発展させていると弁明させてもらうこともできるだろう。

第7章

45 この例は若干変更を加えて以下の著作から借用させていただいているが、私がこの例で示したい点は同書とは全く異なったものである。R.B. Braithwaite, *Theory of Games as a Tool for the*

Moral Philosopher.

46 前掲書

47 ベンサムの引用は以下による。J.S. Mill, *Utilitarianism*, ch.5［J・S・ミル、関口正司（訳）『功利主義』岩波文庫、二〇二一年］。

48 こうした経験的な調査の有望な試みの例としては以下を参照されたい。D. Davidson and P. Suppes, *Decision Making.*

49 前掲書、同箇所。

50 私の以下の論文を参照のこと。*The Listener*, 13 October 1955, p.594.

51 私はここで「判定」という一般的な言葉を使って、「価値判断」と「評価的」という語は用いなかった。それは、私たちがここで考察している幸福かどうかの判断には、好き嫌いや欲求という普遍化できないものだけが関係している場合もありうるからで（5.4, 9.1）、厳密にいえば、私が用いているような意味での価値判断ではないからである（2.8）。

52 *Principia Ethica*, p.15.

53 P.T. Geach（*Philosophyical Review*, lxix（1960）,p.222）では、「幸福である」とはどういう意味かといえば、ある人を幸福だと言うことはその人を「祝福する」ことでしかないというより他に説明しようがないと、皮肉交じりに指摘されているが、その理由は、私の考えではこの要因のためであって、Geach 氏が示している一般的な理由のためではない。

54 こういう人たちに対しては、以下のものをまず読むことを勧めたい。Vergil, *Aeneid*, i. 94ff［ウェルギリウス、泉井久之助（訳）『アエネーイス』（上・下）岩波文庫、一九九七年］（Homer, *Iliad*, xxii, 60ff［ホメロス、松平千秋（訳）『イリアス』（上・下）岩波文庫、一九九二年］と対照してみてほしい)。Webster, *The White Devil*, v. 6, 261; du Bellay, 'Heureux qui comme Ulysse...,' Wotton, 'How Happy is he born and taught...,' *The Magic Flute* の中の Papageno のアリア 'O, so ein sanftes Täubchen wär' Seligkeit für mich.' イエスの八福は言うまでもないだろう。

55　これが一つの理由となって、修正する余地のない道徳原則にたどり着いたと論理的に確信することが私たちには絶対に不可能なのである(LM 3.3, 3.6)。もっとも、実際問題としては、私たちに原則を修正するように求めるような事態は何も起きないだろうと確信できる場合もありうる。それだけを根拠として、実際には私たちはある仕方で行為することは「道理だ」と言ってよいと考えているのである。

第8章

56　この部類の議論の中に属するもので、私がここまで論じてきたタイプの議論との区別を示すために、一つふれておく方がよいタイプの議論がある。それは、いわゆる「すべての人が〜だとしたら」という議論である。これまでの議論に則ったかたちにすれば、「もしすべての人が〜だとしたら」という議論は次のように表すことができる。私たちが見てきたように、一定の状況では一定の行為をすべての人がせよとある人が指図したいと思わないなら、そして、またもしその人がこの指図を受け入れる気になれないなら、この人はすべての人がそうした状況ではそのように行為すべきであるという道徳判断を受け入れることはできないということになる。しかし、このことから必然的に出てくるのは、この人が、そうした状況で誰か特定の個人(例えばその人自身)がそのように行為すべきだという道徳的判断を受け入れることができないということであり、さもなければ、その特定の個人の場合や他の人々の場合で、その人たちがそう行為すべきかどうか納得していない場合について道徳的に異なる点を主張する必要がある。そして、おそらくこの人はそうした相違を示すことはできないだろう。このように述べると、この議論は、私がこれまで示してきた議論を言い換えたものとほとんど変わらない。しかし、こうした議論を表すには他にもいろいろなかたちがあり、重要な点で異なってくるものもある。私はそうした多くの形式が同程度の妥当性を保っているかどうか確信は持てない。これについてはシンガーのこの主題についての有意義な論考についての私の書評を参照されたい。シンガーの本(*Generalization in Ethics*)は本書の執筆時には未公刊だったので私の議論に影響を与えなかったが、多くの一致点を見出すことができて嬉しく思っている。*Philosophical Quarterly* of M. G. Singer.

57 この問題は以下の論文でより詳しく論じられており、そのほとんどについて私は同意見である。R. Meager (*Aristotelian Society*, lix (1958/9), 49). また、私は Strawson 氏の(残念ながら)未公刊の論考からも多くを学んだ。本書を短くするためにこの主題をこれ以上追求していないが、近いうちに Strawson 氏がこの問題についてのきわめて貴重な洞察を発表してくれることを期待している。

58 たとえば、以下を参照。*Republic*, I, 335 c. この点での混乱によって、プラトンは、それぞれの人がどのような種類の人になりたいと思っているかを度外視して、哲人王は人々をプラトン自身がよい人間と考えるものに変えることによって、その人たち自身の利益を促進することになると考えてしまったのである。

59 *Philosophy*, xxxvi (1961), I.

60 A.I. Melden (ed), *Essays in moral Philosophy*, p.198.

第9章

61　私はこの話の出典を突き止めることはできなかったので、これが本当の話かどうかは言うことができない。

62　アリストテレスはorexisとepithumiaという二つの語を用いて、広い意味での欲求と狭い意味での欲求との違いを示そうとした（*De Anima*, 414b2　432b5［アリストテレス、桑子敏雄（訳）『心とは何か』講談社学術文庫、一九九九年］）。

63　一つの分野つまり教育の分野では特に興味深い問題が生じる。それは、例えば、子どもたちに対する強制や洗脳がどの程度まで正当であるか、という問題である。私は、これから刊行予定のT. H. Hollins編の教育哲学についての論文集でこの問いを暫定的に論じている。

第三部

第10章

64　もっと込み入っているが、似たような方法がオスカー・ワイルドの名誉棄損訴訟において、「瀆神」という言葉をめぐって見られる。これについては、以下を参照されたい。W. Gaunt, *The Aesthetic Adventure* (Cape, 1945), pp. 150以下（penguin, 1957, pp. 181ff）. 陪審たちはこの言葉に組み込まれている評価を身に付けているので、事実に基づいてある種の物語は瀆神であると、簡単に納得してしまった。しかし、ワイルドは（この物語を別の理由で非難しているものの）「瀆神」ということに含まれている非難には同意せざるをえないとは考えず、それは「自分が使う言葉」ではないとしていた。この本全体には、現在の論点に最適な例がぎっしり詰まっており、読むことが推賞される。

65　次の私の論考を参照のこと。'Ethics' in *The Concise Encyclopedia of Western Philosophy and Philosophers*, ed. J. O. Urmson.

66　自然主義者は、私たちが評価的判断と呼ぶものをこの人たちの言語では普遍的な命令というかたちで表現することができると言うかもしれない。しかし、通常の言語における命令文は普遍的ではありえないので、こうした主張はできない（LM 12.4）。この意味では、道徳概念は独特のものであると主張した点でかつての非自然主義者は正しかった。

第11章

67　Matthew, xxvii. 25.

68　Genesis, ix.25.

69　簡潔な議論としては以下の私の論考を参照されたい。*The Listener*, 13 October 1955, p.593.

訳者あとがき

「私たちはどこで間違ってしまったのだろうか。何もかもが間違っていたのかもしれない。」本書の終わり近くでヘア氏はこう問うている。一九六二年に本書が書かれた当時、ヘア氏の生きる世界では南アフリカのアパルトヘイトや欧米での人種差別に対する戦いが繰り広げられていた。本書全体で理性的な道徳的論証の持つ実践的な力を明晰に解き明かしながらも、アパルトヘイトと人種差別を支持する人々について、道徳的論証とそうした人々を隔てる距離の大きさにたじろがざるを得なかったようにも思われる。果てしなく思われるその距離を乗り越えるのに必要なものは何だろうか。

それから半世紀余、二〇二四年夏の現在、フランスでは解散総選挙一回戦で極右政党が一位に躍り出て、秋に大統領選を迎える米国では、古き良きキリスト教のアメリカを移民やグローバル経済から救うというトランプ氏が、依然として宗教にも似た熱狂的な支持を集めている。そして、はばかることなく「非自由主義的な民主主義」(illiberal democracy)

を標榜する勢力が、東欧から始まり、世界各地で根を広げている。「分断」が時代を表す言葉となって久しい。だが、現代の分断をヘア氏が見ていた狂信主義に対する自由主義の戦いとしてとらえようとすると、重要な点を見落としてしまうと私は考えている。

ヘア氏は――これもまたヘア氏があまりにも生々しく生きてきた現実である――ナチス・ドイツを論じる文脈で、論理（普遍化可能性と指図性）、事実、想像力（感性）、利益（～したいと思う気持ち）の四つの要素を十分に備えた道徳的議論の試練にも耐えてしまう本物の狂信主義者は一握りにすぎないと言う。それ以外の狂信主義者を支持する多くの人々については、その人たちの心の中でいろいろな要素が絡み合い大きな塊をなして、疑似狂信的な立場に向かわせていたにすぎないと言う。社会のあらゆる分野の力を総動員し、諸事実を明らかにし、他者の立場に現実の痛みを伴うほど真剣に身を置いてみる想像力を人々の中に培い、その心の混沌を一つずつほぐしていく。そうしておいてから、残ったものを道徳原則の普遍性と指図性の要請に突き合わせてみる。すると狂信主義の影響力は失われる。だが、まずは、そうした根気のいる仕事を厭わないほどに、道徳的に考えたい、道徳的に生きたいという渇望を人々が抱くようになる必要がある、とヘア氏は言う。狂信主義の広がりについてヘア氏が示すこうした解釈とそれに対する対策を現代の状況と照らし合わせて少し考えてみたい。

まず諸事実である。確かに、欧米諸国での極右勢力や「非自由主義的」な民主主義の台頭には、ポスト・トゥルース（post truth（真実なき時代））のメディア環境が大きく働いている。道徳的思考において欠けてはならない事実が社会で共有されることは難しくなる一方である。事実をいかに説いても、そんなものは自由主義とグローバリズムの恩恵を受ける既得権益層、メディアと科学、そうしたエリートたちが自分たちの都合の良いようにでっち上げたものに過ぎないと一蹴される。それと表裏一体をなして、日々生きる社会と経済が自分たちに常に不利に働く中で生まれる不安と無力感が多様なかたちをとり、人々の心に混沌とした塊をなして狂信主義の支持へと向かわせる多くの要素となっている。これもまた確かだろう。

その背景を大雑把に言うなら、グローバル化とテクノロジーの進歩がもたらした産業構造、雇用形態、資本主義そのものの根本的な変化に伴い、上位一％だろうと、〇・〇〇一％だろうと、持つ者とその他の人々との格差は開く一方であり、平均的な労働者の実質賃金は低下し続ける。それと並行して地域社会は衰退し、普通の人々が生活と自負心の根ざす場を失っていく。そうした現代世界の現実がある。

さらには、普遍的な人権と並んで、多様性が「グローバル・スタンダード」として称揚される。それは、ひたすら世俗化し、すべての宗教的な信念や道徳的な理想を相対化しても、コスモポリタンとして生きる力を持ち何も失うことのないエリートたちの立てた規範だととらえられる。そうやっていつの間にか世界の潮流だとされたものの中で、自らのよりどころとなっている信仰と伝統的な価値観や道徳規範が軽々と矮小化されていくことへの怒りや喪失感も大きい。

こうしたもろもろの思いや痛みが塊をなして——確かに人種差別や性差別がその一部をなしている場合も多いが——分断の時代の一極をなす排他的で反動的な「狂信」に向かわせているのは確かだろう。では、そうした要素を解きほぐし、一つ一つ丁寧に問題の所在をつまびらかにしていくなら、人はこの「狂信」から離れるのだろうか。一つ疑問がある。

それは、そうした「狂信」の要素の一つとなっているのが、道徳的な理想を共有できる社会に生きたいという人間に本質的な社会性から生まれる思いだという点である。それは、ヘア氏の自由主義からすれば、他者の利益を損ねない限り多様な理想の一つとして社会に包摂されるはずのものである。それが寛容の限度を超えて他者の利益を損ねるものだとすれば、自由主義者の側から、それがどのように他者の利益を損ねるかを丁寧な道徳的議論において示し、合意を求めていかなければならない。ヘア氏の道徳的論証は、個人の道徳的な判断を導くものであると同時に、他者との議論の在り方を示すものである。

しかし、現代の狂信主義に対する自由主義の戦いにおいては、自由主義の立場からそうした丁寧な議論が出てくることはめったにない。多様性を否定するようなことは、口にするだけで他者の利益を損ねたとして、ヘイトとして一蹴される。もちろん、その背景には、人種、民族、宗教、性における少数者がすさまじい迫害を受けてきた現実がある。だが、そこで議論を回避することは、人々の中に道徳的に生きたいと思う渇望を生む土壌である道徳の持つ本質的な社会性を無視し奪い去ることである。

ヘア氏が言うように、「拷問はいかなる場合にも用いてはならない」という社会の原則を一例として考えると、これを社会で共有し培うことについて功利主義的にも裏付けが十分にできる可能性が高い。だが、それが社会の原則となっているということには、そうした一回の論証が生み出す以上の感情的な重みが伴っている。だからこそ人はその原則に反した方がよいかもしれないと考える場面で深く葛藤するのである。そして一定の道徳原則が持つこの重み、個々の社会に深く根差し、私たちの中に刷り込まれてきたことから生まれた重みこそが、道徳的に生きたいという渇望の源泉である。

とはいえ、社会で共有されているが誤った道徳規範は常にある。そうしたものは、個々人や集団による道徳的な議論を重ねて修正され、その長い長い戦いの末に重みを伴った新しい社会原則にとってかわられていく。本書の理想についての議論は極めて個人主義的なものにも響くが、本書全体の議論を通してみたとき、個人の自由な道徳的思考と社会的に共有された道徳諸原則とは絶えずそうした緊張関係にあるとヘア氏は考えていたように思われる。

一方、現代の自由主義においては、この二つは、一方が他方を打ち砕き滅ぼし去るような関係にある。現代の自由主義は、周辺化されてきた様々な集団を包摂する多様性を基本原則として掲げながら、実際には道徳的な議論を省いてしまって、個々人がそれぞれ自分だけの理想と道徳を生きればよいとするようなものに見える。そこでは、道徳というものが持つ宗教と共通する点、すなわち社会的なものであるという本質が決定的に見落とされている。人は正しいと思うことを他の人と、そして社会と共有したいと思うものであり、そうした社会性が道徳と宗教に対する情熱を生む。そして、それこそが言論と集会の自由の根拠に他ならない。

道徳的議論を根気強く行っていくことの意義には、もう一つ別の大きなものがあると考えられる。ヘア氏は本書で特に論じていないが、それは、議論の出発点にあった人々が抱く「～したいという気持ち」は、議論を経ていくうちに変化しうるものだということである。人種差別を論じる中で、ヘア氏は、差別的な思いを抱いていた人が、人種の違う人々が自分たちとどこが違うかという事実を考え、また相手の立場に立って何かを経験していると本気で想像する過程で、その思いを否定するようになるのは、普遍的に差別を指図できないと気づくからだと論じる。この論理性には指図性が入っていることから明らかなように、この過程で人はただ理性で屈服させられるのではない。相手を恐れ、忌まわしく思い離れていたいと思っていた当初の気持ち自体が変わっていくはずである。ヘア氏は、ただ「仮定法的に」自分が相手だとしたらと考えることでは全く不十分だという点を強調し、現実に自分が相手だと考え、本当に感じられている痛みや喜びを伴って真剣に相手の立場に立つことを求めるが、そうしたことが誠実に、また精確に行われるならこうした気持ちの変化が生じるはずである。

私は、異なる宗教、異なるセクシュアリティという通常タブーとされるものについても同じように本物の議論が必要だと考えている。道徳的議論を通じて、両者ともに「〜したい」という自分の欲求や理想そのものが変化していく可能性がある。それには、真の意味で相手の立場に立つことが可能になるほどの対話や理解が必要である。そうした努力を重ねていった先に、道徳や宗教を成り立たせている情熱をそぎ取ることなく、その社会性を葬ることなく、多様なものを包摂する自由主義の社会が表れてくるのではないだろうか。

私は、三十年以上前に、恩師であり旧訳をなされた山内友三郎先生にヘア氏の功利主義とその二層理論を教えていただいた。道徳的な難問と言われるもの、例えば安楽死といったような極限的な選択に立たされた個々人の苦しみをどのようにとらえたらよいのか、当時の私は考えあぐねていた。この種の道徳判断においては、人はいずれにしても深い葛藤を感じながら答えを出さざるをえない。ヘア氏の二層理論によって、行為功利主義では零《こぼ》れ落ちてしまうこの葛藤が説明されるように思われた。道徳には、行為功利主義だけでは説明されない社会に深く根差した道徳意識、深い情念を伴うという側面がある。それを組み込んだ功利主義の立場がそこには存在するように思われた。

若い学生さんたちに、倫理学ではなく、英語媒体を通じて世界情勢を教えることを長く生業としてきた中で、私は世界の様々な動向を追いながら、未来に悲観的になることも多かったが、若者からよりよい未来を期待し構築していく力を奪うことは許されないと自分を戒めていた。本書の新訳を山内先生に依頼されてから、コロナ禍の混乱もあって仕事が進まず、完成の前に山内先生がこの世を去られたことが残念でならない。道徳の議論を求めて世界を渡り歩き、風のように戻ってきて、ずいぶん以前に別の翻訳書の編集会議でお目にかかったのが最後であった。その山内先生の師であったヘア氏が来日された折、講演中、大学院生だった私がつたない英語で奥様に大阪市内を案内して回ったが、互いを愛し尊敬しあうご夫妻の様子は昨日のことのように心に焼き付いている。人間性を信じ、知的な努力を行うことの尊さの証となるこの書が、多くの若い人々に読まれて、誠実に根気強く物事を考え、新しい地平を開いていく助けになることを願っている。

解説　自由で多元的な倫理学の可能性

佐藤岳詩

本書は二十世紀の英国道徳哲学を代表する倫理学者の一人、R・M・ヘア（Richard Mervyn Hare 1919-2002）が一九六三年に出版した*Freedom and Reason*の翻訳である。ヘアは一九一九年にイギリスに生まれ、名門パブリックスクールのラグビー校からオックスフォード大学ベリオール・カレッジに進み、プラトンやアリストテレスらの古典哲学を学んだ。第二次大戦が勃発すると志願兵としてアジア方面での作戦に従事したが、最終的に、日本軍の捕虜となって終戦を迎えることとなった。本書にはビルマ鉄道の建設に関する記述もあるが、それはこのときの経験が元になっている。

戦後、イギリスに戻ると、教員不足もあってすぐに母校のフェローに就任、一九五二年には『道徳の言語』を出版して、オックスフォードの道徳哲学の中心人物の一人となった。その後は、一九六三年に本書『自由と理性』を上梓、一九八一年には彼の道徳哲学の集大成でもある『道徳的に考えること　レベル・要点・方法』、晩年一九九七年には最後の単著となる*Sorting Out Ethics*を出版した。これらの著作は主にメタ倫理学や規範倫理学を扱うものであったが、それ以外にもヘアは生命倫理学や環境倫理学、教育哲学など、実践に関わる多数の論文を執筆して、英国での道徳哲学を牽引した。教育においても、バーナード・ウィリアムズやピーター・シンガーを始めとした多くの後進を育て、二〇〇二年に八十二歳でその生涯を閉じた。以下では、ヘアが『自由と理性』執筆に至るまでの状況を概観した上で、本書の解説を試みたい。

1 背景

1・1 ヘア以前

ヘアが登場する以前、二十世紀前半のオックスフォードの道徳哲学界では、自然主義、直観主義、情動主義という三つの立場が有力視されていた。自然主義者は、善などの道徳的価値を快楽といった自然的性質によって説明しようとした。それに対し、直観主義者は、善が自然的な性質であることを否定し、何が善いものであるかは直観によってのみ理解されると主張した。そして、情動主義者は、そのような直観はもちろん善や悪といったものの存在そのものを否定し、道徳判断とは話者の感情の表現でしかないと論じた。

特に、ヘアがオックスフォードに進学した当時は情動主義が話題となっていたが、それは一九三六年に出版されたA・エアの『言語・真理・論理』の影響が大きかった（Ayer

1952）。同書で、エアは「倫理判断は感情の表現に過ぎない」と述べ、「○○は善い」などの倫理判断は、「○○が好きだ」といった感情の表現でしかなく、「△△は哺乳類である」などといった事実判断とはまったく異なるものであって、その真偽をめぐってまともに議論することはできないと主張した。

ヘアは晩年の“A Philosophical Autobiography”（Hare 2002）において、自分のキャリアは情動主義の打倒を目指すところから始まった、と振り返っている。彼は自然主義にも直観主義にも同意しなかったが、情動主義にも満足していなかった。中でもヘアが問題だと考えたのは、情動主義が正しいとすれば、道徳の話題において合理的な議論が成り立たないことになるという点であった。事実判断の場合、私たちは証拠を提示しあい、推論の妥当性を検討することで、お互いの判断の真偽を議論することができる。他方、「○○が大好き！」のような感情表現ではそのような議論を行うことはできない。

ヘアは、道徳判断と事実判断が異なるものであることは正しいとしても、道徳の話題においても私たちは現に議論をしているし、また倫理学はそうした議論ができることを認めるものでなければならないと考えた。そうして書かれたのが『道徳の言語』である。

1・2　『道徳の言語』

『道徳の言語』で、ヘアはカント主義の発想を借りながら情動主義を批判し、新たに普遍的指図（指令）主義という立場を提案した。それによれば、道徳判断には記述的要素と評価的要素という二つの要素があり、それに対応する形で、普遍化可能性と指図性という二つの性質がある。大雑把に言えば、記述的要素とは対象が一定の規準を充たす特徴をもつことを示すものであり、評価的要素とはその対象を勧めるというものである。「飢餓救済活動への募金は善いことだ」という判断を下す場合、募金は幸福を増やすなどの特質（性質）を持った行為であると示すことと、募金を勧めること、という二つの側面を持つ。そのため、この判断は単に「募金が好き！」という自分の感情を表現したり、押しつけたりするだけのものではないし、同時に、募金についての事実を記述するだけのものでもない。ある行為についての一定の事実を記述するとともに、その事実を根拠にしてその行為を実際に為すように勧める、という二つの側面をもってなされるのが、道徳判断である。

そして、普遍化可能性と指図性はともに右の二つの要素と密接に結びついた論理的特徴である。普遍化可能性は「ある人が対象の持つある特徴に基づいて、あることをしかじかと判断しておいて、同じ特徴をもった別のものを同様に判断しないなら、その人はおかしなことを言っていることになる」というものである。困っている人の助けになるという特徴のゆえに、飢餓救済活動への募金を善いものと判断する人は、同じように困っている人の助けになる別の募金も善いものと判断するはずである。

指図性は「ある人があることをすべきだと言っておいて、実際にそれをでき、かつ他に特別な事情がないにもかかわらず、それをしないなら、その人はおかしなことを言っていることになる」というものである。あなたが飢餓救済活動への募金は善いものであると誠実に判断しているなら、あなたは自分自身が特別困窮しているなどの別の事情がなければ実際に募金をするだろうし、そうでなければ、あなたの判断は口先だけのものとみなされるだろう。

道徳判断をこのように理解するなら、道徳についての議論も可能になる。たとえば、募金は本当に幸福を増やすのか、飢餓救済活動への募金が善いなら災害復興活動への募金も善いことであろうか、あなたは本当に募金をする気があるのか、等々である。ヘアはこのように、道徳について私たちが熟慮し、議論をしたり推論をしたりすることができるし、実際に私たちはそうして様々な道徳上の難問に向き合っていくべきだ、という希望を込めて、『道徳の言語』を著したのであった。

1・3　『自由と理性』へ

『道徳の言語』から十一年後に出版されたのが、本書『自由と理性』である。現代のヘア研究の観点では、前期の『道徳の言語』を中心としたメタ倫理学研究と、後期の『道徳的に考えること』を中心とした功利主義ベースの規範倫理学研究の過渡期の著作とみなされることが多い。過渡期というのは、『自由と理性』は『道徳の言語』でのメタ倫理学的内容を引き継ぎつつ、規範倫理学への大胆な展開を試みた著作であり、そこでの主張は後の『道徳的に考えること』で発展的に修正されたためである。

具体的に言えば、本書の前半は普遍化可能性と指図性を改めて説明し直すことに費やされている。また、後半では功利主義が取り上げられるが、ここでの功利主義はかなり素朴なもので、扱える実践的問題の範囲もかなり限定されているという問題を抱えている。この問題の解消は、本書が出版されて後、一九七〇年代以降の議論を待たねばならない。

したがって、ヘアの理論の概要を摑むにあたっては『道徳の言語』と『道徳的に考えること』だけ読めば事足りるという見方もあるだろう。しかしながら、それはヘア理解という点でも、道徳哲学の理解という点でも、非常にもったいない考えであると思われる。というのは、前期とのつながりという意味で言えば、本書は『道徳の言語』に対して寄せられた多くの批判を踏まえて、自身のメタ倫理学理論をより洗練させて提示するものであり、両者を併せて読むことで初めて、道徳判断の論理的特徴とは何かということを、誤解を避けて明晰に理解することが可能になる。

後期とのつながりで言えば、確かに本書での功利主義は限定的なものである。だが、それゆえに、その限界を認めつつより自由で多元的な倫理学理論の可能性を提案するものとして、すなわち『道徳的に考えること』におけるある種の功利主義一元論とは異なる理論の可能性を、本書での議論には見出すことができる。その意味で、本書は自説の新しい方向性を模索するヘアのオリジナリティの高い独立した著作として読むことができる。以下では、少し内容に踏み込みながら、改めて『自由と理性』の議論を確認していく。

2 『自由と理性』

2・1 『自由と理性』の構成

まずは『自由と理性』が取り組む課題を確認しておこう。ヘアは本書第一章において「自由と理性の間の二律背反を解消することが道徳哲学の課題であり、またそれこそ本書が取り組む課題である」(一七頁)と述べる。私たちはしばしば、他人に押しつけられることなく自分で自らの従う道徳を選ぶ自由があると考える一方で、同時に、そうした道徳は個人によって好き勝手に選ばれてよいものではなく、理性的なものでなければならないと考える。これが自由と理性の間の二律背反であり、ヘアは本書を通じて、私たちはいかなる意味で自由なのか、そして理性的であるとはどのようなことであるのか、を問い直すことによって、この問題の解消を試みる。

さて、『自由と理性』は第一部「記述することと指図すること」、第二部「道徳的論証」、第三部「理論から実践へ」の三部構成となっており、全体に理論的・抽象的な議論から、実践的・具体的な議論へと進んでいく。

第一部は、主に『道徳の言語』の内容をなぞりつつ、その後に自身に向けられた批判に応答するものとなっている。前半部では自説に対する誤解を解くというスタンスが目立つが、後半部で取り上げられるいわゆる「意志の弱さ」の問題は、アリストテレス以来の大問題を現代の文脈から再解釈するもので、大きく議論を呼ぶとともに、道徳判断と動機づけという新たな問題領域が切り開かれていくきっかけともなった。

第二部は、普遍化可能性と指図性という二つの特徴が実際の道徳的な議論においてどのように働くかということを示すもので、本書の中でも最も力を入れて書かれている箇所である。そこで示された債務者の事例は賛否両論含めて、多くの論者が参照するものとなり、ヘア自身も後に『道徳的に考えること』において修正版を提示している。

第三部は、これまでの議論を実際の事例に当てはめることで、具体的な実践の問題を応用倫理学的に論じると同時に、自説の妥当性を実践から差し戻して検討し直すものとなっている。取り上げられているのは主に人種差別の事例だが、現代でも学ぶべき所は多い。以下、細部を見ていこう。

2・2 第一部「記述することと指図すること」

『道徳の言語』でのヘアの標的は情動主義者であった。そこでの議論はある程度功を奏し、以降、情動主義は急速に支持を失っていく。代わりに、ヘアを厳しく論難したのは新たな自然主義者、そして直観主義の流れを引き継ぐある種の特殊主義者（個別主義者）であった。ヘアは本書の中で名前こそ挙げていないが、一九五〇年代後半には、オックスフォードでの同僚である自然主義者フィリッパ・フット、あるいは個別主義的なスタンスをとるアイリス・マードックらがこうした立場からヘアを批判する論文を出版している（Foot 1958a, 1958b Murdoch 1956）。先にフットの方から確認したい。

ヘアは『道徳の言語』で、いわゆる「ヒュームの法則」に依拠して、非評価的な事実のみから、評価的な結論を導き出すことはできないと主張した。そうでなければ、評価的結論を含むものである道徳判断は、事実判断と区別できないものになってしまい、勧めという要素を失ってしまう。しかし、フットによれば、私たちは一定の文脈を背景として、特定の事実から道徳判断を導き出すことができる。たとえば、「彼は敬意を欠いた振る舞いをしている」という事実から「彼は無礼だ」という道徳判断を下すことは何もおかしなことではない。あるいは、指図性さえあれば何でも道徳判断にできる、というわけでもない、とフットは指摘する。「歩道の縁石の内側を歩くべきではない」とか「一時間に三回両手を組み合わせるのは善い」などと指図し、実際にそうする人が現にいたとしても、その判断は、何らかの特殊な背景が与えられない限り、道徳判断としては理解不可能な発話ではないだろうか。そうだとすれば道徳にとって重要なのはこの「背景」や「事実」の方であって、指図性ではないのではないだろうか。

ヘアは、フットのような立場を、道徳判断を「自然的事実の記述」と理解する立場と捉え、自然主義、記述主義とラベリングをした上で、反論を試みる。この自然主義への応答は『自由と理性』全体を貫く重要なテーマの一つともなっている。というのも、先に述べたように、本書の課題は自由と理性の調停である。第1章1節の末尾においてヘアは、「しかし、さしあたっては、「事実の言明から道徳判断を論理的な必然性として導出することはできない」ということを前提としておこう。これを認めるなら、自分の道徳的な意見を持つ自由があると言う場合、事実に関して自分の意見を持つ自由があると言うときよりもはるかに強い意味があることになる」（一五頁）と述べているが、もしこの前提が覆されたならば、ヘアが守りたい意味での「自由」そのものが揺るがされてしまう。フットが主張するように、特定の仕方で振る舞っているという事実から、無礼だという評価が必然的に導出されるのならば、ここには個人による評価の自由は存在しないことになってしまうからだ。

とはいえ、ヘアは自然主義・記述主義を完全に否定しようと考えるわけではない。『道徳の言語』以来、ヘアは道徳判断が記述的側面を持つことを認めている。彼が否定するのは、道徳判断が記述的側面しかもたないという主張である。ヘアの考えでは、道徳判断は記述的側面と評価的側面の両方を併せもつのであった。それにもかかわらず、自然主義者たちは、ヘアの指図主義は道徳判断が評価的側面しかもたないとする理論である、と解釈してその批判をしているようであった。それは大きな誤解であり、正される必要がある。

第2章　記述的意味

こうして、本書の第2章は、道徳判断が記述的意味をもつとはどういうことかをあらためて論じることにあてられる。道徳判断は事実判断や他の価値判断と同様の意味で記述的である。記述的ということを明確に定義することは難しいが、少なくとも次のように理解することは可能だとヘアは述べる。「一般的に言えば、人が記述的な語を誤用していると言えるのは、その語は一定の種類の対象に結び付けられるという記述的な規則を破って用いられているときである」(二一五頁)。「赤い」という語は、規則によって、特定の色と結びつけられている。それゆえ、「ホッキョクグマの毛は赤い」のように、その特定の色以外の色に「赤い」という語を適用するなら、その人は「赤い」という語を誤用している。道徳判断も同様で、「善い」という語は、規則によって、特定の特質と結びつけられている。その特定の特質以外の特質に「善い」という語を適用するなら、その人は「善い」という語を誤用していることになり、その意味で、道徳判断は事実判断と同様に記述的である。

この特徴は、普遍化可能性ともつながっている。「赤い」が特定の色と結びついている以上、その色をもつものはすべて「赤い」と言うように私は拘束される。同様に、「善い」と結びついた何らかの特質があるとすれば、その特質をもつものはすべて「善い」と言うよう、私は拘束される。「ホッキョクグマは絶滅危惧種なので、ホッキョクグマを保護することは善い」と判断するなら、同じく絶滅危惧種であるオランウータンの保護も善い、と判断するよう私は拘束されるということだ。その意味で、道徳判断は事実判断と同様に普遍化可能性を有する。

その上で、ヘアは道徳判断と事実判断はなお異なるものだと主張する。道徳判断は普遍化可能性に加えて、指図性も有しているからである。色を表す語が指図的なものではなく、「ホッキョクグマの毛は白い」という判断が推奨の意味を含まないのに対し、「ホッキョクグマの保護は善い」という場合、そこには聞き手に対する勧めが含まれている。その意味で、道徳判断は事実判断とは異なる評価的要素をもち、その理解において、普遍的指図主義は自然主義と道を違える。

第3章　諸原則

ヘアは以上のように自然主義と自説の相違を明確にした上で、第3章で、普遍化可能性についての誤解を払拭しにかかる。前章での議論が、自由と理性の二律背反において理性を重視する側に対して、ヘア自身も道徳における理性の側面を重視していることを証拠立てようとするものだったとすれば、本章で展開されるのは、自由を重視する側に対して、ヘアが認める理性は自由を不当に損なうものではないと示そうとするものである。

そのため、まず述べられるのは、普遍化可能性とは論理的で形式的な特徴であって、道徳的に実質的な特徴ではないということである。道徳判断の普遍化可能性を認めたからといって、私たちが道徳的な意見をもつ自由が不当に狭められることはない。このことは、先にあらゆる事実判断は普遍化可能であると述べたことからも分かる。「この［普遍化可能性の］命題は、何らかの道徳的な主張、たとえば「誰しも普遍的な規則に常に従い、自分の行為がそれと合致するように律すべきである」とか、「人は自分に都合のよいように例外を設けるべきではない」といったようなものとは違う。これから見ていくように、論理的な命題は道徳的な議論においては、論証を左右する大きな力をもっているが、だからこそ、それが論理的な命題以上のものではないことをはっきりさせておくことがきわめて重要である」（六二頁）、「普遍化可能性の命題に反するというのは、論理的に背反することであって道徳的に背反することではない」（六五頁）とヘアは強調している。実際、「人は自分に都合のよいように例外を設けてよい」という道徳判断も、それをすべての人に認めるのであれば普遍化可能である。その意味で、普遍化可能性のテーゼは、私たちの道徳的自由を不当に損なうものではない。

同章の後半では、道徳判断が必要な場面は個別的であり、普遍的な原理のようないつでもどこでも使えるようなものは役に立たない、普遍主義は誤りである、という批判が取り上げられる。たとえばマードックは、人によって世界の見え方、ヴィジョンは異なっていること、個別的な他者のその個別性に目を向ける必要があること、こういった主体と客体の両面から、一般的で普遍的な原理に基づく倫理学を批判した。これに対しヘアは、一般性と普遍性は異なるものであると応答する。一般的と対立するのは限定的（明細的 specific）であり、普遍的と対立するのは単称的（singular）である。個別性には限定性で対応でき、ある道徳判断が普遍的かつ限定的ということには何の問題もない。

この一般的な原理と限定的な原理の区別は、後の『道徳的に考えること』における「二層理論」を先取りするものともなっている。二層理論では、私たちは日常的には一般的な原理に従って行為し（直観レベル）、そのような原理がうまくいかない場合に限って、功利主義的な思考を行って何をなすべきかを限定的に考えるように求められる（批判レベル）。本書においてもヘアは、私たちにはときに、十分によく考えるだけの時間がなかったり、落ち着いて判断できなかったりするような場面があると述べる。この場合、一般的な原理に頼ることは非常に有益である。他方、一般的な原理ではうまくいかないような場面もある。その場合には、状況を注意深く、細部まで考察した上で、より限定的な原理を見出し、それに従うことが必要となる。

こうした議論を通じて、ヘアは、道徳判断は普遍化可能であるという命題は、決して、道徳的におかしな含意をもつようなものではなく、それどころか、普遍化可能性は単に形式的な特徴であって、道徳的・実質的な特徴ではなく、それゆえに道徳における自由を損なうものではないことを明らかにする。

第4章　「すべきである」と「することができる」

第4章と第5章は、道徳判断のもう一つの論理的特徴である指図性を主として扱う章となっており、特に、道徳判断と行為の関係を論じるものとなっている。第4章の中心的な論題となるのは、いわゆる「「すべきである」は「することができる」を含意する」というテーゼである。指図性とは、「私があることをすべきであることに同意し、かつ、特別な事情がなく、今がそれをする機会であるなら、私はそれをする」という特徴であった。しかし、現実には、「あることをすべきであることに同意するが、それができない、それゆえに、それをしない」ということがある。これは道徳判断は指図性をもつという主張に対する反証になるだろうか。

ヘアは、そのようなことにはならないと述べる。というのも、ヘアはもともと道徳判断は常に指図性をもつとは主張していないからである。そうすることができない場合、あるいは逆にそうすることが不可避な場合、道徳判断は指図性をもたない。「今からフランスに行くべきだ」という道徳判断は、フランスに行く手段がまったくない場合には指図性をもたないし、同様に、自分の乗っているボートが今まさにフランスの海岸に向かって強風で押し流されている場合にも指図性をもたない。

これは道徳判断が何のために下されるのかということの結果である。道徳的な問いは何をしようかを思い悩む場面で発されるのであり、できないことを命じる答えは排除される。その点で、「「すべきである」は「することができる」を含意する」ことになる。

第5章　道徳における後退

続く第5章では、「意志の弱さ」が論じられる。これは、すべきではないと分かっているのにしてしまう、あるいは、すべきであると分かっているのにしない、という事態を指す。意志の弱さという事態が存在することは、道徳判断は指図性をもたないことの証拠であるようにも見える。

この問題に対するヘアの基本的な応答は、心理的な不可能性もまた、物理的な不可能性と同様に「できない」を構成するというものである。すなわち、あることをなすべきだと心から同意していても、どうしても、それをすることができない場合というものが人には存在する。その場合には、その人が実際にすべきだと同意したことをしないとしても、それは道徳判断は一般に指図性をもつという主張への反証にはならない。

これらを通じて、ヘアは、本書第一部における、道徳判断は普遍化可能性と指図性の両方を持つという主張の擁護を終える。普遍化可能性は論理的な制約という意味で理性、指図性は欲求に基づくという意味で自由と対応しているため、道徳判断がこれら二つの要素をもつということは、それ自体が自由と理性の二律背反という問題への答えにもなっている。私たちは自由に道徳的な意見を持ち、指図したいものを指図する自由をもっているが、同時にそれは、他の指図と矛盾をきたさないよう理性的な仕方で述べられるのでなければならない。

2・3　第二部「道徳的論証」

続く第二部で、ヘアは、普遍化可能性および指図性と、実質的な内容を持った判断との関係を論じることに着手する。先に見たように、道徳判断のこの二つの特徴は、論理的で形式的な特徴であって、道徳的に実質的な特徴ではないのであった。そのような形式的な特徴は、実質的な道徳判断を左右しえないのではないか、特に、それらは、私たちが決して認めることができないような判断であっても排除する力を持たないのではないか。たとえば、ヘアの理論は「人は自分に都合のよいように例外を設けてよい」という道徳判断を普遍化可能と認めるのと同様に、「すべてのユダヤ人を虐殺すべきだ」というナチ党員の判断を普遍化可能な判断として認めてしまい、排除できないのではないか。そのような理論は、およそまっとうな道徳理論とは認められないのではないか。この批判への反論が第二部の中心的なテーマである。

結論から言うと、ヘアは、このようなナチ党員の判断を、原理的には排除できない、と認める。しかし、現実的にはそのような判断が理性的に許容されることはほぼない。そして、私たちはそれで満足すべきである、とヘアは述べる。以下、なぜそのようになるのか、その理路を追ってみたい。

第6章 ある道徳的議論

まず、ヘアは、倫理学理論あるいは道徳的論証は様々な対立する道徳的な意見の間にあって中立的であると述べる(一六〇頁)。スポーツのルールが参加者全員に公平に適用されるのと同様に、倫理学理論もまたあらゆる行為者に対しても公平に適用される。このことを前提としつつ、①普遍化可能性と指図性という論理、②状況についての事実、③欲求や態度もしくは利益、④想像力という四つの条件が揃うことで、一定の形の道徳的論証の仕方が産み出されることになる(一六六頁、一六九頁)。それがヘアが黄金律型の議論と呼ぶもので、後の『道徳的に考えること』での立場交換テストの原型になるものである。

立場交換テストにはいくつかのパターンがあるが、まずは第6章に登場する債務者の事例を見てみよう。AはBに金を借りており、BはCに金を借りているという事実がある。BはAに金を返してほしいが、自分はCに金を返したくないという欲求をもっている。このとき、Bは「金を返さないAは投獄されるべきだ」という道徳判断を下すことができるだろうか。

普遍化可能性の原理からすると、金を返さないという特徴が、Aが投獄されるべきことの根拠になっている以上、Bもまた投獄されるべきだとBは同意しなければならない。なぜなら、Bもまた（Cに）金を返さないという特徴を持っているからである。しかし、Bは自分が投獄されたくないので、「Bもまた投獄されるべき」という判断には同意できない。もし同意するなら、指図性のために、進んで投獄されねばならないからである。そうであれば、Bは、金を返さないということを根拠に、Aは投獄されるべきという判断を矛盾無く下すことはできない。

債務者の例は三者間のパターンであるが、それ以外のパターンもある。第9章以降で重要となるナチ党員の事例では、「すべてのユダヤ人を殺害すべきだ」という判断が取り上げられる。ナチ党員は、想像力を使って、仮に自分が実はユダヤ人であることが判明した場合に、自分が殺害されることに同意できるか、と問われることになる。同意できない場合、元の判断を矛盾無く下すことはできない。

これらが先に述べた事実、論理、欲求ないし利益、想像力が揃った場合に、道徳的論証が進められるプロセスであり、ヘアはこれを黄金律型の議論と呼ぶ。このうち、私たちの自由になるのは欲求と利益の部分である。私たちは自分の好きなものを欲し、好きなものを自分の利益と考える自由をもつ。しかし、事実と論理、さらに他者の立場を考える想像力があるとき、私たちは特定の道徳判断を下すよう、あるいは特定の道徳判断を下さないよう拘束される。この拘束こそ理性による制約である。ナチ党員は自由に欲求を形成してよいが、立場を変えても同じ判断を下せるのでない限り、すべてのユダヤ人を殺害すべきだという判断を下してはならない。

他方で、これらの四つの要素の内、どれか一つが欠けても、このような制限は生じない。Bが道徳語の論理に従って言葉を使う気がない、想像力を使う気がない、といった場合には、Bは「Aは投獄されるべきだ」と言ってはばからないだろう。ヘアは次のように述べている。

道徳的決断に直面した人にもし想像力がないとしたら、誰かが同じことを自分にするかもしれないという事実すら思い浮かばないかもしれない。また別の例としては、もしその人に道徳的決定を普遍化する覚悟がないとしたら、自分が他の人に被らせている苦痛についてまざまざと想像できたとしても、底意地の悪い楽しみを増やそうとして、もっと苦しませようとするかもしれない。また、(たとえばある人に対して法の執行を命ずる文書を出したら、その人にどんなことが起こるかについての)物理的な諸事実について無知だったとしたら、その場合にも、道徳的な議論を特定の選択へと結び付

けるものはなくなってしまう。(一六九－一七〇頁)

これらのケースはいずれも道徳にとっての脅威だが、利益以外の三つの要素が揃っている際に生じる、さらに大きな問題が残っている。それは、先のナチ党員が十分に事実を吟味し、論理に従い、想像力を駆使した上でなお、「自分がユダヤ人であれば、自分は殺されるべきだ」ということに同意してしまう場合である。このような狂信的な理想をもったナチ党員が存在する可能性は否定できないし、この場合に、彼が「すべてのユダヤ人は殺されるべきだ」という判断を下すことは何らの矛盾を含まない以上、彼の判断を糾弾することはできないのではないか。ヘアは、第二部の残りの部分で、この問題を論じている。

第7章　功利主義

ヘアはまず、第7章「功利主義」において、黄金律型の議論はある種の功利主義と親和性が高いということを示す。楽器演奏の事例を用いて、ヘアは次のように議論を進める。Aはクラシックのレコードを聴くことが趣味である。今、彼の隣の部屋の住人であるBはトランペットの練習をしようかと考えている。しかし、Bは自分がAの立場であれば、隣の部屋から大きな音でトランペットの音が聞こえてきて、レコード鑑賞が妨げられることを認められないだろうと考える。とはいえ、ここからBは「トランペットをまったく吹くべきではない」という結論を出すのではなく、自分と相手の利益や欲求を比較考量して、双方がもっとも幸福になるようなバランスを導き出し、それに従って練習をするだろう、とヘアは述べる。この相互の利益や欲求の比較考量によって最大幸福を目指すという考えは功利主義的であり、それゆえに、黄金律型の議論は功利主義的な考えと自然に結びつく。

第8章　理想

しかしながら、あらゆる道徳の問題が黄金律型の議論あるいは功利主義的な考えで処理できるわけではなく、そのことをヘアは第8章で論じる。そこでヘアは「他の人の利益が関わってくるという要素が欠けているとすれば、黄金律型の議論はそもそも適用されない」（二三九頁）と述べる。たとえば、純粋な美的判断は普遍化可能性や指図性を有するとしても（絵Aをその技法を根拠として良いと判断するなら、同じ技法で描かれたすべての絵を良いと判断せねばならないだろうし、Aの方が絵Bよりも美的に優れた絵であると判断するなら、コンテストでBよりもAを選ばねばならないだろう）、それは基本的には、誰かの利益にかかわるものではないため、相手の立場に立って、相互の利益を比較考量するという議論を受け付けない。

その上で、道徳の議論はときとして、美的判断と同様に、誰かの利益を含むものではないことがある、とヘアは認める。たとえば、人はいかに生きるべきかとか、人はどのような存在としてあるべきかといった、「人間の卓越性に関する理想」に関する議論は、誰かの利益とは関係のないものであり得る。そこで論じられるのは、私がどう生きるべきかとか、世界がどうあるべきかという問題であって、そこで求められているのは私や世界に含まれる人の利益とは関係なく、「あるべき理想」の生き方と世界である。ここでは、黄金律型の議論は役に立たない。ヘアは第8章を以下のように結んでいる。

利益が関係していない場面では、理想の間の衝突については、議論という方法ではたいして影響を与えることはできない。他方、利益の衝突は、理想の衝突が関わっていないなら、道徳の言葉の論理が生み出す議論の形式を手段として仲裁することが可能である。残されているのは、利益が理想と衝突するときどうなるかという大きな問題である。(二六六頁)

第9章　寛容と狂信

第二部の最終章にあたる第9章が扱うのは、この「大きな問題」である。ここでヘアは再び、ナチ党員の問題を取り上げる。ナチ党員の道徳判断は、ユダヤ人を殺害することが誰かの利益になるというものではなく、彼らのいない社会が理想的な社会であるというものであるかもしれない。これはナチ党員にとっては理想についての判断であり、同時にユダヤ人の側からすれば自分たちの利益を踏みにじろうとする判断であり、まさに利益と理想が衝突する場面である。

しかし、結局のところ、ここでもヘアの議論は基本的には以前のものを繰り返すものとなっている。すなわち、ナチ党員が立場交換をした後でも理想についての意見を変えないのであれば、彼らは不整合な意見を持っているわけではなく、道徳的論証によってそれを翻意させることはできない。

とはいえ、そのような狂信主義的なナチ党員はほとんどいない。たとえば、実際のナチ党員は、ナチ党に協力することが自分の利益になるとか、ユダヤ人を殺害することを強く欲求しているといった仕方に見られるように、純粋に理想の問題としては最初の判断を下していないかもしれない。彼らの判断が自己利益に基づくものであるなら、それは理想と利益の衝突ではなく、利益と利益の衝突であり、再び黄金律型の議論および功利主義的な議論が適用可能となる(後の『道徳的に考えること』では、ヘアは理想を「奇想天外に強い選好」と見なし、理想を利益に還元する。彼らは特定の社会を極めて強く欲しているだけである。それによって、狂信者の問題は利益と利益の対立と解釈され直し、解決される、とヘアは述べている)。

さらに、自己利益の問題ではないと主張するナチ党員であっても、その多くは立場交換テストをした際に、自分がユダヤ人であれば自分は殺害されるべきだとまったくの欺瞞なしに心から同意することはできない。仮に自分は同意できると言う狂信者がいたとしてもごく少数であろうし、実際に強制収容所で起きていることについての事実などを詳細に知らせれば、考えを改めるかもしれない。さらには、仮にそのような考えをもったごく少数の者がいたとしても、周囲の人びとが彼らに感化されることのないように、私たちは備えることができる。特に、道徳哲学は、事実や論理に基づいて考えることや、想像力を使い他者の立場に立って考える仕方を説くことによって、人びとをプロパガンダに容易に流されないよう、説いてまわることができる。以上を踏まえて、私たちはそれで満足するべきである、とヘアは主張するのである。

だが、フットら自然主義者はこの点をヘアの理論の根本的な欠陥とみなす。ナチ党員の蛮行を悪として断罪できないのであれば、それはおよそ倫理学理論の名に値しない、と彼女は考える。しかし、ヘアに言わせれば、私たちは、たとえナチ党員の理想であれ、それが何らの矛盾を含まないのであれば、少なくとも論理的には排除できないことを認めねばならない。「これは私たちが自由の代償として払わざるをえないものである」(一九七頁)。

この点は、フットら自然主義者とヘアの間の根本的な相違である。フットらは、どんな人であれ、そしてナチ党員がどんな態度をもっているのであれ、特定の民族の虐殺を命じるような理想は道徳的に劣ったものと考えるべきであり、もしそう考えないのならその人は道徳についての正しい見方ができていない、すなわち徳が身についていないのであって、不道徳であると考える。他方で、ヘアはナチ党員を含めて誰であれ人には自分なりの道徳的な意見を形成する自由があるが、その意見は自分が抱くその他のあらゆる意見と整合的なものでなければならない、そうでなければその人は理性的に考えられていない、すなわち不合理であると考える。その上で、ナチ党員が不整合を犯していないのであれば、それ以上、道徳的な議論が彼らに対してできることはない、それを私たちは認めなければならない、とヘアは述べる。

2・4 第三部「理論から実践へ」

ヘアとフットらは議論において力点を置く場所がまったく異なっているため、折り合うことは難しい。『自由と理性』最終部にあたる第三部「理論から実践へ」第10章でヘアは再び自然主義による批判と向き合うが、そこでも両者の言い分が嚙み合っているとは言いがたい。しかし、自然主義との対決を離れても、更に考えておくべきことがある。それは、このようにヘアが考えるのは、道徳的な意見の形成においては自由が認められねばならない、という彼自身の予断のためではないだろうか、という点である。マードックはその点をして、ヘアの理論は本人が言うほど中立的なものではないと指摘した。それは、マードックの側が中立の議論を作れるということではなく、そもそも道徳の理論が道徳についての意見や実践から完全に中立であることはあり得ない、ということである。私たちが作る理論はどうやっても私たちが世界をどう捉えているかということに依存する。すなわち、ヘアの考えは、リベラルの道徳的理想を前提としており、それゆえに、ナチ党員を絶対的に邪悪とみなすような道徳的立場は最初から排除されている、ということだ。

第10章　論理と道徳

これに対して、ヘアは次のように述べている。「これまでに次のように指摘されたことさえあった。私たちは「自由主義者」で「プロテスタント」なので、道徳の言語の論理を解釈するにあたって、自分たちのそうした道徳的な態度を反映する特徴だけをそこに書き込んでいる。……さて、こうした非難にはある程度当たっている点もある。それは、私がある意味では自由主義者でプロテスタントだという点である。……しかし、道徳の言語の論理について私が述べてきたことが特定の道徳的立場に特に結び付けられているというのは、まったくの間違いである」（三二四－三二五頁）。

このことの例証として、ヘアは「私は自由主義者でプロテスタントではあっても、道徳の言語について私が述べてきたことは一番極端な反自由主義者で反宗教改革主義者でも受け入れられるものである」（三二五頁）と述べる。彼らが下す道徳判断も普遍化可能で、指図的であるだろう、それゆえに道徳判断の論理は、実際の意見からは中立だというわけである。

しかしながら、この応答の評価は両義的なものにならざるを得ない。というのも、確かにヘアは自由主義者であることを押しつけてはいないかもしれないが、C・ダイアモンドが指摘するように、まさにこの応答が、ヘアの自由主義的な態度を反映しているからである（Diamond 1996, p. 88）。すなわち、ヘアの議論は自分に反対する立場すら扱えてしまうし、扱えなければ議論の欠陥であると考えている点で、極めて自由主義的である。

とはいえ、自由主義的であることそれ自体の是非を問うには別の議論が必要であるし、どのみち完全に中立な議論なるものを作れるわけでもないことを考えれば、この点はヘアの決定的瑕疵というわけではない。あるいは自由主義、そしてそれを支える理性の範囲内であれば、ヘアの主張は中立的であると認められるのであり、ヘアとしてはそれで十分だとも言えるだろう（しかし、フットら自然主義者はそもそもヘアとは違った仕方で理性を捉えるため、結局、両者の対立は解決しない（Foot 2001））。

第11章　実践的な例

さて、最終章である第11章「実践的な例」は、これまでの議論を踏まえ、それを具体的な現実の事例に適用することで、現実の問題に向かうときに私たちがどのように考えるべきかについて一定の示唆を与えるとともに、ヘアが提案してきた諸理論が適切なものであるかどうかを考察し直すための章となっている。とりあげられるのは、人種差別の問題である。ヘアは本書以降、応用倫理学についても本格的に発言を行っていくが、本章はその嚆矢とも言える（差別の問題については、最晩年にも"Why Racism Is An Evil" (Hare 1999) という論考を著している）。

まず、ヘアは人種にかかわる事実を丁寧に追うように述べる。特に、人種差別に関しては、デマやいい加減な言説が多く出回っている。それらをしっかりと排除した上で、今度は、道徳判断の根拠になりえるような事実と、そうはならないだろう事実を丁寧に区別していかなければならない。ある人たちが特定の色の肌をしているということは事実であるとしても、それは彼らを差別的に扱うべきであるという判断の根拠になるだろうか。なりそうもない、ということは立場交換テストのバリエーションを使うことで、すぐに分かるとヘアは述べる。たとえば、何らかの事情で、差別者と被差別者の肌の色が入れ代わってしまった場合、これまで差別をしていた側は、今度は自分たちが差別されねばならない、などと考えるだろうか。とうてい考えはしないだろう。それはつまり、肌の色は差別の根拠として受容不可能であることを示している。

あるいは、差別者たちは自分が奴隷のように扱われることを決して受け入れないだろう。だとすれば、彼らは自分たちと重要な点で似ているどの存在者についても、奴隷のように扱われることに反対しなければならない。そうでなければ、同じものには同じ評価を下さなければならないという普遍化可能性の原理に違背することになるからだ。

一連の議論を通じて、ヘアは自分の提案した道徳的論証が人種差別の問題に対しても一定の効果を持ちうることを示せたと考える。とはいえ、第二部の議論でも述べたように、『自由と理性』は純粋な狂信主義者の可能性を残しており、その意味では、彼は自分の議論の限界を正しく認識している。だからこそ、ヘアは、道徳的な論証だけでなく、文学やジャーナリズム、歴史学や社会学、心理学、政治学といったあらゆる分野が協力し、政治家、ジャーナリスト、ラジオ解説者、説教師、小説家らが抵抗の声を拾い上げ、広く届けることで、狂信主義に立ち向かっていく必要を説いた。

残念ながら、『自由と理性』出版後も、狂信主義の火はあちこちで燻り続け、現代ではより強く燃えさかってさえいる。社会の分断という言葉が耳目を集めて久しいが、その両側には互いの理想が掲げられており、その旗の元で私たちは誰しも、狂信主義者になる可能性をもっている。その後のヘアは、功利主義的思考を前面に出していく中で、狂信主義者を不合理な態度として糾弾する姿勢を強めていく。そこでは、本書に見られるようなスタンス、すなわち彼らを批判して事足りるというような楽観主義的な態度を採るのではなく、しかし、決して諦めて悲観主義的に受け入れるのでもなく、ただ私たちは辛抱強く持久戦を続けるしかない、というスタンスは後景に退いているように見える。しかし、自他の内に存在する狂信主義は容易に打ち倒すことができないことを、現代の私たちは身にしみて知っている。だとすれば、むしろ『自由と理性』でのヘアの主張にこそ、私たちが学ぶべきところはあるのかもしれない。

また、自由と理性の関係も私たちにとって依然として大きな問題のままである。そして、それは実はヘア自身にとっても同様であった。だからこそ、両者の関係を彼は『自由と理性』の後も繰り返し論じ続ける。『道徳的に考えること』の最後の一文は「理性は私たちに自由の余地を残すが、同時に、他者の自由を尊重し、その自由の行使において彼らと協同するように、私たちを制約するのである」（Hare 1981, p. 228）であった。第二次大戦を経験したヘアにとって、自由は当たり前のように与えられるものではなく、全力で守らねばならないものであった。しかし、だからといって何でも好き勝手にやることが認められるわけではない。だからこそ理性による制約が必要となる。二十一世紀を生きる私たちは自分たちに与えられた自由をどのように捉え、どのように行使していくべきか、今一度考えてみるためのヒントが、本書の中にはちりばめられている。

参考文献

Ayer, A. J. [1952(1946)], *Language Truth & Logic: second edition*, Dover Publications（吉田夏彦訳『言語・真理・論理』 筑摩書房 二〇二二）
Diamond, C. [1996] ""We Are Perpetually Moralists": Iris Murdoch, Fact and Value", Antonaccio

M. & Schweiker W. (eds.), *Iris Murdoch and the Search for Human Goodness*, University of Chicago Press, pp. 79-109（内井惣七・山内友三郎監訳『道徳的に考えること　レベル・方法・要点』　勁草書房　一九九四）
Foot, P. [1958a], "Moral Arguments" repr. *Virtues and Vices*, Oxford University Press, pp.96-109
Foot, P. [1958b], "Moral Beliefs" repr. *Virtues and Vices*, Oxford University Press, pp.110-131
Foot P. [2001], *Natural Goodness*, Oxford University Press（高橋久一郎監訳『人間にとって善とは何か』　筑摩書房　二〇一四）
Hare R. M., [1952], *The Language of Morals*, Oxford University Press（R・M・ヘア『道徳の言語』　小泉仰・大久保正健訳　勁草書房　一九八二）
Hare, R. M. [1981], *Moral Thinking: its Levels, Method and Point*, Oxford University Press
Hare, R. M. [1997], *Sorting Out Ethics*, Oxford University Press
Hare, R. M. [2002], "A Philosophical Autobiography: R. M. Hare" *Utilitas* 14(3), pp. 269-305
Murdoch, I. [1956], "Vision and Choice in Morality", *Proceedings of the Aristotelian Society*, vol. 30, pp. 14-58

本書は、ちくま学芸文庫に新たに訳し下ろされたものである。

カント入門講義 冨田恭彦

人間には予めものの見方の枠組がセットされている——平明な筆致でも知られる著者が、カント哲学の本質を一から説き、哲学史的な影響を一望する。

ロック入門講義 冨田恭彦

近代社会・政治の根本概念を打ちたてつつ、主著『人間知性論』で人間の知的営為について形而上学的提言も行ったロック。その思想の真像に迫る。

デカルト入門講義 冨田恭彦

人間にとって疑いえない知識をもとめ、新たな形而上学を確立したデカルト。その思想と影響を知らずに西洋精神史は語れない。全像を語りきる一冊。

不在の哲学 中島義道

言語を習得した人間は、自身の〈いま・ここ〉の体験よりも、客観的に捉えた世界の優位性を信じがちだ。しかしそれは本当なのか？　渾身の書き下ろし。

思考の用語辞典 中山元

今日を生きる思考を鍛えるための用語集。時代の変遷とともに永い眠りから覚め、新しい意味をになって冒険の旅に出る哲学概念一〇〇の物語。

翔太と猫のインサイトの夏休み 永井均

「私」が存在することの奇跡性など哲学の諸問題を、自分の頭で考え抜くよう誘う。予備知識不要の「子ども」のための哲学入門。（中島義道）

倫理とは何か 永井均

「道徳的に善く生きる」ことを無条件には勧めず、道徳的な善悪そのものを哲学の問いとして考究する、不道徳な倫理学の教科書。（大澤真幸）

増補 ハーバーマス 中岡成文

非理性的な力を脱する一方、人間疎外も強まった近代社会。その中で人間のコミュニケーションへの信頼を保とうとしたハーバーマスの思想に迫る。

夜の鼓動にふれる 西谷修

20世紀以降、戦争は世界と人間をどう変えたのか。思想の枠組みから現代の戦争の本質を剔抉する。文庫化に当たり「テロとの戦争」についての補講を増補。

ウィトゲンシュタイン『論理哲学論考』を読む　野矢茂樹

二〇世紀哲学を決定づけた『論考』を、きっちりと理解しその生き生きとした声を聞く。真に読みたい人のための傑作読本。増補決定版。

科学哲学への招待　野家啓一

科学とは何か？　その営みにより人間は本当に世界を理解できるのか？　科学哲学の第一人者が、知の歴史のダイナミズムへと誘う入門書の決定版！

論理と哲学の世界　吉田夏彦

哲学が扱う幅広いテーマを順を追ってわかりやすく解説。その相互の見取り図を大きく描きつつ、論理学の基礎へと誘う大定番の入門書。（飯田隆）

ソフィストとは誰か？　納富信留

ソフィストは本当に詭弁家にすぎないか？　哲学成立とともに忘却された彼らの本質を精緻な文献読解により喝破し、哲学の意味を問い直す。（鷲田清一）

哲学の誕生　納富信留

哲学はどのように始まったのか。ソクラテスとは何者かをめぐる論争にその鍵はある。古代ギリシアにおける哲学誕生の現場をいま新たな視点で甦らせる。

ドゥルーズ 解けない問いを生きる〔増補新版〕　檜垣立哉

ドゥルーズの哲学は、いまという時代に何を問いかけるか。生命、テクノロジー、マイノリティといった主題を軸によみとく。好評入門書の増補完全版！

新版 プラトン 理想国の現在　納富信留

近代日本に「理想」という言葉を生み、未来をひらく力を与えたプラトン哲学。主著『ポリテイア』の核心を捉え、哲学の可能性を示す。（熊野純彦）

西洋哲学史　野田又夫

西洋を代表する約八十人の哲学者を紹介しつつ、哲学の基本的な考え方を解説。近世以降五百年の流れを一望のもとに描き出す名テキスト。（伊藤邦武）

ナショナリズム　橋川文三

日本ナショナリズムは第二次大戦という破局に至るほかなかったのか。維新前後の黎明期に立ち返り、その根源ともう一つの可能性を問う。（渡辺京二）

ちくま学芸文庫

自由《じゆう》と理性《りせい》

二〇二四年十二月十日　第一刷発行

著　者　R・M・ヘア
訳　者　村上弥生（むらかみ・やよい）
発行者　増田健史
発行所　株式会社　筑摩書房
東京都台東区蔵前二―五―三　〒一一一―八七五五
電話番号　〇三―五六八七―二六〇一（代表）
装幀者　安野光雅
印刷所　中央精版印刷株式会社
製本所　中央精版印刷株式会社

ISBN978-4-480-51271-0 C0112